A Força do DESTINO

Maria Yvonne Santana Ramaciotte

Pelo Espírito Sebastião Martins

INSTITUTO DE DIFUSÃO ESPÍRITA
Av. Otto Barreto, 1067 - Caixa Postal 110
CEP 13602-970 - Araras - SP - Brasil
Fone (19) 3541-0077 - Fax (19) 3541-0966
C.G.C. (MF) 44.220.101/0001-43
Inscrição Estadual 182.010.405.118

IDE EDITORA É APENAS UM NOME FANTASIA UTILIZADO PELO INSTITUTO DE DIFUSÃO ESPÍRITA, O QUAL DETÉM OS DIREITOS AUTORAIS DESTA OBRA.

www.ide.org.br
info@ide.org.br
vendas@ide.org.br

Capa:

César França de Oliveira

5ª edição - fevereiro/2006
10.000 exemplares
(25.001 ao 35.000)

FICHA CATALOGRÁFICA
(Preparada na Editora)

Ramaciotte, Maria Yvonne Santana, 1956-

R13f *A Força do Destino* / Maria Yvonne Santana Ramaciotte, Sebastião Martins (Espírito). Araras, SP, 5ª edição, IDE, 2006.

352 p.

ISBN 85-7341-346-8

1. Romance 2. Espiritismo. 3. Psicografia I. Título.

CDD -869.935
-133.9
-133.91

Índices para catálogo sistemático:

1. Romances: Século 20: Literatura brasileira 869.935
2. Espiritismo 133.9
3. Psicografia: Espiritismo 133.91

ÍNDICE

A Força do Destino 9
I 11
II 16
III 27
IV 37
V 43
VI 57
VII 65
VIII 68
IX 72
X 75
XI 82
XII 85
XIII 96
XIV 99
XV 110
XVI 121
XVII 136
XVIII 155
XIX 160
XX 171
XXI 184
XXII 216
XXIII 228
XXIV 232
XXV 272
XXVI 277
XXVII 282
XXVIII 297
XXIX 307
XXX 329
XXXI 333

A FORÇA DO DESTINO

Este livro narra uma história verídica, retratando a saga de três famílias que se vêem envolvidas pela Força do Destino que, implacável, mostra que nada acontece ao acaso, assim como as pessoas também não se encontram por acaso, fazendo-as confrontar-se entre si e muitas vezes levando-as por caminhos pelos quais nem elas mesmas poderiam supor teriam que passar um dia.

Onde tudo tem um porquê na existência de cada um, onde os fatos acontecidos acabam marcando para sempre a vida de cada personagem, que nada mais são que o resultado de acertos de contas, do resgate de dívidas contraídas em vidas passadas, fazendo assim com que cada um se depare com a sua própria limitação, com a própria impotência em mudar os acontecimentos que o destino lhes traçou, destino este onde cada um teve total responsabilidade e participação, visto que cada pessoa escolhe ao reencarnar as provas a que quer ser submetida, e que não tendo consciência desta escolha, muitas vezes sucumbe a estas provas, fazendo com que suas dívidas aumentem ainda mais, tornando assim a sua existência na Terra mais penosa, e muitas vezes um fardo difícil de carregar.

Ao passo que aquele em que sua fé no Criador é inabalável, que confia na misericórdia e justiça Divinas, que sabe que Deus jamais desampara um filho querido, este sim saberá encontrar em cada obstáculo a ser vencido, em cada dificuldade a ser superada, nas vicissitudes da vida, um novo caminho que o faça extrair de cada nova lição aprendida, um novo ensinamento para sua evolução, crescimento e progresso espiritual.

A proposta deste livro não é somente a de narrar a história da vida de algumas pessoas, mas, o mais importante, é tentar levar o leitor por caminhos que o façam parar para pensar e refletir em como ele pode tornar sua vida uma existência na Terra cheia de paz, alegria, felicidade e equilíbrio, buscando dentro de si próprio a grandeza dele mesmo, fazendo-o enxergar não só com os olhos da carne, mas principalmente com os olhos d'alma, o quanto importante e valoroso é cumprir com sabedoria, amor e dedicação sua missão na Terra.

Sebastião Martins

Capítulo I

Era uma tarde fria de inverno, de 1892. A neve cobria ruas e avenidas e as pessoas quase não saíam de casa. Uma jovem de pele muito clara aquecia-se em frente à lareira, enquanto sorvia um bom e aquecido conhaque, e no crepitar do fogo, imaginava onde estaria Lopes agora.

– Estaria bem? Ainda se lembraria dela, dos belos momentos vividos por eles? – pensava. As lágrimas marejavam-lhe os olhos, enquanto as lembranças vinham-lhe à cabeça, como se tudo estivesse acontecendo novamente; como seria bom se nada daquilo tivesse acontecido e que tudo fosse como antes.

Ela fora tão feliz a seu lado e por muitas vezes tivera medo de que toda aquela felicidade pudesse acabar.

Afinal eles viviam de momentos roubados, escondidos e somente a eles pertencia o segredo o imenso amor que os unia. Como dizer às pessoas, como dizer a Augusto que eles não premeditaram nada, que tudo acontecera tão de repente, que o destino os colocara um à frente do outro?

Era como se uma força superior, uma energia magnética emanasse entre eles, imperceptível aos olhos das outras pessoas.

Como pudera acabar tudo de forma tão trágica?

Neste momento a porta se abre e tira-lhe das lembranças.

Ela tenta se recompor para que Cínthia, sua irmã, nada perceba. Conversam alguma coisa trivial e sua irmã retira-se, deixando-a novamente entregue aos seus pensamentos.

Lopes era um rapaz alto, forte, um tanto reservado, olhos negros e penetrantes.

Ela, desde a primeira vez que o viu, ficou paralisada pelo seu olhar, sem saber definir o que era, mas aquele olhar transmitia-lhe sentimentos, reações e sensações que jamais sentira antes.

Ele conseguia penetrar dentro dela, numa linguagem muda; assustara-se no início, mas depois ela aprendera a conviver com isso.

Era como se os dois estivessem se reencontrando depois de muito tempo.

Lopes tinha uma linda covinha a separar-lhe o queixo e um sorriso franco; ela se apaixonara por ele assim que o vira, e sentira que ele também se interessara por ela.

Porém, sabia, de antemão, que seria difícil, senão impossível qualquer aproximação entre eles; afinal ela já estava comprometida com Augusto, rapaz maduro, herdeiro de muitas glebas de terra na região e tido na cidade como um dos melhores partidos.

Seu pai, coronel Felício, homem rude, sem muito escrúpulo, sabia, como ninguém, dirigir suas terras e negócios, sem nunca sujar as mãos e, muito temido por todos, sabia tirar proveito de toda situação que se apresentasse a ele.

Augusto não aprovava a maneira como ele conduzia seus negócios, mas nada podia fazer, pois o pai, muito autoritário, sempre que ele questionava suas atitudes ou mesmo tentava ajudar, trazendo-lhe novas idéias e métodos de trabalho mais adequados à situação, logo tratava de colocá-lo no seu devido lugar, dizendo que sempre dera certo seu método de trabalho, que por isso ele não queria que Augusto estudasse, pois para dirigir os seus negócios, estudo não contava, e logo revidava dizendo que tudo que fazia era para a família, que nada era para ele, colocando-se, assim, numa posição de vítima.

Já, dona Amélia, sua mãe, uma mulher meiga, pessoa muito serena e sábia, tentava fazer com que pai e filho se dessem bem e a paz reinava naquela casa, apesar de todos os desmandos e do gênio forte do coronel Felício.

* * *

Augusto conheceu Vera, moça recatada, de muitos dotes e que seria a sua prometida.

Ele ficara muito feliz quando fora apresentado formalmente a ela pela família.

Na verdade ele já a conhecia e nutria por ela uma grande admiração; vê-la agora ali, diante de si, deixara-o exultante de tanta felicidade, pois ela era linda: seu corpo de formas perfeitas, cabelos negros que lhe caíam nos ombros, olhos verde-escuros, que mais pareciam esmeraldas a cintilar na luz.

Ele não tinha dúvidas, ela era a mulher dos seus sonhos, a mulher que ele amara mesmo antes de conhecer e tudo faria para fazê-la a mais feliz do mundo.

Mas o destino preparava uma grande armadilha a todos.

As coisas corriam normalmente. Augusto visitava-a com freqüência, e, apesar do seu recato, ele sabia que Vera gostava dele, talvez não tanto quanto ele a amava; mas o tempo e a convivência, pensava ele, fariam com que ela o conhecesse melhor e o amasse como era amada.

Augusto saíra de casa bem jovem para estudar, pois queria ser um homem diferente de seu pai, desde que percebera como ele era uma pessoa rude.

Sabia que o pai o amava à sua maneira, e procurava entendê-lo, mas não queria ser como ele. Sua maneira de ser e pensar era muito parecida com a mãe, que sempre o incentivara a estudar, a conquistar suas coisas por si só.

Para ele, a busca do conhecimento era fundamental para seu crescimento e lançava-se aos livros com avidez, sentindo urgência em aprender.

O pai dizia que tudo aquilo era besteira, estupidez mesmo, que para dirigir os negócios que ele iria herdar não precisava de estudo.

Mas Augusto não pensava assim, adorava passar horas diante dos livros, tanto que sua biblioteca era uma das mais ricas de toda região, com livros de muitos gêneros e assuntos diversos; foi com a mãe que ele aprendeu a ter gosto pelos livros, pois, quando ainda criança, ela passava horas a narrar-lhe histórias.

Foi na escola de Direito que Augusto conheceu Lopes, rapaz de bons princípios, estudioso e aplicado.

Não foi difícil a aproximação dos dois, e, logo, fortes laços de amizade os uniram. Eles passavam muito tempo juntos estudando, discutindo a política da época e os direitos humanos que já eram discutidos com veemência entre os estudantes de Direito.

Lopes vinha de família nobre, abastada. Seus pais, seu Felipe e dona Margarida, ao contrário de seu Felício, dedicaram ao filho atenção especial aos seus estudos, procurando sempre incentivá-lo nos menores obstáculos.

Menino de olhos vivos, questionadores, sempre buscou encontrar respostas às suas dúvidas. Por isso firmou-se uma forte amizade entre Lopes e Augusto.

Eles tinham os mesmos ideais, os mesmos objetivos na vida, e tornaram-se como que dois irmãos, partilhando tudo um com o outro, as alegrias, os problemas do dia-a-dia, procurando sempre ajudar-se e tornar a vida longe da família mais amena.

Passavam a maior parte do tempo na própria escola e, apesar de terem condições de morar separados, preferiam ficar juntos, pois assim tinham tempo para conversar sobre outros assuntos que não fosse o estudo.

Augusto contava tudo sobre sua vida a Lopes; este, mais observador e introspectivo, ouvia-o com prazer; somente quando o amigo falava da noiva, Lopes sentia-se incomodado, sem saber o porquê.

Era como se aquele assunto em especial lhe causasse um desconforto. Ele não entendia o motivo, mas também não tinha coragem de falar sobre o assunto com Augusto que, ao falar de Vera, mudava de fisionomia, tão grande era o seu encantamento pela moça.

Vera, sempre muito caseira, gostava de se dedicar aos cuidados domésticos; fora educada com muito esmero, sabia bordar e cozinhar, pois sua mãe sempre lhe dizia: – Como orientar uma cozinheira sem antes conhecer muito bem do assunto?

Para dona Laurinda era imprescindível que as filhas tivessem uma boa formação, para que pudessem ser boas esposas e mães dedicadas.

Vera sempre fora muito dócil, apesar de ter opinião própria e bem definida para os seus 19 anos, idade já considerada, na época, avançada para uma moça não estar casada.

Cínthia era mais nova, com 14 anos, mas já demonstrava um temperamento completamente diferente da irmã. Voluntariosa, gênio arredio, teimosa, não gostava de acatar muito as ordens dos pais, que se preocupavam, pois achavam que ela teria dificuldades em encontrar alguém que lhe domasse o gênio difícil e quisesse desposá-la.

***

Dona Laurinda procurava atender as duas filhas em pé de igualdade, mas no íntimo ela tinha uma grande afinidade com Vera.

Admirava muito a postura da filha, que sem nunca se exaltar, conseguia colocar suas idéias e pontos de vista com firmeza e segurança.

Vê-la tão abatida, angustiada, numa tristeza muda, era-lhe por demais doloroso, justo ela que sempre fora tão ponderada e sensata, que sempre achava uma maneira de ajudar aos outros em seus problemas, sempre tão amiga e dedicada; achava-se agora totalmente alheia ao que se passava ao redor, era como se o mundo tivesse deixado de existir para ela.

Nada e ninguém conseguia tirar-lhe dos lábios um sorriso que fosse; parecia que toda amargura e dor estavam em suas entranhas e dona Laurinda, sem nada poder fazer, rezava com toda a sua fé e devoção pedindo a Deus iluminasse toda aquela situação tão dura e triste que se abatera sobre sua família.

Seu Prudêncio nada falava sobre o assunto, mas dona Laurinda sabia do amor que o marido dedicava às filhas, que ele sofria muito por dentro e não extravasava para não tornar tudo mais penoso a ela.

Mas no fundo ela sabia que nada podia fazer a não ser esperar que os bons Espíritos pudessem esclarecer suas mentes e os trouxessem de volta daquele pesadelo, pois só o tempo seria capaz de minimizar tudo o que acontecera.

Capítulo II

Era uma tarde linda, o Sol ainda estava alto, as flores enchiam de cores e perfume os campos e cidades, as pessoas pareciam mais felizes. Aquele ar primaveril trazia de volta as crianças, que corriam pelos campos do pequeno vilarejo.

Os pássaros voavam fazendo acrobacias pelo ar, brincando ao sabor da brisa que soprava; tudo parecia perfeito naquele vale, onde um riacho de águas muito cristalinas cortava as terras do coronel Felício e descia pelo vilarejo, cujo nome era Aldeia Gavinha, localizada ao norte de Lisboa.

Vera, naquele dia, estava ansiosa desde que se levantara e já trocara de roupa várias vezes.

Prendera o cabelo, soltara-os em seguida; a mãe, sempre muito observadora, percebeu a inquietude da filha, e até brincou:

– Todo este alvoroço será porque Augusto virá vê-la hoje, meu bem?

Ela deu de ombros irritada.

– Pare com isso, mamãe, não vê que eu não estou conseguindo me ajeitar hoje? Por que não me ajuda, ao invés de ficar aí fazendo sentir-me uma tola? E justo hoje que Augusto vai trazer seu melhor amigo para nos conhecer, eu estou assim toda desajeitada, parece que tudo que eu coloco não fica bem..

– Ora, minha querida, você está nervosa à-toa, você está linda, não está, Prudêncio?

– Claro que sim, meu bem, você parece uma princesa.

Somente Cínthia torcia o nariz, dizendo que ela poderia ter colocado algo mais chamativo, mais decotado, por exemplo.

Todos caíram na risada, pela forma de Cínthia falar, pois ela era ainda uma criança.

Precisavam se apressar pois já estava quase na hora dos rapazes chegarem.

Dona Laurinda mandara preparar um belo chá da tarde, com várias guloseimas. Sabia que Augusto adorava, e gostava muito do futuro genro, pois via com que carinho e atenção ele tratava sua filha, sempre lhe trazendo presentes, fazendo-lhe as vontades, mimando-a demais, às vezes – ela costumava dizer a ele.

O enxoval de Vera já estava pronto, dona Laurinda sempre prezara demais estas coisas, queria que a filha levasse o que havia de melhor para o seu lar.

A escolha fora feita pelas duas, que às vezes passavam longas horas em busca de adornos, lençóis e das roupas íntimas que Vera levaria em sua lua-de-mel.

Cínthia acompanhava às vezes as duas, mas sempre se chateava, pois não via graça nenhuma naquelas coisas cheias de rendas e babados. E pensava consigo mesma: – Acho que não levo jeito para estas coisas, nem sei se quero me casar.

O que ela gostava mesmo era de música. Tocava piano muito bem; isso lhe acalmava, transportava-lhe para lugares imaginários, de onde às vezes ela não queria voltar mais, tamanha a alegria e paz que encontrava nestas horas.

Seu Espírito flutuava pelas campinas enquanto tocava, era como se ela não tivesse corpo físico. Não sabia explicar direito, também não importava, isto era uma coisa só dela, da qual ninguém sabia, e que ela guardaria para si.

Às vezes tinha a impressão de visitar lugares que já conhecia, outras tinha a nítida impressão de estar com pessoas desconhecidas.

Faltava pouco para as 15 horas quando a campainha tocou e Vera teve um sobressalto.

Não conseguia entender o porquê de tanto nervosismo, afinal

Augusto era seu noivo, e estavam para se casar. Não haviam marcado a data ainda, mas pelas conversas que tinham, era só uma questão de Augusto concluir o curso de Direito, que os dois se casariam logo a seguir.

Vera não tinha por Augusto uma paixão arrebatadora como aquelas que ela lia nos livros.

Era um relacionamento maduro, sem grandes atritos. Eles conversavam bastante a respeito da vida, do que iriam construir juntos, dos filhos que teriam, mas ambos, mesmo não querendo pensar muito no assunto, sabiam que faltava algo mais entre eles.

Vera nunca fora uma pessoa que gostasse de grandes arroubos, então pensava ela que o noivo era perfeito, e não teriam grandes problemas com relação à vida a dois.

Muitas vezes ela ouvira do seu quarto seus pais discutirem acaloradamente e, apesar de ser uma pessoa bastante incisiva, sentia-se bem em não ter que se desgastar com Augusto para resolver qualquer assunto; ele sempre concordava com as decisões dela e a convivência dos dois, podia-se dizer, era morna.

Eles se davam bem, as famílias também se entendiam; apesar de Vera não morar na Vila, seus pais e os de Augusto se conheciam há muitos anos.

Seu Prudêncio havia se mudado, há alguns anos, para uma cidade próxima, mantendo um vínculo de amizade através de cartas esporádicas com seu Felício.

Era mais para trocarem idéias a respeito dos negócios; seu Prudêncio negociava as safras de vários fazendeiros da região para vendê-las em outras cidades de Portugal, inclusive Lisboa.

Vera estivera, quando criança, duas vezes na fazenda do Coronel Felício, e mesmo assim não se recordava de Augusto, mas o jovem lembrava-se muito bem dela.

Dona Laurinda foi pessoalmente abrir a porta para que Augusto e Lopes pudessem entrar.

– Como vai a senhora, dona Laurinda? – disse Augusto ao vê-la. – Este é um grande amigo meu: Lopes.

– Entrem, por favor, estávamos à sua espera.

Dirigiram-se à sala de estar, onde estavam os outros.

Augusto cumprimentou a todos, ficando Lopes um pouco mais atrás observando a cena.

Como já mencionei, Lopes era muito observador.

Vera cumprimentou o noivo e quando os seus olhos se cruzaram com os de Lopes, foi como se uma faísca percorresse-lhe o corpo e Lopes, por sua vez, não conseguia desviar os olhos dos dela.

Ficou um certo constrangimento no ar, o qual Vera tentou a todo custo disfarçar.

Dona Laurinda, percebendo o clima que havia se criado no ambiente, procurou rapidamente levar a todos para a mesa, que estava repleta de quitutes e guloseimas.

Augusto fez uma exclamação de satisfação ao chegar à mesa, pois adorava os quitutes de dona Laurinda; era uma cozinheira de mão cheia, e muitas das coisas que ali estavam, ele sabia, tinham sido preparadas por ela.

Todos se sentaram e a conversa transcorreu naturalmente. Augusto falava de seus estudos, das recomendações enviadas pelos seus pais e de como conhecera e se tornara amigo de Lopes.

A atenção de Vera agora estava em seu noivo; ela pensava em quantas vezes tinham conversado a respeito da amizade que unia os dois amigos, de como Augusto admirava seu colega, dizendo sempre que Lopes era o irmão que ele não tinha.

Vera sempre ouvira as explanações do noivo com atenção, mas nunca imaginara como seria Lopes fisicamente, e tampouco podia imaginar que teria uma reação tão inesperada ao vê-lo.

Pensava ela: – Teria ele percebido sua agitação? Que estaria acontecendo afinal?

O pensamento ia longe e as perguntas ficavam sem respostas dentro de si.

Forçou-se a não pensar mais no assunto.

Por certo estaria ela um pouco cansada, tinha estado muito ocupada nos últimos dias, não haveria de ser nada, pensou.

Agora quem falava era Lopes sobre sua vida, de como eram seus pais, que possuía uma irmã mais velha que ele, de como havia chegado à faculdade, da cidade onde morava, de como conhecera Augusto.

Vera prestava atenção a cada palavra dita por ele; que fascínio este homem exercia sobre ela, ficaria horas ouvindo-o falar.

Seu Prudêncio participava animadamente da conversa, enquanto que Cínthia brincava com um biscoito no prato, um tanto quanto aborrecida com a conversa.

Preferia estar no seu quarto em devaneios, mas por certo seria um grosseria de sua parte, portanto continuaria ali, até que saíssem da mesa.

Dona Laurinda simpatizara muito com Lopes, queria saber se nas próximas férias da faculdade ele viria passar alguns dias na fazenda de Augusto, assim poderiam visitar-se e conversar mais vezes, já que era um moço tão agradável.

Seu Prudêncio gostou da idéia, convidando os dois rapazes para caçar e pescar, um passatempo que ele adorava e que por certo passariam horas muito agradáveis.

Lopes nada disse, esperando que Augusto falasse. Este prontamente respondeu que seria um enorme prazer trazer o amigo para passar um tempo em sua casa. Lopes ficou muito feliz com o convite e ali mesmo ficou acertado tudo.

Vera sentiu um frio na espinha só em pensar que Lopes retornaria à sua casa em breve.

Faltava apenas um mês para que terminassem as aulas.

Cínthia pedira licença e fora para o seu quarto; dona Laurinda e seu Prudêncio resolveram deixar os três jovens conversando e também se retiraram.

A conversa entre eles transcorreu animada, falaram de tudo um pouco; Augusto não se cansava de admirar como Vera conduzia bem os diversos assuntos, pois ela tinha uma cultura bastante elevada.

Interessava-se pelos assuntos de política, coisa que na época era muito difícil entre as mulheres. Geralmente as moças estavam mais interessadas em outras coisas que lhes diziam mais respeito, como bordar, arte culinária, cuidados com a beleza.

Mas ela se entusiasmava em conversar sobre política, religião, cultura geral e outros mais considerados assuntos para homens.

Hoje, em particular, Augusto notara que ela estava mais inquieta que o normal, percebendo o seu constrangimento logo que chegara com Lopes.

Pensou até, que talvez ela não tivesse gostado da idéia dele ter trazido o amigo, mas agora ela se soltara, depois do primeiro impacto com Lopes. Este também parecia mais relaxado e tranqüilo.

Os dois passaram a conversar sobre reencarnação, Espiritismo, livros que Lopes já havia lido e de como seria o outro lado da vida.

Augusto sentiu-se até meio de lado neste assunto, pois era um tanto quanto cético a esse respeito.

Tinha muitas reservas sobre esta questão, apesar da mãe gostar muito e ter tentado fazê-lo ler mais sobre o assunto.

Já Lopes adorava tudo o que dizia respeito às coisas ligadas ao Espiritismo, ocultismo, livros esotéricos; estava sempre buscando algo novo.

Ele acreditava ser o Espiritismo o canal de abertura para as pessoas poderem crescer e amadurecer, o único a dar-lhe respostas coerentes às inúmeras perguntas que fazia a si mesmo.

Em sua casa, desde menino, seus pais tinham por hábito todas as noites, após o jantar, descansar um pouco, e depois todos sentavam-se em volta de uma mesa redonda que ficava numa saleta, próxima à sala de jantar, e ali liam *O Evangelho Segundo o Espiritismo*.

Sua mãe, dona Margarida, começava sempre a reunião, pedindo aos bons Espíritos que iluminassem aquele lar e todos que ali se encontravam, tanto no plano material quanto no espiritual. Que pudessem fazer dela um instrumento de trabalho, a serviço de todos que de ajuda precisassem.

Então ela lia trechos do *Evangelho,* que abria ao acaso, mas que sempre trazia-lhes uma palavra certa, um novo ensinamento.

– No início destes encontros, éramos só nós, papai, mamãe, eu e Glorinha – dizia Lopes. – Mas depois mamãe começou a convidar alguns amigos e criados que também gostavam de ouvir as mensagens do *Evangelho,* e logo as sessões foram tornando-se um grande encontro, onde algumas pessoas manifestavam o desejo de também ajudá-la.

"Assim, foi dado início a um trabalho, com a ajuda dos próprios Mentores Espirituais que nos assistiam, passando-se a fazer duas vezes por semana estes nossos encontros. Mesmo assim, nos outros dias da semana, eu e minha família demos continuidade à leitura do *Evangelho* como sempre fizemos.

"Nestes trabalhos vinham entidades sofredoras, as quais não conseguiam encontrar o caminho da luz, chorando muito, em desespero total; ali dentro daquela corrente vibratória, que havia se formado entre encarnados e desencarnados, onde todos estavam imbuídos de muito amor e dispostos a fazer a caridade, tentava-se conversar com estes Espíritos, procurando saber o porquê de suas aflições.

"Muitos não sabiam por que sofriam tanto, outros tinham desencarnado levando consigo muito ódio no coração e queriam vingança sobre aqueles que julgavam ter-lhe feito mal. Outros estavam presos à matéria e, não tendo consciência da morte, achavam-se perdidos.

"Para cada caso era feito um tipo de trabalho esclarecedor individualizado, procurando mostrar-lhes o caminho da luz e da verdade, revelando a eles que, através do arrependimento sincero, de sua vontade em se melhorar, de querer se redimir de suas faltas, Deus certamente lhes daria uma nova oportunidade e, com a ajuda da assistência espiritual superior, muitos conseguiam ser levados para então receberem o tratamento necessário.

"Ao final de cada sessão eram feitos os agradecimentos a todos que colaboraram para ajudar aqueles que ali vieram buscar um pouco de conforto e consolo para seus corações.

"Eu me sentia muito bem naquelas horas. Apesar de ser muito jovem, já tinha grande afinidade com o trabalho desenvolvido por mamãe.

"Após as sessões, eu sempre ficava com ela, ajudando-a a colocar tudo no lugar novamente. Fazia isso com prazer e enquanto nos ocupávamos, conversávamos sobre o que tinha acontecido durante a sessão.

"Era muito gratificante ver tantas pessoas encarnadas e desencarnadas serem atendidas pelo Plano Espiritual, e mesmo nós que trabalhávamos na casa, mesmo sem, às vezes, pedir ajuda verbalmente, acabávamos sempre sendo assistidos.

"Quando estávamos por demais necessitados, eu mesmo, por diversas vezes, ao chegar na sala onde as reuniões aconte-ciam, conturbado ou nervoso por algum problema que me afligia, fazia minhas orações em silêncio, pedindo ajuda e esclarecimento para o meu problema. Invariavelmente, ao término dos trabalhos, achava-me leve e com força para buscar a solução do problema que me angustiava.

"Às vezes, quando ia dormir, depois de ter organizado tudo com mamãe, caía em sono profundo, e ao amanhecer tinha conseguido alternativas que antes não haviam me ocorrido. E ao colocá-las em prática, percebia que realmente tinha não só sido amparado, como solucionado a questão.

O tempo foi passando e nem Vera, nem Lopes se deram conta de que Augusto tinha se retirado da sala deixando-os sozinhos; já era noite, quando perceberam que ficaram horas conversando.

Vera, que não conhecia nada sobre Espiritismo, já que em sua casa este assunto era considerado um verdadeiro sacrilégio, ficou maravilhada com tudo que ouvira de Lopes.

Sentiram-se constrangidos, mas ao mesmo tempo felizes por estarem ali juntos.

Seus olhos novamente se encontraram num instante de silêncio.

Não eram necessárias palavras, eles sabiam que algo muito forte estava nascendo ou, fosse mais certo dizer, renascendo entre eles.

De repente era como se só existissem os dois ali, o mundo parecia não ter mais importância, não existir.

Lopes, que estava sentado num sofá em frente à Vera, aproxima-se dela e diz:

– Eu sinto que nós dois temos muito a nos falar. Quando Augusto me falava a seu respeito, eu sempre me sentia um tanto constrangido, contrariado até. Nunca tive coragem de dizer isto a ele, mesmo porque, não encontrava uma razão lógica para este sentimento. Hoje, ao chegar aqui, senti que algo de muito importante iria acontecer, não sabia o que era, mas tinha um pressentimento; cada vez que me lembrava de que nos conheceríamos, um calafrio me percorria o corpo. Quando estávamos chegando aqui, fiz uma oração pedindo que nada de errado acontecesse durante este nosso encontro, que tivéssemos uma tarde agradável. E agora aqui, vejo que tanto eu quanto você já estivemos assim, diante um do outro, um dia.

Vera estava com os olhos rasos d'água, todo o seu corpo tremia, fazia um esforço enorme para se controlar e não seguir o forte impulso de se atirar nos braços de Lopes.

Aquilo não podia estar acontecendo, era tudo muito confuso para Vera, ela precisava pôr um fim naquela conversa e foi o que fez.

Procurando recuperar a razão, afastou-se de Lopes e, num gesto rápido, passou as mãos na cabeça, jogando os longos cabelos para trás, num esforço de se recompor.

Lopes também recuou, pois sabia que tinha falado demais, deveria ter se contido.

– O que Vera não estaria pensando dele? Por certo estaria achando-o atrevido, mau caráter. E onde estava a grande amizade dele por Augusto? – pensou.

Sua cabeça latejava. Só agora se dera conta que havia algumas horas que o amigo não estava com eles; onde estaria?

Precisava ir embora dali o mais depressa possível, sentia-se um covarde sem escrúpulo por sua atitude.

Como podia ter perdido o controle das suas emoções desta forma, preciava ir embora dali, pôr os pensamentos em ordem. O que estaria acontecendo?

Já tinha idéia do que fosse, mas não queria acreditar que o destino estivesse fazendo isso, seria muita crueldade para com ele, o amigo e Vera.

Dona Laurinda voltara à sala com Augusto, os dois, felizes,

conversaram no jardim da casa, usufruindo uma linda noite, quente e estrelada. O cheiro de jasmim recendia no ar.

Vera foi a primeira a falar:

– Onde vocês estavam? Já sentíamos sua falta, Augusto.

Dona Laurinda notou que Vera estava nervosa, mas procurou fingir não ter notado.

Augusto, que nada percebeu, foi logo dizendo que ela e Lopes enveredaram-se por um assunto do qual ele não sentia-se tão íntimo. Apesar de já ter lido bastante sobre a questão, não a dominava com a mesma desenvoltura e desembaraço que Lopes. Preferiu falar de coisas mais amenas com dona Laurinda, de quem gostava muito e era sempre um grande prazer conversar com ela.

Dona Laurinda, lisonjeada, sorriu e retribuiu dizendo que para ela também era um prazer conversar com ele.

Lopes, que até então estivera calado, agradeceu o convite de estar entre eles e procurando não parecer aflito, chamou Augusto para irem embora, pois já era bastante tarde.

Seu Prudêncio e Cínthia desceram para a despedida, e tão logo puderam, partiram.

Os dois saíram e, a caminho de casa, Augusto quis saber o que o amigo tinha achado de sua noiva e de sua futura família.

Lopes, que era mais de observar do que de falar, preferia não ter que tecer grandes comentários.

Mas se pôs a falar sobre todos de uma maneira geral, dizendo a Augusto que gostara muito de toda a família, e que ele realmente tinha tido muita sorte em encontrar uma pessoa como Vera.

Neste momento Lopes sentiu uma inveja enorme do amigo; ele que tinha repulsa só em pensar neste sentimento, agora não conseguia se livrar dele.

Mesmo assim tentou afastar os pensamentos que lhe vinham à cabeça, passando a falar a Augusto sobre o que tinha achado de Vera com quem tivera mais tempo de conversar:

– Ela me pareceu uma moça ótima.

Tinha que ter cuidado com as palavras, pois não queria que o amigo soubesse o que lhe ia na alma, o seu coração estava apertado diante da situação. Mas o que poderia fazer a respeito? Por certo a primeira atitude a tomar seria afastar-se de Vera.

Mas como fazer isso sem dar margem a questionamentos do amigo? Conhecia Augusto muito bem, sabia que ele não aceitaria isso sem uma explicação convincente; teria que pensar num jeito.

– Lopes, o que houve? Você começou a falar de Vera e de repente parece que saiu fora do ar. Não está se sentindo bem?

Lopes, que estivera divagando em seus pensamentos, teve um sobressalto ao ver o amigo junto dele, fazendo-lhe perguntas:

– Não, Augusto, estou ótimo, só um pouco cansado. O dia não poderia ter sido melhor, todos foram muito gentis e agradáveis comigo; depois de uma boa noite de sono estarei novo em folha novamente.

Assim Lopes encerrou o assunto, e deu graças a Deus por Augusto não lhe fazer mais perguntas sobre Vera. Ele não sabia mentir ou dissimular bem e, quanto menos falasse, melhor.

Durante o resto do caminho até chegarem na fazenda, conversaram sobre assuntos banais.

Augusto foi descrevendo os lugares por onde passavam, contando como vivera sua infância naquele vilarejo, de como as plantações de café do pai começaram e se tornaram as mais ricas e prósperas da região.

Capítulo III

Lopes conhecia toda a história da família de Augusto, pois este lhe confiava todas as coisas que havia passado durante sua infância e adolescência naquele lugar.

Estavam quase chegando na casa grande da fazenda, quando ouviram soluços de uma mulher entre os arbustos.

Correram até lá e se depararam com Neusa, irmã de Augusto. Ela tomou um susto quando os viu e tentou fugir.

Mas Augusto a interpelou dizendo:

– O que houve, minha irmã, por que você está aqui fora escondida? E por que chora tanto? O que fizeram a você? Diga-me!

Mas Neusa cobria o rosto com as duas mãos, envergonhada, depois abraçada a ele soluçava num pranto tão doído, que cortava o coração.

Lopes achou melhor deixá-los sozinhos, pois o assunto parecia ser mesmo grave e ele só iria atrapalhar.

Pediu licença e foi para o seu quarto ler um pouco, para ver se conseguia também acalmar o seu coração, que só de lembrar em Vera dava saltos.

Enquanto isso, lá embaixo, Augusto levou Neusa até à cozinha a fim de lhe dar algum chá que pudesse fazê-la ficar mais calma, e aí então tentaria saber o que estava acontecendo com ela.

Quando pareceu estar mais calma, Augusto tornou a questionar-lhe:

– Neusa, sei que não temos estado muito tempo juntos, meus estudos me afastaram daqui de casa, mas sempre fomos muito unidos, sempre confiamos um no outro. Eu sei que está passando por algum problema sério; quero poder ajudar, confie em mim, sou seu irmão e quero o seu bem.

Neusa estava de cabeça baixa, as lágrimas correndo soltas em sua face, mas agora, mais calma, ergueu os olhos para o irmão, e começou a falar:

– Sei que posso confiar em você, Augusto, mas não vejo em que poderá ajudar-me. Eu preferia estar morta a ter que enfrentar a situação pela qual sei que terei de passar.

– Pois diga o que a atormenta, seja o que for que tenha a dizer, estarei do seu lado; nada pode ser tão grave a ponto de querer a morte, Neusa. Mamãe não suportaria se algo lhe acontecesse.

– Pois, depois que ela souber, acho que preferiria me ver morta sim, Augusto. Eu não podia ter confiado em Pedro como confiei.

– Mas Pedro não é aquele empregado de confiança de papai?

– Sim, é ele mesmo, vou contar-lhe desde o começo. Sempre gostei muito do Pedro, só que sendo ele empregado de papai, mantive esse amor em silêncio. Sei que papai e mesmo mamãe não veriam, com bons olhos, um namoro entre nós. Mesmo Pedro nunca havia percebido nada.

"Acho que consegui durante muito tempo esconder meus sentimentos dele, até o dia em que ele e papai, por algum motivo que eu não sei bem, se desentenderam e papai mandou-o embora da fazenda.

"Quando soube, fiquei desesperada com a possibilidade de não tornar a vê-lo, pois até então eu me contentava somente com isso, vê-lo trabalhando, ou mesmo quando me acompanhava em silêncio até à vila para fazer alguma compra. Mas não poder mais ao menos olhar para ele, não saber para onde ele iria, eu não agüentaria; fiquei transtornada e resolvi procurá-lo.

"Fui até os seus aposentos e encontrei-o arrumando suas coisas. Estava profundamente abatido, pois gostava muito daqui e de todos nós, e não queria ir embora. Mas você sabe como papai é quando contrariado em uma de suas ordens.

Na verdade, Neusa seria enganada por Pedro, que vendo uma chance de vingar-se do coronel, mentiria a ela sem o menor escrúpulo.

O que de fato aconteceu, foi que o Coronel o havia pego com a filha de um de seus empregados mais antigos e despedira-o por isso.

Esta já não era a primeira vez, e ele tinha sido avisado que, se houvesse uma segunda vez, iria embora sem direito a nada.

– Pedro não entendeu a princípio o que eu estava fazendo ali, ficou meio sem jeito, mas eu estava decidida, iria dizer-lhe tudo o que sentia, nada iria mais me afastar dele, a não ser se ele não me quisesse.

"Mas eu nem pensei nesta possibilidade, precisava falar do quanto o amava e que não deixaria que papai o mandasse embora. A princípio ficou surpreso, mas logo percebeu a que eu tinha vindo e pediu que me sentasse.

"Eu estava muito nervosa, minhas mãos suavam, meu coração parecia que iria pular do peito, mas havia decidido que nada e ninguém mais iria me separar dele.

"Comecei então a falar dos meus sentimentos com ele, de como tinha sido difícil esconder este sentimento de todos, até dele mesmo. No início achei que fosse somente uma ilusão passageira, mas o tempo foi passando e a cada dia eu o amava mais e mais. Passava às vezes horas na janela, sem que ninguém percebesse, vendo-o de longe a trabalhar com o peito desnudo, braços fortes e musculosos, cabelo em desalinho. Mas meu coração palpitava por ele.

"Abri meu coração e, antes que eu pudesse dizer tudo que queria, ele me tomou em seus braços e me deu um longo beijo.

"Eu não acreditava que aquilo estivesse acontecendo, tantas foram as vezes que eu sonhara com aquele beijo, aquele abraço. Enfim o meu sonho se realizaria, estar com o homem que eu amava, nem que para isso eu tivesse de abrir mão de tudo, da família, do conforto ao qual estava acostumada, eu estava disposta a tudo. Nada tinha importância, desde que estivéssemos juntos. Lutar com ele, construir nossa vida juntos, ter nossos filhos, valeria a pena.

"Pedro mostrou-se enternecido e emocionado comigo e com tudo o que eu lhe disse. A partir dali nossos encontros seriam secretos, até que eu pudesse encontrar uma forma de contar à mamãe, pelo menos.

"Ficamos ali por um longo tempo conversando e trocando juras de amor. Ele me disse que também me amava, só que jamais teria coragem de se declarar, sendo eu filha do coronel e ele um simples empregado. Prometi a ele falar com papai, para não mandá-lo embora, mas ele achou difícil, dizendo-me:

– Que argumentos você irá usar para falar com seu pai? Ele vai desconfiar de algo entre nós, você sabe muito bem como ele é, daí sim será pior para mim, melhor eu ir embora mesmo. Não será difícil encontrar outro emprego, sempre fui trabalhador e honesto e seu pai não pode queixar-se de mim, porque sempre o servi com lealdade.

– Então por que ele o está mandando embora agora, Pedro?

Pedro pensou rápido numa boa desculpa e disse:

– Porque ele quer que eu faça um serviço sujo, acabar com a vida de uma pessoa que o está atrapalhando nos negócios, e isso eu não faço. Por dinheiro nenhum no mundo vou sujar minhas mãos de sangue, e carregar para o resto da vida a culpa de ter matado alguém. Seu pai não aceitou minha posição e preferiu despedir-me; ele alega que, se não pode contar comigo numa boa hora difícil como esta, e solucionar o caso para ele, nada mais tenho a fazer aqui.

– Mas, então, é isso? Meu pai ficou louco?

– Não, Neusa, seu pai é muito ganancioso, não quer dividir com ninguém o que acha que pode ganhar sozinho. Já fiz muitas bobagens na vida, aqui mesmo para o Coronel fiz muita coisa da qual hoje me arrependo – mentia Pedro sem nenhum pudor.

– Conte-me, Pedro, quero saber que coisas são estas, preciso conhecer melhor o pai que tenho, sempre tive desconfiança de suas atitudes, mas mamãe está sempre me repreendendo por achar que não sou justa com ele, que tenho implicância ou então diz "seu pai sabe o que é melhor para nós".

"Acredito que ela tenha conhecimento de muita coisa, mas a educação que recebeu não lhe permite questionar papai, mesmo porque ela o ama demais para ver que nem tudo o que ele faz está correto. Você sabe, quando se ama, dificilmente se vê os defeitos do outro.

"Na verdade, mamãe é uma mulher muito boa de coração, só consegue ver o lado bom das pessoas, mas eu não penso assim; conte-me, por favor.

Neusa estava tão apaixonada e iludida que não conseguia ver que tudo não passava de mentiras e calúnias de Pedro.

Ele calou-se e depois de algum tempo disse em tom de cinismo, do qual Neusa não se deu conta:

– Não, não posso dizer-lhe nada, sou um homem leal, já lhe disse. Posso até me arrepender do que fiz, mas não tenho o direito de sair por aí falando, não fiz nada obrigado, só que agora cheguei no meu limite, é melhor partir.

"Será melhor, sinto não ter percebido há mais tempo os seus sentimentos por mim; poderíamos ter nos dado bem, apesar de saber que seus pais nunca me aceitariam, pela desigualdade que há entre nós.

– Não, Pedro, eu não quero que vá, fique comigo, eu o amo, quero ser sua mulher, fugirei com você se preciso for.

Aos prantos agarrou-se a ele, como se se agarrasse à vida, pensando firmemente em não perdê-lo, principalmente agora que havia tomado coragem e se declarado ao seu amado.

Pedro queria vingar-se do Coronel, gostava da moça com quem estava saindo na fazenda, mas o patrão, sempre muito puritano, havia estragado seu namoro, e agora ele tinha ali, na sua frente, uma bela oportunidade de ir à forra.

Pois sabia que mais dia menos dia o Coronel descobriria seu caso com a filha dele, e isso o deixaria enlouquecido, só que quando descobrisse, já estaria bem longe dali, rindo deles todos.

– Pedro me abraçou e beijou-me com carinho, senti que o tinha naquele momento, nossos corpos estavam próximos, minha cabeça rodava com seus afagos, e assim não pensei em mais nada e entreguei-me a ele.

"Ficamos ali, deitados em sua cama depois de nos amarmos e ele me convenceu de que eu não deveria interceder por ele, que arrumaria um jeito de me ver, e que quando estivesse estabilizado novamente, longe dali, viria me buscar.

"Não me prometeu dar uma vida de luxo, nem poderia, eu sabia disso, nem eu estava preocupada com isso, só queria estar com ele, viver ao seu lado, ter nossa casa, nossos filhos.

"Assim Pedro partiu naquele mesmo dia, deixando em mim a esperança de que voltaria.

"Foram dias de angústia, mas ao mesmo tempo de felicidade à espera dele. Realmente, numa noite em que já me encontrava deitada, ouvi um barulho embaixo de minha janela; meu coração saltou, sabia que era ele, corri até à janela e lá estava ele.

"Fez-me um sinal e eu desci, fomos até ao paiol perto da estrada; minha alegria era tanta que não dei a ele tempo de me dizer nada, cobri-o de beijos e nos amamos com ardor.

"Depois, no silêncio da noite, olhando as estrelas pelas frestas do telhado, juramos amor eterno um ao outro.

"Pedro contou-me que estava empregado numa fazenda não muito longe dali, e que o esperasse, que todas as quartas-feiras viria me ver.

"Contava os dias, as horas e os minutos para os nossos encontros, que sempre foram maravilhosos, eu nunca me sentira tão feliz em toda a minha vida.

"Mamãe logo percebeu que algo estava acontecendo e veio indagar-me qual era o motivo de tanta felicidade e do brilho em meu olhar. Ela sabia que existia alguém no meu coração, queria que eu confiasse nela e contasse-lhe, mas ao olhar para ela não tive coragem.

"Sentia-me envergonhada, não que estivesse arrependida do que estava fazendo, mas sabia que mamãe não compreenderia e sofreria demais, então preferi nada dizer.

"O tempo foi passando e nossos encontros se seguiam, até que descobri que estava grávida. Meio atordoada com a constatação, mas radiante de felicidade, não via a hora de poder contar a novidade a Pedro.

"Como fui tola, Augusto! Pedro veio ver-me como de costume e, antes mesmo que chegássemos ao paiol, ali no meio da noite enluarada... – e começou a soluçar.

"Oh! Meu Deus, que estúpida eu fui, entreguei-me a esse homem com todo o amor que uma pessoa pode sentir dentro do peito e ele zombou de mim, me usou, brincou com meus sentimentos mais profundos.

"Quando lhe disse que estava grávida, ficou fora de si, parecia um louco, disse-me coisas horríveis, eu não queria acreditar no que estava vendo e ouvindo. Como pude enganar-me daquela maneira, aquele não era o meu Pedro!

"Tentei acalmá-lo, mas foi em vão. Puxando-me para bem junto dele, disse-me que não voltaria mais ali, e que eu podia dizer a papai que ele era o pai da criança, mas que se papai fosse atrás dele e o encontrasse, aconteceria uma tragédia.

"Atirou-me no chão com violência, nunca vi tanto ódio nos olhos de uma pessoa. E disse-me:

"– Diga ao Coronel que agora estamos quites."

– Só daí caí em mim, e vi que tinha sido usada por Pedro para vingar-se de papai por alguma coisa que ainda não descobri o que é. Virou-se, e sem olhar para trás, sumiu na escuridão.

"Isso já faz quase dois meses. Tive esperanças de que ele refletisse melhor e voltasse, mas isso não aconteceu e agora estou desesperada, Augusto.

"Como vou contar ao papai e à mamãe tudo que aconteceu?

"Sei que papai não irá me perdoar, e sei também que virará este lugar de cabeça para baixo a fim de encontrar Pedro, e apesar de tudo eu não deixei de amá-lo, espero um filho dele e não quero que nada de mal lhe aconteça.

"Oh! meu meu irmão, o que vou fazer? Ajude-me, por favor! Se não fosse tão covarde poria um fim à vida, mas tenho medo e sei que não posso fugir às minhas responsabilidades agora e tenho que assumir os meus erros.

Augusto ouvia tudo calado, mas dentro de si cresciam sentimentos de ódio e revolta pelo que Pedro havia feito a ela, que se misturavam à profunda consternação e piedade pela irmã. Haveria de arrumar uma solução para ajudá-la.

Seria difícil, com toda certeza, ter que levar o problema de Neusa aos pais, mas não havia outra saída. Mais dia menos dia eles iriam descobrir, de qualquer maneira, e aí seria pior, pois sentir-se-iam enganados duas vezes. Teriam que enfrentar a fúria do coronel Felício de qualquer maneira.

– Meu Deus, – pensava ele – o que papai fará quando souber disto tudo?

Pelo que Augusto conhecia do pai, ele não iria deixar isso barato de jeito nenhum: com toda certeza poria gente sua atrás de Pedro. Ele não era homem de levar desaforo para casa, imagine diante de tal situação!

Que Deus os iluminasse a todos nesta hora, era só o que Augusto pedia, numa prece silenciosa.

Ele se aproximou da irmã e, num gesto terno, abraçou-a com carinho; queria transmitir-lhe que estava do seu lado, que compreendia todo seu sofrimento, mágoa e dor, e que encontrariam juntos uma saída para a situação.

Neusa, que parecia mais calma, depois de ter desabafado e dividido com o irmão o que a afligia tanto, deixou-se reconfortar nos braços dele.

Há quanto tempo não se sentia assim, amparada, protegida e principalmente amada por alguém, este amor fraterno e puro que os dois sentiam um pelo outro.

Desde a infância foram assim: quando um sentia-se desprotegido, o outro estava ali para confortá-lo. Não que dona Amélia fosse mãe ausente. Longe disso, sempre foi muito zelosa e cuidadosa com os filhos, deu-lhes uma educação primorosa, eles não podiam queixar-se; prestava total atenção a eles, mas há determinados momentos na vida de todo ser humano, que a presença materna ou mesmo paterna constrange.

É preciso ter um amigo em quem possamos confiar nossos mais íntimos segredos, e essa cumplicidade existia entre os dois.

Ficaram ali, ainda por um bom tempo.

Neusa agora mais calma, perguntou ao irmão se ele não desejava comer algo. Ele, com um sorriso maroto, respondeu-lhe:

– Mas claro!

– Sabe desde que hora não como nada?

Os dois, por um momento, esqueceram-se dos problemas e puseram-se a fazer um suculento lanche, com suco de pitanga, e ainda alguns quitutes que encontraram no armário.

Dona Amélia gostava muito de preparar gostosos doces.

Lembraram-se do tempo em que eram ainda crianças, e que tantas vezes desciam sorrateiramente à cozinha para se deliciar com guloseimas que a mãe havia preparado e guardado.

E no dia seguinte, quando dona Amélia dava por falta de algo, os dois fingiam que nada sabiam; não que houvesse avareza por parte de dona Amélia, em não deixá-los comer, era pela aventura de fazer escondido, que os excitava.

Certa vez passaram um grande aperto quando dona Amélia fez um tacho enorme de doce de abóbora, e eles queriam comer o doce ainda quente; a mãe não permitiu, dizendo-lhes que faria mal e que, no dia seguinte, comeriam o quanto quisessem.

Os dois não discutiram com a mãe, e foram cada um para o seu quarto, pois já havia passado da hora de dormir.

Depois que todos se recolheram, certificaram-se que os empregados também já tinham ido para os seus alojamentos e desceram pé ante pé para a cozinha.

Quando lá chegaram, qual não foi a surpresa ao verificarem que dona Ana, cozinheira da casa, havia colocado o tacho de doce num armário, que ficava muito alto para eles terem acesso.

Mas como toda criança arteira, não pensaram duas vezes. Augusto, mais levado, pegou uma cadeira, encostou no armário, em cima desta cadeira colocou um banquinho, e Neusa, que era menor, ficou encarregada de segurar o banco para que ele conseguisse pegar o doce.

Como já era de se esperar, Augusto, na tentativa de alcançar o tacho, desequilibrou-se e caiu por cima de Neusa. Os dois, assustados pelo barulho, e sabendo que logo a mãe e o pai desceriam, esconderam-se dentro do forno de um enorme fogão que havia na cozinha.

Ficaram ali, esperando o que aconteceria, e não tardou para que os pais logo estivessem lá.

O que eles não podiam contar era que dentro do forno havia um camundongo, que entrou pela perna do pijama de Augusto, fazendo-o pular para fora, feito um desesperado, diante do olhar severo do pai, e de censura da mãe.

Isso rendeu-lhe três dias de castigo sem poder sair do quarto, e Neusa, que era menor, não pode vê-lo durante este período.

Foi um castigo do qual nunca se esqueceram, pois esperavam levar umas palmadas da mãe que, no entanto, preferiu castigá-los desta maneira.

Com isso, quero dizer, que o castigo moral dói e marca muito mais, trazendo resultados que o castigo físico não consegue atingir, pois ele dói na hora, mas esta dor física passa e esquece-se o motivo pelo qual se foi castigado, voltando a criança a reincidir no erro, enquanto que o castigo moral fica marcado para sempre.

Augusto e Neusa foram se recolher bem tarde naquela noite, mas ele prometeu à irmã pensar numa forma de conversar com os pais.

Ela foi para seu quarto bem mais confiante, depois dessa conversa fraterna.

Neusa confiava nele, sabia que a ajudaria, houvesse o que houvesse; agora já não estaria mais sozinha e sentia-se mais forte.

Do fundo do seu coração, agradeceu a Deus por ter um irmão tão maravilhoso e tão compreensivo. Ele poderia tê-la acusado, julgado-a uma leviana, e no entanto, só tivera palavras boas, positivas, alentadoras.

Augusto sempre fora uma pessoa assim, superior nos seus preceitos e conceitos, nunca julgava ninguém; nem mesmo no pior miserável ele atirava pedras.

Encontrava sempre uma maneira de colocar as coisas, de modo que não magoava a ninguém.

No seu modo de pensar, acreditava cada um ter o seu destino a cumprir, e que se a pessoa tivesse um deslize, estava sempre disposto a dar-lhe uma nova chance, alegando estarmos nesta vida de provações, expiando, e sendo assim, aprendendo com nossos erros e acertos.

Assim, não teríamos o direito de julgar e sim, o dever de procurar ajudar quando alguém necessitasse de esperança, ou de um gesto de conforto na hora do infortúnio.

No seu entender, amigo não é aquele que está conosco na hora da alegria e da festa, amigo é aquele que consegue captar as nossas necessidades, as nossas fraquezas, e nos ajuda até a carregar nosso fardo, no momento em que este se torna pesado demais.

Capítulo IV

O dia amanheceu bonito e todos já estavam de pé quando Augusto despertou.

Teve um sobressalto, quando olhou para o relógio e viu que já passava das 9:00 horas da manhã.

Apressou-se em vestir-se e barbear-se para descer.

Quando chegou à sala, encontrou a mãe bordando; perguntou pelos outros e dona Amélia respondeu que Neusa e Lopes tinham ido caminhar após o café, para que Lopes pudesse conhecer um pouco mais da fazenda, e o pai, há muito tempo, já tinha ido para ver as plantações e cuidar dos seus afazeres diários, que não eram poucos, haja vista que o Coronel não era homem de ficar parado, e gostava de ver de perto tudo o que acontecia em sua fazenda.

Aquelas terras eram a vida dele, cuidar de tudo lhe dava enorme prazer e não gostava de ver nada fora do lugar; homem habilidoso em se tratando de negócios, era inteligente e hábil em lidar com as pessoas, capaz de enxergar muito longe.

Sabia qual deveria ser o seu próximo passo no que dissesse respeito a como fazer a terra lhe dar grandes lucros; intransigente muitas vezes, duro com os serviçais, mas capaz de passar uma noite inteira, se preciso fosse para cuidar de algum empregado ou mesmo animal que caísse doente.

Coronel Felício era uma pessoa de pouco estudo, rude até, podia-se dizer; não que fosse mal-educado, isso não, ele tinha uma maneira de ver a vida, tal qual ela se apresentava a ele, dura e cheia de espinhos, e até para se autoproteger.

Ele possuía uma couraça à sua volta, não permitindo, por exemplo, que as pessoas chegassem muito perto dele, que o conhecessem por completo; nem mesmo dona Amélia, que estava casada com ele há quase 30 anos, o conhecia no seu íntimo.

À primeira vista, todos o respeitavam, não tanto por sua posição, mas sim pela sua postura diante das pessoas; seu semblante estava sempre fechado, raras vezes sorria, e mesmo quando os filhos começavam com muita folia perto dele, logo os repreendia, alegando não gostar de muito barulho ou desordem.

Desde muito jovem aprendera a ter responsabilidade e desempenhar seu papel de homem forte, duro e capaz de fazer qualquer coisa para conseguir os seus intentos.

Tudo o que tinha, era fruto do seu esforço e trabalho, jamais tivera medo ou preguiça de arregaçar as mangas para trabalhar.

Madrugava, muitas vezes, no meio da plantação, matando pragas ou mexendo na terra para o plantio; seus empregados aprendiam desde cedo que, para trabalhar com ele, não podiam encostar o corpo.

Tanto que uma infinidade de pessoas já havia passado por suas terras em busca de trabalho; ele tinha uma maneira bem peculiar de recrutar seu pessoal.

Ele possuía em um lugar, no alto de sua fazenda, um grande celeiro, e lá, em um local devidamente preparado, havia misturado feijão em grão, milho e grãos de café.

Pois muito bem, o futuro empregado vinha-lhe pedir emprego e ele, com toda minúcia que lhe era peculiar, descrevia à pessoa qual seria o seu serviço.

Fazia-lhes as perguntas de praxe:

– Onde você trabalhou? Saiu por quê? Você gosta de trabalhar na terra? Pois eu não admito gente que não gosta do que faz; pago bem aos meus empregados, mas exijo trabalho bom em troca, não gosto de gente preguiçosa, encostando-se pelos cantos da fazenda, ou desrespeitando minhas ordens.

E por aí seguia a conversa, onde invariavelmente a pessoa acatava tudo o que o Coronel falava, dizendo aceitar suas condições.

Depois disso, uma vez empregada a pessoa, o Coronel levava-a até esse paiol, alegando que alguns de seus empregados, por acidente, haviam deixado algumas sacas de café e milho se misturarem ao feijão, e, sendo assim, o primeiro trabalho dela seria fazer a separação de todos aqueles grãos.

Não preciso dizer que poucos ficavam, depois de meio dia de serviço.

Era assim que ele selecionava seus empregados, pois aquele que ficasse e não desistisse da tarefa imposta, este sim, seria um bom trabalhador, poderia o Coronel contar com ele.

Mas também, este não se arrependeria, pois uma vez satisfeito com a pessoa, ele tudo fazia para dar-lhe condições de levar uma vida digna, junto de sua família, em suas terras.

Dono de um carisma muito forte, Coronel Felício, ao mesmo tempo, era tido por alguns como um tirano; sim, pois entre tantos empregados, sempre havia aquele que tudo fazia para manter seu emprego, mas no fundo de si, odiava o Coronel, pelo seu autoritarismo.

Jamais aceitava ser contrariado, somente o que ele dizia estava correto.

Muitas vezes, cometia grandes injustiças, pela sua maneira de ver e interpretar as coisas, mas a grande maioria o admirava; eram pessoas humildes, servis, incapazes de contradizê-lo, achavam-no um homem bom, que os ajudava em tudo o que fosse necessário, e que o seu mau gênio fazia parte dele e o aceitavam tal qual era.

Certa vez, na fazenda, houve grande comiseração em torno do Coronel quando alguns empregados resolveram se rebelar.

Não queriam mais que o capataz da fazenda, homem de confiança do Coronel, ficasse o tempo todo nas plantações, ordenando a eles que tinham de colher mais do que estavam colhendo.

A pressão do capataz foi provocando, entre os mais afoitos, uma insatisfação que, com o passar do tempo, foi crescendo e tomando conta de um grupo de doze homens, até se transformar em ódio.

Havia um líder entre eles, que já se indispusera com vários empregados e, até mesmo com Raimundo, o capataz, ele já havia criado caso.

Era um sujeito bom de briga, mas o Coronel, sempre observador, não achou prudente se meter. Orientou Raimundo para que ficasse de olho nele, sem perdê-lo de vista, e que a qualquer maior problema o chamasse.

Foi numa noite de sexta-feira, quando todos já haviam retornado às suas casas. Alguns já haviam se recolhido para dormir, enquanto que outros estavam em volta de uma fogueira, tomando aguardente que era feita na própria fazenda.

Sexta-feira era o único dia em que o Coronel permitia que seus empregados tomassem seus goles.

O sábado, para o Coronel, era considerado um dia menos pesado aos empregados, pois não iam de madrugada para as plantações; por isso, mesmo que se excedessem um pouco na bebida, desde que respeitando sempre as regras impostas por ele, como por exemplo, não molestar as mulheres, nem sair pela fazenda fazendo arruaça, não haveria problema algum em divertir-se um pouco.

O Coronel sabia o quanto era necessário aos homens poder ter um momento deles, onde pudessem extravasar suas idéias e emoções; muitas vezes ele até descia para junto deles, e também tomava uns tragos.

Todos sentiam-se bastante envaidecidos quando isso acontecia, pois era uma maneira de aproximação, onde naquele exato momento não havia diferenças entre eles. Todos, em volta da fogueira, bebiam e riam com as anedotas picantes contadas ali.

Não existia, naquela hora, empregado e patrão, e sim homens iguais uns aos outros, dividindo a mesma aguardente e o mesmo fogo.

O Coronel não fazia isso por politicagem, não; ele realmente gostava de voltar às suas origens, e quando estava ali junto daqueles homens, sentia-se bem.

Recordando-se de que um dia já havia sido um empregado como aqueles que ali estavam, nestas horas agradecia a Deus por ter-lhe dado a oportunidade de fazer do seu trabalho, motivo de orgulho e satisfação pessoal.

Vontade de vencer nunca lhe faltou, perseverança e garra sempre foram uma marca em sua personalidade.

Obstáculos sempre existiram, mas nenhum que o demovesse do seu objetivo maior, que era ser um grande fazendeiro.

Nesta noite o Coronel não desceu, e quando já passava das 22:00 horas, Clayton e seus homens aproximaram-se da fogueira.

Raimundo, já meio alto pela bebida, falou com ar irônico, ao se dirigir ao líder daquele grupo:

– Por onde andaram os rapazes que não gostam de misturar-se a nós?

Clayton, que já estava ali para pegar Raimundo, num gesto rápido e traiçoeiro, pulou para cima dele com um punhal; não esperando tal reação, Raimundo assustou-se e, jogando o corpo para trás, conseguiu livrar-se daquela investida.

Os outros homens, também armados, que acompanhavam Clayton, foram fechando o cerco em torno de Raimundo; alguns homens, diante da situação, correram até à casa grande chamar pelo Coronel, que armou-se e correu até lá.

Quando chegou mais perto, viu que Raimundo estava cercado e que pouco, quase nada, poderia fazer para ajudá-lo.

Foi então que teve uma idéia e, diante do olhar assustado e de pânico de todos que ali estavam, gritou pelo nome de Clayton, para vir tirar satisfação com ele, caso não estivesse satisfeito com os mandos de Raimundo, pois o mesmo só lhe cumpria ordens.

O líder ficou meio atordoado com a atitude do Coronel, mas não podia acovardar-se e fugir naquela hora. O que os outros não iriam pensar? Ririam dele, seria motivo de chacota.

Não, isso ele não agüentaria! Tinha que enfrentá-lo. Sem pensar nas conseqüências do seu ato impensado, partiu para cima do Coronel.

Foi uma luta difícil, pois Clayton era jovem e ágil como um leopardo raivoso, mas não tinha a experiência do Coronel que, apesar de sangrando no braço por um golpe recebido, não se abateu e o acabou dominando.

Podia tê-lo matado se quisesse, teve chance para isso, mas não o fez.

Não era essa a lição que queria dar a seus homens, não queria sangue em sua fazenda, mas não poderia permitir que homens, como Clayton, agissem daquela forma.

Depois de dominado, o líder sentiu-se muito mal diante de todos, pois sabia que tinha perdido aquela parada, e que tinha se excedido.

O Coronel não o perdoaria, sentia-se um covarde por ter feito o que fez, mas era tarde demais par arrepender-se.

Sem muito o que fazer, ficou jogado no chão, em meio ao sangue dos ferimentos e à poeira, sem coragem de erguer os olhos para ele que, sem demora, dirigiu-se a Clayton e seu grupo, dizendo que todos estavam despedidos, que pegassem suas coisas e fossem embora imediatamente.

Alguns ainda tentaram conversar com o coronel Felício, na tentativa de não terem que partir, mas não houve acordo. Diante de todos, mesmo com as roupas rasgadas, todo sujo e machucado, não perdeu sua austeridade, dizendo:

– Não perdoarei homens covardes e fracos como vocês, capazes de se deixarem levar por um sujeito vadio e traiçoeiro, que não foi homem suficiente para vir lutar sozinho, de igual para igual. Tenho certeza de que, se eu não me encontrasse na fazenda nesta hora, hoje teríamos tido aqui o maior ato de covardia que já vi: doze homens armados contra um. Peguem suas coisas e saiam todos, antes que eu mude de idéia e mande açoitá-los.

Determinou que apenas um deles voltasse ali no dia seguinte, quando pagaria o que cada um tinha direito a receber.

Todos sentiram grande orgulho por estar ali servindo o Coronel; era mesmo um homem de bem, diziam uns aos outros, se fosse outro, teria deixado que Raimundo morresse, mas ele teve coragem e valentia em dominar a situação.

Capítulo V

Augusto sentou-se perto da mãe, a observar-lhe os traços. Amava-a muito; ela ainda era uma mulher bonita, sentia pena dela, pois antevia qual não seria o seu sofrimento, ao deparar-se com a situação de Neusa.

Seu pai, por certo, também a culparia, dizendo que ela não cuidara da filha como deveria.

Dona Amélia, como que adivinhando seus pensamentos, parou de bordar e, olhando bem no fundo dos olhos do filho, perguntou-lhe:

– O que foi, meu filho? Está querendo me dizer algo?

– Ora, mamãe, por que está me perguntando isso?

– Não sei bem, sinto que você tem algo a me dizer, e que está procurando um modo para fazê-lo. Não se constranja, conte-me o que é. Aconteceu alguma coisa entre você e Vera? Ou está com alguma dificuldade nos estudos?

– Não, mamãe.

– Pois então o que há?

Augusto sentia que era chegada a hora de contar tudo à mãe e, sem mais delongas, narrou a ela tudo o que estava acontecendo.

A reação de dona Amélia, como já era de se esperar, foi de desespero e dor pela filha que tanto amava. Criara Neusa com tanto zelo e carinho! Como ela deixou-se levar por um cafajeste como Pedro?

– Por que ela não me contou antes? Por que não confiou em mim?

– Porque esta seria a sua reação, mamãe, você jamais permitiria o namoro dos dois, e ela sabia disso. E diante da iminência de perdê-lo, ela se atirou nos braços dele, e ele aproveitou-se da situação e da sua ingenuidade.

– Neusa é ainda uma menina, Augusto.

– Não, mamãe, aí que você se engana. Ela agora amadureceu, viu que se iludiu, e apesar de seus 17 anos, tem muita clareza nos seus pensamentos, sabe perfeitamente o que a espera, pensa que você e papai não irão perdoá-la, e é isso que mais a faz sofrer.

"Por isso, mamãe, que lhe peço: agora, mais do que nunca, Neusa precisa da senhora do lado dela, mostre-lhe o quanto a ama, e que tudo fará para ajudá-la.

– Mas, meu filho, você quer que eu simplesmente passe por cima de tudo o que ela fez? E seu pai? Ele vai ficar furioso! Meu Deus, eu não quero nem pensar! Felício não vai aceitar nunca, isso!

– Mamãe, sei que ela errou; de maneira alguma estou dizendo que concordo com o que ela fez, mas de que vai adiantar atirar-lhe pedras agora e jogá-la no meio da estrada?

"Ela espera um filho, um inocente que não tem culpa dos erros dela, nós não podemos fechar os olhos a isso. Afinal, mamãe, você sempre ensinou que não devemos julgar as pessoas e sim ajudá-las em seu sofrimento e suas faltas.

"Onde está a sua convicção sobre o fato de que não se muda o destino que nos está traçado?

"Pois então, mamãe, sei o que está sentindo, é difícil para todos nós, mas é nosso dever ampará-la e ao filho que ela espera.

Dona Amélia, procurando acalmar-se, estendeu as mãos ao filho e reconheceu que ele estava certo, de nada adiantariam lágrimas e recriminações. Agora, o que estava feito, estava feito, e não haveria retorno.

O que mais a afligia era como contar a Felício tal situação. Ele, por certo, não entenderia; para ele a moral vinha em primeiro lugar, e ele também sonhava com um casamento bonito para a filha.

Augusto já estava encaminhado, noivo de uma pessoa maravilhosa como Vera, e seu Felício já vinha sondando entre os amigos, pessoas do mesmo nível que eles, um futuro noivo para Neusa. E agora, como seria?

– Meu Deus, que vergonha! – pensava dona Amélia –, minha filha grávida de um empregado, e o que é pior, sem caráter nem escrúpulos.

Quando Neusa e Lopes chegaram, encontraram ambos conversando na sala, e pela fisionomia chorosa e abatida da mãe, deduziu que Augusto falara com ela.

Lopes sabia que algo de grave estava acontecendo ali, mas usou de discrição e afastou-se para que pudessem conversar a sós.

Neusa aproximou-se de dona Amélia, e sem dizer nada, com os olhos cheios de lágrimas, abraçou a mãe, numa cena comovente.

As duas, ao mesmo tempo que choravam pela falta de diálogo entre elas, pediam perdão mútuo por tudo.

Dona Amélia procurou refazer-se e, olhando a filha bem nos olhos, disse:

– Não vou lhe recriminar ou atirar-lhe pedras pelo que fez; de nada adiantaria agora dizer que você não deveria ter feito isso ou aquilo, já está feito. Saiba que para mim está sendo muito difícil aceitar toda esta situação.

"Neusa, eu fiz muitos planos para você, sonhei um casamento bonito, com uma pessoa que fosse acima de tudo boa para você, que a respeitasse e a amasse. Mas nem sempre o que sonhamos para os filhos, condiz com a realidade que a vida lhes reservou.

"E por isso mesmo, não serei eu a julgá-la; sei que não tenho este direito.

"Só sinto, filha, não ter tido visão suficiente para ajudar antes de você ter se envolvido desta forma com Pedro; certamente eu não veria com bons olhos este relacionamento, não por ele ser empregado de seu pai, mas sim por saber que ele é um aproveitador.

"Seu pai o despediu porque ele estava desrespeitando a filha de um outro empregado e se eu soubesse o que você tinha intenção de fazer, teria lhe contado por que ele estava indo embora.

"Mas como eu poderia saber o que se passava no seu coração?

"Talvez, depois de conhecer a verdade dos fatos, você mesmo mudasse de idéia com relação a ele, visse que não era digno de confiança, e o desviasse do seu caminho.

"Ele não pensou nem um pouco que a faria sofrer e passar por toda essa situação que você se encontra agora. Certamente ele quis vingar-se de seu pai.

"Mas, como disse há pouco, quem sou eu para dizer qualquer coisa agora, para julgar; estou triste comigo mesma por ter falhado com você.

– Não, mamãe, a senhora não falhou, a culpa é toda minha, eu é que fui irresponsável e intransigente, o amor me cegou, nada que a senhora falasse adiantaria, pois eu não ouviria.

"Sei que cometi um grande engano com relação a Pedro, julgando-o ser uma pessoa que na realidade não era; a senhora não imagina como estou me sentindo, mamãe; eu traí a confiança de todos, e agora estou experimentando o gosto amargo da traição.

"Ele mentiu para mim, contou-me uma outra história, que estava sendo despedido porque papai queria que ele matasse alguém que estava atrapalhando seus negócios.

– Filha, e você acreditou nesta infâmia?

Neusa abaixou os olhos envergonhada.

– Sei que tudo o que eu disser, ou fizer daqui por diante, será difícil para vocês acreditarem novamente em mim, eu compreendo.

"Só lhe peço, mamãe, perdoe-me pela dor e vergonha a que estou expondo a senhora, papai, e a todos.

"Quisera poder voltar atrás no tempo e reparar os erros que cometi, mas como Augusto mesmo me falou ontem, os nossos erros fazem parte da nossa trajetória na vida; sem eles não cresceríamos e nem progrediríamos espiritualmente. É através dos erros e acertos que evoluímos para uma vida melhor.

"Sabe, mamãe, hoje vejo que agi muito mal em não ter tido a dedicação que a senhora sempre teve com os livros espíritas.

"Mesmo Augusto, apesar de questionar-se bastante a respeito do que lia, nunca deixou de procurar esclarecer-se; eu, porém, sempre fui preguiçosa, quantas vezes a senhora me incentivou a buscar mais conhecimento, e eu não soube aproveitar a oportunidade.

"Hoje vejo com tristeza quanta falta me fez ter uma base espiritual sólida. Se não fosse pela ajuda de Augusto, eu talvez tivesse cometido mais uma loucura.

"Mas, de agora em diante, prometo que tudo vou fazer para aprender e cultivar o hábito da leitura, pois tenho certeza que assim me tornarei uma pessoa mais esclarecida e com uma visão melhor do mundo e das pessoas.

"Sei que sempre é tempo de começar; assim terei mais equilíbrio e condições de analisar com mais clareza as coisas que forem passando por mim no decorrer de minha vida.

"A senhora pode me ajudar? Tudo vou fazer no sentido de poder merecer novamente a sua confiança, e lhe digo mais, mamãe, a senhora não irá se arrepender de estender-me a mão.

"Ajude-me a conhecer um pouco mais desse outro lado da vida, que é o Espiritismo, que tantas respostas nos dá sobre nós mesmos, e muito nos guia no caminho do bem.

Dona Amélia, comovida com as palavras da filha, deixou que as lágrimas caíssem livremente, sentindo-se até grata por tudo que estava acontecendo, pois nunca vira Neusa tão lúcida e tão confiante na vida.

Ela sempre fora uma moça reservada, e dona Amélia tinha dificuldade de aproximação mais íntima com a filha. Agora sentia que a dor as estava unindo com laços fortalecidos, e tudo faria para ajudá-la, bem como à criança que ela carregava no ventre.

Segurando com ternura as mãos de Neusa, disse-lhe:

– Pode confiar, filha, e contar comigo; estarei junto a você em todas as horas que precisar de mim.

"Não permitirei mais que a distância se faça entre nós. Pensei em falar com seu pai sozinha, mas pensando bem, acho que você deve estar junto, será melhor.

"Sei que ele irá ter suas explosões, mas eu o conheço bem e quando a sua ira passar, certamente a perdoará, e dará o apoio que você precisa.

"Não espere dele, no momento, nada que não sejam gritos, condenações; talvez ele até a amaldiçoe, saiba compreender.

"Ele terá suas razões. Uma mãe compreende melhor as razões do coração do que um pai.

– Mamãe, sei que não tenho o direito de pedir nada, mas eu imploro, não deixe papai ir atrás de Pedro; ele fez ameaças, pode acontecer uma tragédia, e eu nunca me perdoaria se algo acontecesse.

Dona Amélia nada respondeu, fazendo somente um leve aceno com a cabeça.

Augusto, que assistia a tudo calado, achou que era o momento de dizer algo.

– A senhora não acha melhor eu falar com papai?

– Não, Augusto, é melhor eu dizer com calma tudo a ele; Deus haverá de me iluminar, para que eu possa transmitir-lhe que de nada adiantará ódio e rancor neste momento, e muito menos vingança, e sim que deveremos nos unir mais, para superarmos o que virá.

"As pessoas irão falar, muitos irão até se afastar de nós, outros nos atirarão na cara que não soubemos educar bem nossa filha, mas de tudo isso ficará uma lição. A de que a nós, pais, é dada a missão de educarmos e criarmos nossos filhos da melhor maneira possível, e que precisamos estar muito atentos a qualquer desvio de comportamento ou conduta deles. Isso não significa que não falharemos, mas certamente teremos mais chance de vermos a tempo onde está o erro e corrigi-lo. Que Deus nos ajude!

Dona Amélia levantou-se e foi para a cozinha, a fim de verificar se o almoço já estava pronto, enquanto que Neusa subiu para o seu quarto para descansar um pouco; sentia-se nauseada, um pouco tonta, mas sabia que isso era normal em seu estado; apesar de tudo, estava feliz pelo filho que carregava e tudo faria para protegê-lo.

Augusto foi ao encontro de Lopes. Com os últimos acontecimentos, até se esquecera do amigo, e devia-lhe uma explicação, afinal, além de seu convidado, era o seu melhor amigo.

Encontrou-o na biblioteca, compenetrado num livro.

– Ei, amigo, acho que devo-lhe um pedido de desculpas – disse Augusto ao entrar na biblioteca.

– Ora, Augusto, não se preocupe comigo; sei que estão passando por problemas, e nem pense em desculpar-se. Posso ser útil, ajudar em alguma coisa?

– Acho que sim, Lopes; reze, peça a Deus e aos Espíritos, com os quais você tem tanta intimidade, que nos ilumine, e que mamãe possa dar ao papai a notícia de que Neusa está grávida.

Lopes sorriu pela notícia.

– Um bebê, mas que alegria, Augusto!

– Não sei se papai irá pensar assim; tenho receio do que possa fazer à Neusa, no momento que souber de tudo.

– Mas, Augusto, quando Deus nos abençoa com a vinda de uma criança ao nosso convívio, está nos dando a chance de recebermos entre nós, muitas vezes, um ente que já nos foi muito querido ou talvez um ser que precisa estar junto de nós, para ajustarmos diferenças do passado. E que inúmeras vezes, já houve um trato anterior entre todos que estão encarnados, com aqueles que ainda estão por reencarnar.

"Temos que agradecer por esta dádiva maravilhosa, por esta chance que Deus nos concede de nos reencontrarmos aqui na Terra.

"Você sabia que esta criança pode já ter sido um parente muito próximo e amado de vocês?

"Ou que em outra vida vocês se propuseram encontrar-se novamente, para juntos poderem crescer e aprender mais sobre sua jornada? É tão importante que estejamos sempre de braços abertos ao nosso próximo e que o amemos como a nós mesmos.

"Quantas vezes tenho visto, com tristeza e muita emoção, nas sessões em minha casa, o reencontro do Espírito desencarnado, que tanto ofendeu e maltratou aquele que ainda permanece encarnado na Terra, chorar de arrependimento por não ter-se dado conta de que quando ainda estava na Terra, tinha uma missão a cumprir junto daquele que ficou, mas que muitas vezes, por cegueira, ambição, prepotência, falta de conhecimento da vida espiritual, desperdiçou a oportunidade de diminuírem suas penas junto ao outro.

"Outras vezes, acontece o contrário: aquele que partiu vem ao encontro do que ficou e este, morto de remorsos, nem consegue verbalizar o que está sentindo, diante da impotência de ter deixado o que partiu ir-se sem antes ter-lhe dito tudo que ansiara dizer, talvez por puro orgulho em deixar transparecer ao outro o quanto este foi importante em sua vida e o quanto o amou.

"Nestas horas, Augusto, é que vejo o quão pequeninos somos, o quão mesquinhos e egoístas poderíamos deixar de ter sido, em favor de um bem maior, que se chama AMOR.

"Seria tão fácil e simples se as pessoas entendessem que, às vezes, um simples gesto de carinho, ou de estender a mão àquele que lhe pede ajuda, pode diminuir e muito a dívida que têm.

"Este mundo em que vivemos é de expiação e provas, a todo momento somos chamados, de alguma forma, para ajudar-nos uns aos outros, seja numa enfermidade, numa palavra amiga, num infortúnio da dor na perda de um ente querido, enfim poderia ficar horas fazendo citações; com isso quero dizer que, para sermos felizes, não precisamos amealhar tantos bens materiais, que nos envaidecem sim, mas que muitas vezes nos tornam insensíveis às necessidades mais prementes do outro.

"Se procurarmos agir de acordo com o princípio de que devemos fazer aos outros o que gostaríamos de receber deles; se nos conscientizarmos de que é no amor e na caridade que estão as fontes principais de energia, certamente teremos uma vida mais plena de paz e sabedoria.

"E a cada dia estaremos mais evoluídos para que, quando formos chamados de volta, tenhamos uma grande bagagem a levar conosco.

"De termos feito tudo o que nos foi possível em benefício daquele menos favorecido, seja material ou espiritualmente, que não faltamos no socorro do menos afortunado, que pudemos fazer muitas pessoas felizes através de nossos gestos, atitudes ou palavras, que procuramos estar sempre em paz conosco mesmos, e buscando sempre aprender, cada dia mais, um pouco do que a vida tem a nos ensinar, isto é a verdadeira felicidade a meu ver.

Augusto ficou impressionado ao ouvir tudo aquilo de Lopes. Sabia que ele era um espiritualista nato, mas naquele instante não parecia ser o amigo quem estava falando, e sim uma outra pessoa, talvez um ser mais evoluído querendo mostrar que os caminhos estão aí para serem vividos e seguidos, e, às vezes, o que nos parece uma grande tragédia, é o que precisamos naquele exato momento, para que, repensando melhor a vida, tiremos dela os melhores ensinamentos.

Lopes transmitia uma serenidade plena naquele momento, parecia que todo o seu ser resplandecia uma candura, provocando a maior admiração do amigo.

Augusto esperou que ele voltasse ao seu estado normal, para que pudesse chamá-lo para o almoço, já que a mãe fizera-lhe um sinal para que se apressassem, pois o Coronel já havia chegado.

Reuniram-se todos à mesa sem que ninguém tocasse no assunto, pois não era hora para discussões.

Aliás, façamos aqui um parêntese esclarecedor.

A hora das refeições deve ser considerada sagrada, um momento de pausa e tranqüilidade, para que com calma se alimente o corpo, saboreando o alimento, que traz a energia e dá vitalidade à matéria.

Só que muitas famílias têm o péssimo hábito de, nesta hora, trazer à baila assuntos que as preocupam, gerando por vezes grandes discussões e polêmicas em torno da mesa.

Isso é um grande erro, pois acabam trazendo, através das discussões, distúrbios e agitação, fazendo mal a eles mesmos, tanto física quanto espiritualmente.

Quantos de vocês, já não se sentaram à mesa, felizes e despreocupados, e depois de uma discussão gerada por alguém do grupo, sentiram-se tão mal, que saíram maldizendo a hora de ter compartilhado daquela refeição?

Pois bem, guardem então para que a hora da refeição, seja ela simples ou abastada, não importa, seja feita de maneira tranqüila e serena, onde se deve falar de coisas amenas.

Dona Amélia buscava no seu íntimo forças e coragem para encontrar um modo de falar com o marido, sem que este ficasse tão irado.

Neusa estava muito nervosa, quase não conseguia comer e nem mesmo disfarçar seu estado de espírito, tanto que, em dado momento, seu pai olhou-a e, à queima-roupa, perguntou:

– Por que você está tão pálida, Neusa, está doente?

Neusa teve um sobressalto e ainda bem que estava sentada, pois suas pernas bambearam e se estivesse de pé, teria caído.

Houve um silêncio constrangedor na sala, em que todos se olharam.

Dona Amélia, vendo que a filha nada respondia, tentou desviar a atenção do marido; tinha que ganhar tempo para falar do grave assunto com ele, logo agora que o esposo vinha tendo problemas nos negócios e andava tão nervoso.

– Oh! meu Deus, por que me deste esta incumbência tão terrível? – pensou.

Se pudesse, teria fugido dali, mas sabia que não podia fazer isso, pois tinha que enfrentar tal situação com coragem. Mas Neusa não iria ser poupada desta conversa com o pai, afinal, se estavam nesta situação era por sua causa, e cabia-lhe a responsabilidade de responder pelos seus atos.

Lopes puxou assunto com Coronel Felício sobre as pescarias, um dos seus temas preferidos, desviando-lhe a atenção.

Quando foram tomar café na saleta ao lado, Augusto chegou perto da mãe e disse-lhe:

– Mamãe, você tem que falar logo com papai, depois de amanhã retorno à capital e só voltarei nas férias. Gostaria de deixar as coisas em ordem para ir tranqüilo.

Dona Amélia concordou com o filho; falaria com o marido ainda naquele dia. Que Deus a ajudasse.

Logo depois do café, o Coronel fez menção de subir para descansar, como era de costume, mas dona Amélia o interpelou, dizendo que tinha um assunto bastante sério a tratar com ele, e que não gostaria de esperar mais. Ele estranhou a atitude da esposa, que parecia muito angustiada e nervosa, coisa que não era comum nela.

Lopes e Augusto deram uma desculpa e afastaram-se não para longe; Augusto não queria distanciar-se, pois receava pela reação do pai e isto o preocupava.

– Fale, mulher, não gosto de rodeios.

Neusa estava gelada, presa na cadeira, não conseguindo dizer uma única palavra; estava paralisada pelo medo.

Dona Amélia preferiu que fossem conversar no escritório, lá era mais reservado, não seriam interrompidos, ao que Neusa como um autômato obedeceu.

O Coronel, que era muito perspicaz, logo percebeu que o assunto dizia respeito à sua filha e era grave.

Já no escritório, todos sentados num semicírculo, dona Amélia foi direto ao assunto.

Quando começou a narrar os fatos, foi interrompida pelo marido, que lhe perguntou:

– Amélia, o assunto diz respeito à Neusa?

– Sim.

– Pois então deixe que ela mesma fale.

Neusa pensou que fosse desmaiar nesta hora, tamanho era o seu pavor, mas tinha que ser forte e encontrar coragem para enfrentar o pai.

Neste momento, rogou a Deus que a ajudasse, que a socorresse, e então formou-se em torno dela um círculo de luz muito intenso.

Eram Espíritos Superiores que, antevendo o que aconteceria, enviavam-lhe energias sublimadas.

Começou a contar tudo ao pai e à mãe, que só agora sabia de tudo com detalhes pela própria filha.

O Coronel, a cada palavra que Neusa pronunciava, foi se transformando, ficando rubro, as veias pareciam que iam explodir no seu pescoço.

Um calor insuportável tomava conta do seu corpo, ele não podia acreditar que fosse verdade o que a filha, entre soluços, lhe contava.

O ódio foi tomando conta dele, como todos previam, mas nada dizia e isto foi preocupando dona Amélia.

Aquela não era a reação natural do marido; ela esperava que ele esbravejasse, gritasse, mas não. Quando Neusa acabou, ele levantou-se, foi até à filha que, num gesto rápido levantou-se também, como que para se proteger do pai; este, enfurecido, segurou-a pelo braço e desferiu-lhe violenta bofetada.

– Sua vagabunda, ordinária, sua desavergonhada, como teve coragem de sujar deste modo o nome de nossa família? Eu vou matar este canalha com as minhas próprias mãos, você vai ver. E você não terá este filho bastardo, não aqui em minha casa.

Dona Amélia tentou dizer algo, mas também foi agredida pelo marido, que estava fora de si; seus olhos faiscavam, pareciam querer saltar-lhe do rosto.

Augusto e Lopes, ouvindo os gritos do Coronel, correram até lá. Encontraram Neusa chorando, caída de um lado e dona Amélia de outro; o pai num estado deplorável, enlouquecido, carregava sua arma.

Augusto tentou interceder pela irmã:

– Pai, vamos conversar como pessoas civilizadas que somos. De que irá adiantar mais violência?

– Ah! quer dizer que você está do lado dela?

– Não é isso, pai, o senhor tem que se acalmar.

– Acalmar-me? Você não sabe o que estou sentindo.

– Avalio, sim, pai, todos aqui estamos chocados com tudo isso, mas temos que ser racionais.

– Não, Augusto, isso não irá ficar assim, eu não vou permitir que essa vagabunda enterre meu nome na lama, e quanto a Pedro, quando colocar minhas mãos em cima dele, vai arrepender-se de ter nascido. Esse covarde fez isso para vingar-se de mim por eu tê-lo mandado embora.

Num gesto inesperado, apontou a arma na direção da filha que, aterrorizada, assistia a tudo.

Lopes avançou sobre o Coronel, tentando evitar uma tragédia. Os dois engalfinharam-se, enquanto Augusto tirava a mãe e a irmã dali.

De repente, ouve-se um estampido e um corpo cair no chão. Correram de volta ao escritório e encontraram Lopes ajoelhado sobre o Coronel.

– O que houve, Lopes? – gritou Augusto.

– Eu não sei, estava segurando seu pai, a fim de dar-lhe tempo de tirá-las daqui, e de repente a arma disparou. Ele parou, olhou-me de modo estranho, como se atingido por um raio, e desmaiou.

Dona Amélia, chorando muito, corre para junto do marido, gritando:

– Felício, fale comigo, pelo amor de Deus.

Neusa, vendo aquela cena, não resistiu e desmaiou também.

Augusto, não sabendo a quem socorrer primeiro, gritou pelos empregados, que vieram assustados.

A confusão estabeleceu-se e Lopes, mais calmo, pediu que trouxessem amoníaco para reanimá-los.

Enquanto isso, Augusto com dois empregados levaram o Coronel para um sofá; Neusa, ainda inconsciente, estava numa poltrona.

Dona Amélia, aturdida com tudo aquilo, tentava socorrer sua filha, que logo voltou a si.

O Coronel é que ainda estava inconsciente e passou a preocupar mais a todos.

Resolveram levá-lo para o quarto e Lopes foi até a vila buscar o dr. Mathias, único médico do lugar.

Quando estava sóbrio, era um médico muito competente; dona Amélia desejou intimamente para que ele assim estivesse. O marido havia desmaiado, a notícia havia sido forte demais para ele.

Neusa, já melhor, não se conformava com a atitude do pai; ele a teria matado se não fosse Lopes.

O Coronel estava ali, inerte, sem cor, e ela era a única culpada; não se perdoaria se algo acontecesse ao pai, pois apesar de tudo o amava muito.

Não tardou para que Lopes voltasse com o médico, que foi direto para o quarto do enfermo.

Lopes não havia dado maiores informações a ele: disse-lhe apenas que o Coronel sentira-se mal e desmaiara, e como custasse a voltar a si acharam melhor chamá-lo.

Dr. Mathias quis saber pormenores daquele mal súbito, mas Augusto achou melhor não entrar em maiores detalhes; entretanto, não omitiu que o pai havia ficado muito nervoso após uma discussão, ficando fora de si até.

O médico ouvia tudo com atenção e prosseguiu nos exames; preparou uma injeção e aplicou-a.

– Vamos esperar alguns minutos, vejamos como ele reagirá ao medicamento.

Dona Amélia chegou perto do médico e perguntou-lhe:

– Doutor, o que está acontecendo com ele? Por que não volta a si?

O médico, franzindo o cenho, preocupado, perguntou-lhe:

– Alguma vez ele queixou-se de dores no peito, ou mesmo de intenso calor seguido de dores de cabeça?

Ela respondeu-lhe que ele nunca se queixara de nada, que tinha uma saúde de ferro.

– Mas por que o senhor pergunta isso? – interpelou Augusto.

Dr. Mathias levantou-se e, olhando para o jovem, disse:

– Não quero ser precipitado, mas sua pressão está muito alta; tudo me leva a crer que seu pai teve um derrame cerebral e encontra-se em coma.

– E o que significa isso, doutor?

– Significa que se for mesmo isso, e tudo leva a crer que sim, não poderemos avaliar agora, pois estes acidentes vasculares costumam deixar seqüelas.

"Ele pode permanecer inconsciente durante meses ou anos, como pode também despertar em poucos dias, e ficar parcialmente ou completamente paralisado; por enquanto estamos no terreno das hipóteses.

"Veja bem, isso que estou dizendo são ainda suposições, é muito difícil prever quais serão as reais conseqüências. Teremos que ter paciência e esperar os acontecimentos. Não há mais nada que eu possa fazer no momento.

Triste lamento saiu de dona Amélia que, abraçada ao filho, desabafou:

– O que mais haverá de nos acontecer?

Augusto acompanhou o doutor até à porta, agradecendo-lhe, e este prometeu retornar na manhã seguinte.

Neusa, encolhida num canto do quarto, estava arrasada, culpava-se por tudo. Teria sido melhor ter dado fim à vida, pelo menos pouparia a mãe de tanto sofrimento; agora, o pai deste jeito, entregue à própria sorte... ela não se perdoaria jamais se o pai morresse.

Capítulo VI

Os dias foram passando, e o Coronel Felício não apresentava melhora.

Dr. Mathias vinha todos os dias visitá-lo e administrava-lhe medicamento injetável a fim de estabilizar sua pressão, que teimava em continuar alta. Era como se, mesmo inconsciente, ele fosse explodir, feito um barril de pólvora.

E era assim mesmo que ele estava se sentindo, pois apesar de inconsciente, de não conseguir mexer-se, falar, ou fazer qualquer coisa que comunicasse às pessoas, ele ouvia tudo o que estas diziam ao seu redor, sentia-se preso ao corpo, lutava para fazer algum movimento, abrir os olhos que fosse, mas não conseguia.

Tal era o seu desespero por não conseguir comunicar-se, que se agitava ainda mais por dentro; queria sair daquele estado de torpor em que se encontrava. Devia ser por isso que sua pressão arterial não baixava.

– Eu deveria ter me cuidado melhor – pensava o Coronel, pois já há algum tempo que não vinha se sentindo bem, algo não ia bem com sua saúde.

Sentiu-se tonto algumas vezes, e mesmo com fortes dores de cabeça, que o dr. Mathias havia mencionado, mas nunca imaginou que pudesse sofrer um derrame.

As pessoas à sua volta continuavam com o mesmo empenho e dedicação; dona Amélia passava horas a seu lado, conversando com ele com muito carinho.

Ah! que bom seria se ela pudesse saber que ele a estava ouvindo!

Mas ele não desistiria, lutaria até o fim para voltar a ser o que era, haveria de conseguir!

Agora, com o ânimo mais sereno, entregue aos seus pensamentos naquela cama, passou a fazer um longo exame de consciência.

No seu dia-a-dia, apesar de levar uma vida tranqüila, pouco parava para pensar e refletir sobre uma porção de coisas, mas agora, a única coisa que lhe restava era pensar, pelo menos isso Deus não havia lhe tirado, o raciocínio.

Repassou a sua vida inteira a limpo; ele sabia que não era um homem de muitas palavras, mas procurava ser justo em suas conclusões. Errara inúmeras vezes, acertara outras tantas e, a seu ver, procurara ser um bom marido e um bom pai.

Onde havia falhado com Neusa?

É certo que ele quase não tinha tempo para ela, sempre ocupado com os seus negócios, mas isso era uma ocupação mais da mãe, pensava ele.

Sua revolta ao pensar no que Pedro fizera à sua filha deixava-o atormentado; aquele crápula pagaria caro por isso, e agora ele precisava reagir, tinha que levantar-se daquela cama.

Vieram-lhe à lembrança os momentos que antecederam ao seu mal-estar e meditava:

– Meu Deus, como pude apontar uma arma para minha própria filha? Se Lopes não tivesse chegado a tempo, eu a teria matado. Como iria viver com esta culpa? Onde estava com a cabeça? Eu devo merecer estar sendo punido tão duramente como estou sendo, talvez Deus não permita mais que eu saia deste estado em que me encontro.

E assim os dias foram passando e já fazia 15 dias que tudo acontecera. Os jovens amigos, em virtude dos estudos, voltaram a Coimbra dois dias depois do derrame do Coronel, pois tinham exames a concluir, e assim que terminassem retornariam à fazenda.

Ficou combinado que Lopes voltaria junto com Augusto, pois agora já não era mais uma questão de descanso de férias.

Com a doença do Coronel, o filho teria que assumir o seu lugar, pelo menos temporariamente, e ele pedira a Lopes que o ajudasse, pois pouco entendia dos negócios e por certo teria dificuldades.

Lopes dispôs-se a fazer pelo amigo tudo que estivesse ao seu alcance; tinha mais conhecimento sobre os negócios, pois sempre ajudara o pai, que também tinha plantações, e até exportava; e quando estava em casa sempre procurara estar a par de tudo. Gostava da terra, apesar de estar concluindo curso de Direito, e querer exercer a profissão, pretendendo, no futuro, conciliar as duas coisas.

Com as exportações, o pai de Lopes fazia muitos contratos, que envolviam muito dinheiro com outros países e precisavam ser cuidados de perto. Por certo ele entenderia a urgência do amigo Augusto e não se oporia na ajuda.

O Coronel Felício começou a apresentar melhoras ao fim dos primeiros 15 dias.

Em certa manhã, Neusa estava sentada ao pé da cama do pai em profunda prece, quando ouviu um certo gemido e viu que ele, afinal, estava acordando.

Gritou pela mãe, que correu até o quarto e, juntas, choravam e agradeciam a Deus por ter ouvido suas preces.

Dona Amélia aproximou-se do marido e este a acompanhou com os olhos. Ela não conteve as lágrimas e, segurando a mão dele, disse-lhe:

– Eu sabia que você voltaria; lute, seja o homem valente que sempre foi, eu estou aqui do seu lado, meu querido, para ajudá-lo. Todos oram por você, não desista da vida, nós precisamos muito de você, queremos compartilhar de todos os seus momentos e queremos que também compartilhe dos nossos.

O Coronel, pela primeira vez em sua vida, deixou que a emoção daquele momento e as palavras de carinho da mulher o tocassem fundo, deixando assim extravasar sem nenhum pudor as lágrimas que lhe brotavam nos olhos.

Neusa aproximou-se do pai e, ajoelhada ao lado da cama, tomou-lhe uma das mãos e pediu perdão do fundo do coração.

– Sabe, pai, muitas coisas aconteceram nestes últimos dias, de muita tristeza todos temos vivido, mas quero que o senhor saiba que nós o amamos muito, e haveremos de vê-lo levantar-se desta cama e voltar a ser o que era.

"Nestes dias de dor e sofrimento, pai, aprendi muita coisa, mas a principal é que descobri o quanto o senhor é importante na minha vida e de todos desta casa.

"Sinto-me culpada pelo seu estado, pai, sei que errei, mas não quero que pense que fui leviana e nem quis envergonhá-lo.

"Fui tola e ingênua, acreditando em Pedro, mas agi assim levada pelo grande amor que sentia por ele. Sei que ele não mereceu, pai, hoje vejo isso, mas agora nada mais posso fazer, a não ser dizer que, se o senhor me permitir e me perdoar, tudo farei para que se orgulhe de mim e de meu filho.

Num canto do quarto, dona Zilá, mãe de dona Amélia, junto de mais dois outros Espíritos, olhavam comovidos a cena e agradeciam a Deus por dar a oportunidade daqueles dois se entenderem, se perdoarem e o mais importante, se darem uma nova chance. Tudo haveria de dar certo entre eles dali para frente.

Diante de tanta emoção, de tanta grandeza de Espírito, sim, pois Neusa poderia estar muito magoada com o pai depois de tudo, afinal ele tentara matá-la, mas não, ela não só o perdoara como estava disposta a ajudá-lo a se recuperar.

Dona Zilá, impondo as mãos sobre a cabeça de Neusa, enviou-lhe energia naquele momento.

O Coronel Felício, com grande esforço moveu a cabeça para poder olhar melhor a filha, que também emocionada chorava. E com bastante dificuldade, sussurrou numa voz quase que inaudível:

– Quero que me perdoe também, filha.

Nesta luta não houve vencidos, somente vencedores, todos triunfaram acima do bem maior que é o amor.

Nos dias que se seguiram, o Coronel foi tendo uma melhora impressionante; nem mesmo o dr. Mathias podia acreditar que, depois de tanto tempo inconsciente, ele pudesse recuperar-se daquela maneira.

Voltara a comer, a princípio alimentos sólidos em forma de papa, pois até então sua alimentação era exclusivamente líquida.

Seus sentidos, exceto a fala que ainda tinha bastante dificuldade, estavam todos em perfeitas condições.

Como o dr. Mathias já havia dito anteriormente, algumas seqüelas ficaram; a parte esquerda do seu corpo ficara paralisada, mas o médico garantiu que com bastante exercício e esforço dele próprio, em muito melhoraria.

A princípio ficaria numa cadeira de rodas, até se adaptar novamente; aos poucos iniciariam os exercícios para colocá-lo de pé novamente com o auxílio de uma muleta, que lhe daria apoio na parte paralisada. Esta paralisia seria definitiva, mas não o impediria de locomover-se para onde quisesse.

A fala também requeria atenção especial; todos os dias seria feito um novo aprendizado da linguagem e, com perseverança e muita força de vontade, lentamente ele voltaria a falar quase sem nenhuma dificuldade.

Neusa mostrou-se uma filha amorosa, dedicada e empenhada na recuperação do pai, ocupando-se o tempo todo em cuidar dele – dos exercícios e do tratamento em si, deixando para a mãe a parte da higiene íntima.

O pai pensava em certos momentos:

– Que filha maravilhosa tenho, Senhor, tu me deste uma jóia rara, que precisou quase que eu a perdesse, para reconhecer hoje a sua grandeza e dedicação, e o quanto ela me é querida.

"Até agora não entendo como pude cometer tamanho desatino; como sofro e quanto remorso eu sinto por ter perdido a cabeça daquele jeito e quase ter cometido o maior erro de minha vida.

"Como eu poderia viver se tivesse conseguido cumprir com meu intento? Será que um dia, meu Deus, tu me perdoarás?

Passavam-se horas, os dois ali, naquele quarto, e o laço que os unia foi ficando cada vez mais forte.

A barriga de Neusa começava a dar sinais de crescimento, pois emagrecera muito nas últimas semanas.

A recuperação do pai fazia-lhe sentir-se útil, pois abraçara aquela causa como se fosse sua; assim não tinha tempo para pensar em mais nada, que não fosse encontrar novos métodos, junto ao dr. Mathias, que beneficiassem o tratamento do seu pai.

O próprio médico admirava-se, tamanha a sua dedicação, e como não poderia deixar de ser, numa destas visitas, quis conversar a sós com Neusa.

– Não quero ser indiscreto, mas durante todo este tempo em que tenho vindo aqui, tenho percebido mudanças em você. Não gostaria de conversar sobre o assunto comigo?

Neusa sorriu e disse:

– Quero sim, doutor, como o senhor já deve ter percebido, estou grávida, devo estar entrando no terceiro mês, se fiz as contas certas. Não tenho tido problemas, graças a Deus; também, do jeito que me envolvi com a doença de papai, nem tive tempo para pensar em mal-estar. Estou me sentindo ótima, disposta, creio que não haverá nenhum problema com a gravidez.

– Mas mesmo assim quero fazer-lhe uns exames de praxe, está bem?

– Claro, doutor, quando o senhor achar necessário.

– Então marcaremos para daqui a uma semana. Está bem?

– Está certo.

Dr. Mathias despediu-se e, pensativo, voltou para a vila:

– Então fora isso, o Coronel não agüentou o baque de saber que Neusa engravidara. Quem seria o pai?

O médico era pessoa muito discreta e não falaria a ninguém sobre o assunto; aquelas pessoas que ali viviam adoravam ter o que comentar, e este seria um prato cheio, mas não seria ele a lhes dar tal satisfação.

***

– Creio que agora o Coronel já está em condições de receber visitas – disse o médico à dona Amélia.

Sim, pois por ordem de dona Amélia as visitas não foram permitidas, enquanto ele não estivesse em condições de dizer por si só que as receberia com alegria.

Não as permitiu, pois conhecendo o marido tão bem, sabia que ele detestaria saber que foi visto em tamanho flagelo.

O Coronel Felício alegrou-se diante da notícia:

– Mas claro, doutor, que quero, estou sentindo falta dos meus amigos.

Ele era uma pessoa muito querida na cidade; apesar de sua austeridade, todos tinham-lhe muito respeito.

Durante o período crítico de sua doença, nem mesmo a família de Vera pôde vê-lo, mas todos compreenderam a posição da dona Amélia e a respeitaram.

Quando Augusto foi, sozinho, despedir-se de Vera para voltar à Faculdade, ela ficara meio decepcionada ao vê-lo chegando; esperava ver Lopes novamente, mas compreendeu que, diante da situação em que se encontravam com a doença repentina do Coronel, ninguém tinha cabeça para mais nada.

Augusto estava muito preocupado com a doença do pai e pretendia voltar o mais rápido possível; Vera teve vontade de perguntar se Lopes voltaria com ele, mas não teve coragem, pois ele poderia interpretá-la mal. Desejou-lhe uma boa viagem e um breve regresso, ficando acertado que assim que fizesse os exames e as notas saíssem ele retornaria.

Os pais de Vera combinaram que no dia seguinte visitariam o Coronel, apesar de saberem que dona Amélia não estava permitindo visitas; acharam de bom tom, mesmo sem vê-lo, mostrar-lhes a solidariedade naquele difícil momento.

Mas nem Augusto nem Lopes estariam mais lá, pois viajariam bem cedo, afinal tinham muita estrada até a cidade de Coimbra.

Vera, depois que Augusto foi embora, saiu para caminhar um pouco e tentar afastar aquela sensação de culpa que estava sentindo.

– Que egoísta estou sendo, o pai de Augusto num leito, sem se saber ao certo o que lhe acontecerá, e eu aqui pensando em Lopes.

Aliás, Vera não fazia outra coisa na vida que não fosse pensar em Lopes, revivendo os poucos momentos em que estiveram juntos conversando.

Claro que estava triste pelo que acontecera ao futuro sogro, mas não conseguia voltar sua preocupação a isso, e pensava:

– Ao tempo de estar fazendo orações em benefício do seu Felício, fico aqui rezando para que Lopes volte, o que estará acontecendo comigo? Nem dei a devida atenção a Augusto, justo agora que ele estava precisando tanto do meu apoio.

Vera se recriminava, se amargurava com a situação, pois estava perdendo o bom senso e o controle dos seus pensamentos, das suas emoções.

Augusto não fizera nenhum comentário a respeito de Neusa, nem à Vera ou à sua família, achou que não era o momento. Quando voltasse, com calma contaria.

No dia seguinte, Vera e a família foram, como haviam prometido, à casa de Augusto, mas nem dona Amélia nem Neusa fizeram qualquer comentário a respeito de como o Coronel teria caído de cama daquele jeito inesperado.

Capítulo VII

O tempo passava e, enquanto isso, na casa do Coronel Felício a paz voltava a reinar. Ele, com todo o esforço e a dedicação de dona Amélia, Neusa e o médico, estava cada dia melhor.

As pessoas que o visitavam, chegavam esperando encontrá-lo abatido em cima de uma cama, mas ele fazia questão de recebê-los em sua sala de estar, sentado confortavelmente em sua poltrona predileta.

Quando as visitas iam embora, retornava ao seu quarto para repousar um pouco, pois ainda sentia-se cansado quando permanecia muito tempo sentado.

Para ele, isso era um tormento, pois estava acostumado a andar muito, e ainda não conseguia nem locomover-se, somente na cadeira de rodas e com ajuda da mulher ou da filha, mas pensava ele consigo mesmo:

– Haverei de conseguir andar novamente sem a ajuda das pessoas.

Ele não gostava de depender de ninguém, sempre fora auto-suficiente, independente mesmo.

Aos poucos as coisas foram voltando à normalidade. Os empregados mais antigos da fazenda, junto com Raimundo, o capataz, assumiram temporariamente o comando dos trabalhos, sob orientação direta do Coronel, que mesmo sem poder sair de casa, organizava tudo e dava todas as ordens logo bem cedo a eles, que, sem demora, saíam para o campo.

Quando Augusto voltasse, assumiria o seu lugar, mas isso também o estava incomodando, pois sabia que não era isso que o filho havia planejado para si; não havia estudado tanto para se enfiar no meio de plantações, atolando o pé no barro, enfrentando temporal e as pragas na lavoura.

Apesar de ser esse o seu desejo, sabia que não era o desejo do filho.

– Mas o destino quis assim – meditava –, quem sabe não será melhor para Augusto comandar o que um dia será seu mesmo?

Ao mesmo tempo pensava:

– Não, Felício, vocês já conversaram muito a esse respeito, você sabe que Augusto não será feliz aqui, ele pode até ficar, diante das circunstâncias, mas não é isso que deseja. Portanto, mais um motivo para você não se acomodar, e sair desta cadeira o quanto antes.

Estava próxima a colheita de café, e isso estava preocupando o Coronel, acostumado a acompanhar tudo de perto, mas desta vez as coisas teriam que ser diferentes; confiava nos seus homens, mas nada era como estar no meio das plantações e cuidar pessoalmente dos detalhes do trabalho, isso estava no seu sangue, fazia parte da sua vida.

Mas, mesmo assim, o trabalho estava sendo a melhor terapia para ele, que enquanto se ocupava de tantos afazeres, não tinha tempo para pensar em coisas que o faziam sofrer tanto.

Só de pensar em Pedro, seu coração acelerava de ódio e revolta, mas quando via a filha chegar perto dele, já com pequena saliência na barriga, rosto mais cheio, corado, procurava afastar aqueles maus pensamentos, que o faziam sentir-se tão mal.

Talvez fosse melhor esquecer que Pedro existia e tocar a vida dali para frente; a doença e os longos dias de aflição que passou entrevado em cima de uma cama, fizeram-no refletir melhor e ver que pior teria sido se ele tivesse conseguido executar o que havia pensado.

A sua intenção era dar cabo da filha e em seguida sair atrás de Pedro; viraria o mundo se preciso fosse até encontrá-lo, e aí o traria de volta à fazenda e vingar-se-ia dele de forma cruel até a morte.

Mas Deus teve compaixão dele, para não deixá-lo cometer essa loucura.

Como se arrependia, não por Pedro, esse não valia nada, seria um verme e menos na face da Terra, mas pela filha e pelo neto que ela trazia na barriga.

Dona Amélia chegou, tirando-o de seus pensamentos.

– Felício, está quase na hora do jantar, vim para ajudá-lo.

– Sabe, Amélia, acho que hoje quero tentar andar sozinho; dê-me a muleta, por favor.

Dona Amélia ficou um tanto apreensiva, mas procurou não demonstrar.

Sabia como isso era importante, não só para ele, como para todos ali, que esperavam ansiosos o momento de vê-lo caminhar novamente sozinho.

– Sim, querido, vou pegar no armário.

Com o auxílio da muleta, ele teria mais facilidade em retornar a andar, pois esta lhe daria o apoio e sustentação que ele precisava para mudar o passo.

Enquanto isso, o Coronel procurou reunir toda sua força para sair-se bem na sua primeira caminhada.

Dona Amélia voltou com a muleta e o ajudou a ficar de pé.

Neusa, que também chegara no quarto, ficou feliz ao ver o pai de pé, apoiado na muleta; olhou para Neusa, que com firmeza no olhar e na voz, disse-lhe:

– Venha, papai, você consegue.

O Coronel concentrou-se em cada movimento que fazia; era difícil mover-se, pois o seu lado esquerdo estava todo esquecido, não o sentia, era como se pesasse 200 quilos; pensou em desistir, mas não podia recuar agora, se o fizesse ele nunca conseguiria transpor esse obstáculo.

Com enorme esforço e com o amparo da esposa, deu o primeiro passo, e assim outro e mais outro, até que, com um sinal, fez com que dona Amélia o soltasse e, meio titubeando, conseguiu o que mais ansiara nos últimos tempos: andar novamente, sem a ajuda das outras pessoas.

O seu triunfo foi comemorado com muita alegria entre todos ali; os empregados só ajudavam na hora de descer a escada, aí não havia jeito, mas o Coronel já havia pensado numa solução para isso também. Mandaria fazer uma espécie de elevador que o transportasse com segurança do piso superior ao inferior e vice-versa.

Não era por orgulho que não queria depender das pessoas, mas sim porque queria voltar a ter vida normal – isso era imprescindível para ele.

Capítulo VIII

Vera passou a freqüentar mais a casa de Augusto, depois que ele voltou para a Faculdade.

A princípio para visitar o Coronel, mas com o tempo foi ficando mais amiga de dona Amélia e de Neusa, que ficavam felizes pela sua companhia.

Dona Amélia preparava gostosas guloseimas para todos lancharem à tarde; até mesmo o Coronel, que não era dado a estes lanches da tarde, passou a freqüentá-los.

Simpatizava muito com Vera, achava-a a mulher ideal para o filho, e no seu íntimo, pensava: – Deus reservou uma moça tão boa para Augusto, por que não fizera o mesmo com Neusa? Uma moça tão boa, delicada, meiga, educada, por que a vida estava sendo tão cruel com ela?

Naquela época eram raros os casos como o de Neusa; uma moça que não fosse mais donzela e grávida sem ter se casado, era considerada por todos como uma meretriz e as pessoas não tinham o menor respeito por elas.

Neusa teria muita dificuldade em relacionar-se dali para frente com as pessoas do lugar, e isso doía no Coronel, que mesmo sendo tão respeitado por todos, sabia de antemão que as pessoas não perdoariam este seu deslize, e a tratariam mal.

Neusa e Vera foram tornando-se grandes amigas com o decorrer do tempo; elas tinham alguns pontos em comum, grande afinidade e ficavam horas conversando.

Agora o Coronel já não precisava de tantos cuidados, deixando assim Neusa sossegada, até que ela resolveu contar à Vera do seu estado.

Logo que Neusa começou a falar, notou um sorriso maroto no rosto de Vera e perguntou-lhe:

– O que foi? Vera, por que esse seu ar maroto?

– Porque eu já havia percebido, sua boba, só não tinha certeza, e não quis fazer nenhuma pergunta a respeito, pois acho ser esse um assunto muito íntimo e pessoal, e sabia que, mais dia menos dia, você me contaria.

E segurando Neusa pelas mãos, disse:

– Creia que fico muito feliz por você, apesar de imaginar o quanto lhe custou tudo isso. Acho que, só pela felicidade de trazer consigo o fruto do seu grande amor, já valeu a pena!

– Pena que só eu o amei; hoje sei que ele se aproveitou do meu amor para vingar-se de papai, que o havia mandado embora após ser flagrado em intimidades com a filha de um dos empregados. E como você sabe, meu pai nunca permitiu desrespeito com as moças da fazenda, principalmente quando se tratava de homem de sua total confiança, como era o caso de Pedro.

"Que ironia cruel do destino para com papai! Por causa da filha de um empregado ele o despediu, para depois vir a saber que carrego um filho dele.

"É, Vera, não sei como irei enfrentar as pessoas. Agora que a tempestade maior já passou, sinto-me mais forte, mas sei que serei rechaçada por muitos, julgada por outros, mas isso não me preocupa, o que me entristece, é que com o meu gesto acabei colocando minha família numa situação embaraçosa e delicada, isso sem contar que me sinto responsável pelo estado de papai.

– Ora, pelo amor de Deus, criatura, você não pode se sentir culpada pelo que aconteceu com o seu pai, isso teria acontecido de qualquer maneira. Você pode ter acelerado os acontecimentos, mas eu não tenho a menor dúvida de que seu pai teria o derrame de qualquer jeito.

Neusa contou-lhe com todos os detalhes o que aconteceu naquele dia fatídico. Confiava em Vera, sentia-lhe sinceridade nas palavras, chorou muito ao lembrar-se de tudo, mas era bom ter com quem desabafar. Com Augusto longe, ela não tinha com quem dividir os seus sentimentos, pois apesar de estar bem com o pai e a mãe, não se sentia à vontade para falar de certos assuntos, mesmo porque, como poderia dizer que estava sofrendo muito pela ausência de Pedro, que o seu coração estava em pedaços, que sonhava com ele todas as noites e por mais que se esforçasse, não conseguia sentir raiva dele; seus pais jamais compreenderiam isso e com toda razão.

Vera sentiu-se condoída de Neusa, e procurou demonstrar que poderia ver nela uma amiga para todas as horas, quando se sentisse triste, que a procurasse.

As duas abraçaram-se fraternalmente e Vera sentiu uma pontada no coração, pois sabia que jamais poderia expor à Neusa os seus sentimentos e suas aflições.

Como dizer a ela que estava loucamente apaixonada, mas não pelo seu irmão, e sim pelo melhor amigo dele?

Como dizer a ela que estava lutando contra esse sentimento por não poder se entregar a esse homem, por já existir um compromisso assumido com outro, por haver muitos interesses e sentimentos envolvidos, que para ficar com este amor ela teria que abrir mão de tantas outras coisas já conquistadas, sem contar o sofrimento que um atitude desta poderia acarretar a todos.

As proporções, ela nem conseguia imaginar, mas pressentia que seriam por demais desastrosas; não sentia coragem para enfrentar o mundo, mesmo por um amor tão grande, este amor que a fazia perder a razão e a clareza das coisas.

Desde o primeiro momento que viu Lopes, sentiu que algo muito forte estava acontecendo dentro dela, era uma mistura de alegria e aflição, excitação e desespero, paixão e dor, mas mesmo assim queria sentir todas estas emoções.

Não sabia como, mas no seu íntimo algo lhe dizia que não conseguiria fugir ou evitar este confronto direto com Lopes.

A sensação que tinha era a de ter esperado uma vida inteira por aquele reencontro, sim, eu disse reencontro, esta era a palavra mais certa para definir o que sentira, quando os seus olhos se cruzaram pela primeira vez.

Seria isso o que se costumava dizer amor à primeira vista?

Pelas poucas palavras que Lopes lhe dissera, estava claro para ela que ele também sentia as mesmas coisas, com a mesma intensidade.

Ao mesmo tempo que ela pedia a Deus que desviasse Lopes do seu caminho, uma força mais forte do que ela suplicava para que ele voltasse ali.

Essa mistura de sentimentos estava confundindo sua cabeça; sempre fora muito ponderada e sensata, não se deixava levar pelas emoções, sempre julgara que quando uma pessoa se deixa levar pela paixão e emoção, acaba não raciocinando com clareza e passa a cometer uma série de desvarios e erros.

Isto não era próprio de Vera, não que ela fosse uma mulher fria e calculista, pelo contrário, tinha sentimentos nobres, prezava demais a franqueza, o caráter, a fidelidade e a lealdade das pessoas, mas agora realmente estava muito perturbada com o que se passava dentro de si.

Era como se estivesse em ebulição, num turbilhão de contradições; por mais que tentasse desviar a sua atenção para outras coisas, quando dava por si, lá estava ela sonhando acordada, suspirando por ele, contando os dias que faltavam para o seu regresso.

E se ele não viesse?

E se outros compromissos mais importantes o prendessem na cidade?

– Oh! meu Deus, por que estás fazendo isso comigo? Livra-me, Senhor, desta angústia que está a ferir meu peito e minha alma – pensava.

O sino da igreja tocou ao longe, tirando-a dos seus pensamentos.

Neusa, que estava a seu lado, também foi trazida de volta à realidade e as duas, meio sem jeito, perguntavam-se se a outra teria percebido que, por alguns instantes, estiveram longe dali, cada qual vivendo o seu conflito interior.

Também isso não tinha a menor importância, elas se entendiam, e era isso que importava.

Capítulo IX

A colheita de café seguia o seu ritmo normal; apesar de não terem o Coronel Felício ao lado dos seus empregados, a união entre eles era muito grande, e parecia que o fato da ausência necessária do patrão, fazia-os ainda mais empenhados em que tudo saísse a contento.

O Coronel já havia negociado toda a colheita antes de ficar doente, e tinha data certa para a entrega das sacas.

Raimundo esmerava-se em cuidar de tudo com a maior dedicação possível, passando a trabalhar mais horas no dia sem que isso lhe fosse pedido, e conseqüentemente, os outros empregados também, pois com a doença do Coronel, não queriam que nada ficasse por ser feito.

Mas estavam felizes e satisfeitos com eles próprios, pois apesar da ausência do patrão, tudo corria muito bem.

Estavam dando conta de tudo. Quando surgia algo novo, que fugia ao controle e entendimento deles, aí sim, Raimundo, como líder, procurava o Coronel a fim de pedir-lhe maiores explicações e esclarecimentos.

A responsabilidade havia aumentado bastante. Agora não tinham um superior, no caso Raimundo, a lhes dizer que precisavam ser mais rápidos, ou mesmo para não se encostarem pelos cantos da fazenda, fugindo assim aos seus compromissos.

Essa diferente condição, de que cada um iria agir conforme a sua consciência, deu-lhes uma nova visão do trabalho em si, criando em cada um uma maior responsabilidade.

Pois a bem da verdade, e é bom que se diga, que muitas pessoas, quando são subordinadas a alguém, deixam que este tome todas as providências e resoluções sobre os trabalhos por elas.

Poupam-se ao máximo em pensar, em criar algo novo, jamais se perguntando se não poderiam estar fazendo melhor.

Ou mesmo se procurassem olhar para o trabalho como sendo eles próprios, os patrões, teriam uma outra visão para solucionar os problemas que por certo surgissem.

Na maioria das vezes as pessoas se acomodam, pois pensam da seguinte maneira:

– Não sou pago para pensar em soluções ou tomar decisões. Ganho somente para executar o que me dão já mastigado.

Esta acomodação faz com que estas pessoas dificilmente progridam em seu trabalho; passam anos estagnados e o que é pior, sempre reclamando de que são mal remunerados, que o patrão não reconhece o seu esforço, que o patrão é ingrato e insensível, que se ganhassem mais poderiam estar fazendo um trabalho melhor.

Este é um grande erro, supor que estariam fazendo melhor se melhor remunerados.

O inverso sim, seria justo, ser melhor remunerado por estar fazendo o melhor.

Pessoas assim passam a vida na mediocridade, na pequenez, no limbo da vida, tentando sempre se agarrar em algo, mas acabam sempre escorregando.

No seu modo de pensar, acham que estão levando grande vantagem em agir dessa forma.

Enganam-se os que pensam assim.

Se cada um se conscientizasse de que é buscando novos caminhos, gerando novas formas de trabalho, criando para si um método de trabalho que possa satisfazer, não somente ao que lhe é pago e pedido, mas sim, envolver-se no que está executando, pois quando nos envolvemos voluntariamente, incondicionalmente, por menor que seja o serviço, deixamos de ser medíocres e mesquinhos e passamos a pensar de maneira mais ampla, tendo assim visão melhor de tudo.

A dedicação é uma grande virtude, pois a pessoa, na entrega que faz do seu talento, da sua experiência, no prazer que tem em poder realizar um trabalho de qualidade, torna-se mais elevada, mais iluminada, as coisas fluem melhor para ela que, desprendidamente, busca dar o melhor de si.

Tudo isso gera um ciclo de influências positivas, de bênçãos de Deus, que espera exatamente isso dos seus filhos, que eles deixem germinar e brotar o que há de melhor dentro de si.

Quando a última saca de café embarcou com destino à Capital, o Coronel Felício chamou Raimundo e ordenou-lhe que reunisse todo o pessoal em frente à casa grande.

Ele prontamente atendeu e, em pouco tempo, todos estavam ali, aguardando.

O Coronel veio até a varanda e, olhando um a um, disse-lhes:

– Estou aqui para agradecer-lhes pelo desempenho de cada um. Estou muito orgulhoso em poder constatar que pude confiar no esforço e dedicação de cada pessoa que aqui está.

"Confesso que fiquei muito preocupado a princípio; era uma árdua tarefa, sabia que tinham condições de executá-la, mas confesso, tive dúvidas se vocês se entregariam ao trabalho como o fizeram. Se não fosse pelo esforço e dedicação de todos, talvez não tivéssemos conseguido entregar no prazo combinado todas as sacas de café.

"Quero parabenizá-los por tudo, e como forma de meu agradecimento, peço que cada um de vocês passe no armazém da vila e compre o que quiser no valor do salário que cada qual recebe. Já providenciei tudo com o dono do armazém que os está aguardando. E também, Raimundo, passe no empório e traga tinta para que se possa pintar a casa de cada colono. Obrigado, mais uma vez!

A alegria e a emoção tomaram conta de todos, uns pulavam, outros gritavam, outros, mais contidos mas não menos emocionados, agradeciam ao Coronel pelo seu reconhecimento. E prometeram dar continuidade ao trabalho com mais alegria e dedicação ainda.

Todos sentiram-se agraciados e felizes pelas palavras e pelo gesto dele, haja vista que o Coronel Felício não era de esbanjar palavras com ninguém que fosse. Ele realmente comoveu a todos ali; de fato, algo havia mudado nele, e para melhor.

Dona Zilá e seus companheiros que a tudo assistiam, agradeceram a Deus, mais uma vez, por ter dado esta oportunidade a Felício de resgatar parte dos débitos que tinha para com aquelas pessoas, com quem fora tão duro e cruel em vidas passadas.

Capítulo X

Augusto e Lopes ultimavam os exames e aguardavam que as notas saíssem para poderem retornar à fazenda.

Lopes mandara um mensageiro à casa de seus pais, explicando com detalhes o que tinha acontecido à família de Augusto, e que iria passar uns tempos por lá, até que tudo se resolvesse.

Ele acreditava que seria por pouco tempo, pois durante o período em que estiveram prestando os exames, nas horas vagas, Lopes e Augusto passaram a trabalhar em cima das atividades a serem desenvolvidas na fazenda, pois tinham algumas boas idéias, restava saber se o Coronel Felício aceitaria colocá-las em prática.

Os dois estavam tão absortos entre os exames e os trabalhos, que pouco tempo tinham para conversas mais amenas, como estavam acostumados, o que Lopes achou ótimo, pois assim não teria que falar ou ouvir sobre Vera; este assunto o perturbava demais.

Mas quando sozinho, deitado em sua cama onde os seus pensamentos só a ele pertenciam, sem que ninguém pudesse censurá-lo, aí, então, dava asas à imaginação, vivendo um lindo sonho ao lado daquela mulher que ele amava mais do que tudo na vida.

Em seus sonhos, ele se via ao lado dela, vivendo um grande amor, cheios de planos para o futuro, felizes além do que poderiam ser, nada e mais ninguém existia.

Mas quando era despertado para a realidade, sofria duramente, pois sentia muita inveja de Augusto, que tinha hoje nas mãos o que um dia já fora dele, e que ele, por covardia e fraqueza não soubera fazer jus.

Só que, destes fatos, ele não tinha conhecimento, somente um sentimento vago que não lhe deixava ver o que realmente existira entre eles.

Pois Deus, em sua infinita sabedoria, dá ao Espírito encarnado o esquecimento do passado, para que ele possa fazer uso do seu livre-arbítrio sem nenhuma interferência, conduzindo assim sua vida, fazendo e julgando o que for melhor para si e para os outros.

Se assim não o fosse, o que seria do homem ao reconhecer num filho, por exemplo, um grande inimigo do passado?

Ou como seria a este homem ter que conviver e modificar a conduta de uma esposa cheia de futilidades e até leviana, que em vida passada fora sua filha, cheia de vícios e de vida, desregrada e que, por alguma desventura o odiava, a quem, agora, caberia ensinar o caminho do bem e da verdade?

Não seria tudo mais difícil?

É justamente no esquecimento do que se passou que está a grandeza e a virtude em se empenhar no auxílio daquele que está ao seu lado.

Ele sentia que algo muito forte, laços de um amor muito grande os teriam ligado em vidas passadas, mas o que teriam sido um do outro?

Teria sido Vera sua mulher?

Quando se aproximara dela em sua casa, sentira o seu perfume e extasiara-se com ele, percebendo que já conhecia aquele cheiro.

Como teve que controlar-se para não tomá-la nos braços e beijá-la com ardor!

Nestes doces momentos de devaneios e sonho, Lopes sentia-se flutuar; apesar da distância, ele sentia Vera ali, junto de si.

Às vezes, em meio a algum estudo ou trabalho que estava executando, ouvia-a chamar por ele, num murmúrio triste; nesta hora, ficava excitado, achando que estava enlouquecendo.

Outras vezes, via-a em sonhos; eram sonhos em que os dois nunca estavam sozinhos, sempre na presença de Augusto, ou da mãe dela, às vezes de pessoas que ele não conhecia, mas sempre davam um jeito de trocarem um olhar, e neste olhar expressar o que estavam sentindo.

Certa vez, num sonho, estavam ele, Vera, Augusto e mais uma moça que não sabia quem era; conversavam animados os quatro, quando de repente ele levantou-se pensativo e deu alguns passos para frente, ficando de costas para o grupo; em seguida sentiu a mão dela no seu braço. Vera, virando-o para si, segurou-lhe as duas mãos e com um olhar apaixonado, disse-lhe:

– Quanta saudade eu sinto de você, que falta tem me feito em todos estes anos.

Lopes, um tanto assustado, olha ao redor e percebe que nem Augusto e nem a outra moça estão prestando atenção aos dois, como se não os vissem, como se não estivessem ali presentes, como se não existissem e aí, sem entender o porquê dos dois não estarem vendo a cena, entrega-se àquele momento com muita emoção e, com os olhos marejados pelas lágrimas, responde:

– Eu também sinto muita saudade de você, meu amor, como Deus é bom em deixar-me viver momentos como este junto a você.

E com esse sentimento de plenitude e prazer, coração disparado de tanta emoção, Lopes acorda com a certeza de ter vivido um grande e verdadeiro momento de amor, que neste momento o desejo, o sexo, ficaram sublimados.

Era maravilhoso lembrar deste instante mágico de plena felicidade.

Depois deste sonho, teve a certeza de que, quando dormia, seu Espírito, sentindo-se livre, ia encontrar-se com o Espírito de Vera.

Ele sabia que os Espíritos, ao dormir, saem do corpo material e viajam para onde querem ir; sabia que aquele encontro era mais que um sonho, era a realidade vivida entre os Espíritos deles.

Neste instante teve a certeza de que Vera o amava tanto quanto ele, e apesar de saber que iria ferir fundo seu melhor amigo, tomou ali a decisão. Se fosse pela razão, jamais assim resolveria; mas o coração pedia para que ele fizesse o oposto.

– Não vou perdê-la, Vera, agora que sinto que a reencontrei, não permitirei que nada e ninguém nos separe novamente.

Nem ele sabia por que dizia isso, mas deixou-se levar pela intuição que vinha-lhe do fundo do coração.

– Lutarei até o fim para ter você, mesmo que para isso, eu tenha que enfrentar todas as pessoas do mundo a me criticar, por estar ferindo princípios morais e traindo meu melhor amigo a quem tanto estimo. Não posso permitir que nada venha atrapalhar esse nosso imenso amor. Sei que, pelas leis de Deus e dos homens, não devemos cobiçar a mulher do próximo, pior ainda, a mulher do melhor amigo.

Aqui gostaria de fazer um parênteses e falar algo sobre a cobiça alheia de acordo com meu adiantamento moral.

Acredito numa lei maior que esta citada acima (dos homens), que é a lei, em face da qual duas pessoas que se amam verdadeiramente, apesar de nesta vida terrena não poderem viver este amor, devem recriminar-se por tal sentimento, mesmo cogitando que este sentimento já venha de uma outra vida, da qual o Espírito encarnado, mesmo com o esquecimento, guarda às vezes uma vaga lembrança.

Quanto à lei que está na Bíblia, pela qual tenho grande respeito, vejo-a da seguinte maneira:

Creio que Deus, quando criou os Dez Mandamentos, quis deixar aos homens princípios básicos, como não matar, não roubar, não levantar falso testemunho, etc., e não cobiçar a mulher do próximo, a meu ver, significa não ser canalha, não querer ter a mulher do próximo quando se deseja apenas o prazer da carne que, uma vez satisfeito, nada acrescenta a nenhum dos dois. Penso ser este tipo de cobiça um dos atos de maior repúdio que um ser humano possa cometer, no que toca à deslealdade, falta de respeito e de caráter para com aquele que está ao seu lado, e para com todas as pessoas que acabam sendo envolvidas direta ou indiretamente, e que também acabam sendo atingidas.

Aqui estou falando de um amor verdadeiro entre duas pessoas que estão em posições opostas, impostas pela força do destino que assim o quis.

Acredito numa lei do carma *que afasta pessoas que se amam e que se assim não fosse poderiam estar juntas, mas que, por razões que desconhecem, de compromissos assumidos em outras vidas com outras pessoas, às vezes por débitos que tenham a resgatar por erros do passado, quando se confrontam na Terra uma com a outra, mesmo lutando contra este sentimento que vai dentro do seu coração, sentem que, apesar do imenso amor que nutrem uma pela outra, até muitas vezes por uma vaga sensação de que já viveram este amor noutra vida, não poderão vivenciá-lo nesta.*

Sofrem caladas esta dor, por terem que dar continuidade à vida sem poder estar ao lado daquele amor já vivido.

Mas resignam-se, sublimam esse sentimento em nome da felicidade de tantos outros envolvidos.

Sabem que, assumir este amor, significaria machucar, magoar outras pessoas que também as amam e que não têm culpa do carma que cada um escolheu passar.

O conhecimento desta lei, para muitos, faz com que a dor seja minimizada, revoltam-se sim, muitas vezes, pela crueldade imposta pela vida, mas acabam através de muita luz espiritual a ajudar-lhes, aceitando com resignação a vontade da lei maior.

Tenho muita pena quando vejo casais em tal situação, pois nada posso fazer para ajudá-los a não ser orar e pedir a Deus que os ajude e serem fortes em seus princípios e em sua fé, perseverando assim na vontade de elevar-se e crescer espiritualmente, não contrariando a lei cósmica, não fraquejando, estando assim fortalecendo-se e não contraindo novos débitos para si próprios, o que só faria retardar ainda mais o seu progresso espiritual.

Ao término dos exames, já com as notas em mãos, os dois amigos saíram para comemorar a vitória por estarem entre os primeiros da Faculdade.

Enfim, todo o esforço e horas pela madrugada afora tinham valido a pena.

Tinham sido aprovados com louvor e isso lhes dava uma chance maior entre os outros, pois seriam indicados para trabalhar de imediato com grandes bacharéis de renome. Estavam exultantes de felicidade.

Teriam o período de um mês, aproximadamente, de descanso, para apresentarem-se novamente a fim de discutirem o futuro emprego com o reitor da escola.

Estavam prontos para partir com destino à casa de Augusto, onde pretendiam fazer com que tudo voltasse à normalidade.

Já sabiam que o Coronel Felício tinha tido grandes melhoras, e isso os deixara muito satisfeitos.

Afinal, ficar na fazenda não era o projeto de vida que Augusto tinha planejado para si; sentia-se meio egoísta ao pensar assim, mas não queria ser hipócrita consigo próprio, desejava ver todos bem e felizes, mas também almejava a felicidade e esta, tinha certeza, não estava nas divisas da fazenda e sim na cidade grande, e ele nunca escondera isso de ninguém.

Em casa de dona Amélia, era grande a agitação pela volta dos rapazes. Ela dava os últimos retoques na casa, enquanto que Neusa ajudava dona Ana a preparar os quitutes que Augusto tanto gostava.

Pelo fato dele passar pouco tempo em casa, dona Amélia procurava fazer-lhe as vontades; não que ele pedisse, mas era um prazer para ela poder agradar ao filho querido, era como uma espécie de compensação pelo tempo que passava fora.

O Coronel Felício também estava bem feliz com a chegada dos dois. Iriam fazer a pescaria que haviam combinado e, mesmo com dificuldade, ele, à beira do rio, mostraria àqueles dois meninos de cidade grande o que era ser um pescador de verdade.

Apesar de sua deficiência, continuava o mesmo em se tratando de disputar quem era o melhor.

Em casa de Vera também havia certo alvoroço por parte de dona Laurinda e seu Prudêncio, que esperavam agora poder marcar a data do casamento dos jovens.

Com ele formado, nada mais impediria que os dois se unissem o mais breve possível.

Cínthia, como de costume, estava entregue às suas divagações, mas ao ver o estado de euforia da mãe, procurando fazer com que Vera se entusiasmasse com a chegada do noivo, pois estava apática, pensativa e muito enigmática para quem estava em vias de se casar, disparou:

– Mamãe, eu se fosse a senhora, não ficava tão feliz com este casamento.

Dona Laurinda teve um sobressalto com o que Cínthia falara.

– Mas o que é isso, filha? Por que você está dizendo isso agora?

– Não sei bem, mamãe, só estou sentindo que algo de ruim está por acontecer, não sei o que é.

– Ora deixe de bobagem, Cínthia – retrucou seu Prudêncio. – Essa menina está cada vez mais estranha, acho que precisamos buscar um tratamento para ela.

Cínthia deu de ombros e saiu rindo da reação do pai e da perplexidade da mãe, mas ao passar por Vera que estava mais atrás, olhou-a bem dentro dos olhos e disse-lhe:

– Prepare-se, maninha, sua batalha está por vir. Você terá que ser muito forte para suportar tudo o que a espera.

Vera, assustada com as palavras da irmã, procurou dissimular a angústia que ia dentro do peito. Às vezes Cínthia dizia coisas, frases soltas que não pareciam vir dela.

– Essa menina está mesmo muito estranha ultimamente, Prudêncio – concluiu dona Laurinda. – Acho que seria bom fazer-lhe uns exames mesmo.

Capítulo XI

Na vila, as pessoas começavam a desconfiar de que algo estava acontecendo na fazenda do Coronel Felício. Alguns empregados haviam percebido algo diferente em dona Neusa e comentavam pelos cantos da casa, à boca pequena, o que era o óbvio: a gravidez dela, e não tardou para que isso chegasse à vila e se espalhasse. Não se falava noutra coisa.

Quando o dr. Mathias chegava, paravam com o falatório, mas o médico, que não era tolo, logo percebeu os comentários maldosos e resolveu cortar o mal pela raiz.

Um dia, em seu consultório, a porta ficou entreaberta entre uma consulta e outra. Lá fora estavam duas jovens com as respectivas mães, e a enfermeira que o ajudava.

Logo ouviu as duas jovens, com as suas respectivas mães, falando de Neusa, que achavam um absurdo, que era uma falta de pudor.

– Onde já se viu uma moça tão bem criada faltar com o respeito deste jeito para com os pais e em sua própria casa?

Dr. Mathias ouvindo a tudo isso, saiu do consultório e pôs-se de pé na soleira da porta, com as mãos nos bolsos do jaleco, e olhando para as quatro, que enrubesceram quando deram com o olhar incisivo do médico, disse:

– Vocês acham realmente que podem estar aí a julgar o comportamento de Neusa? Quem vocês pensam que são, donas da verdade absoluta?

"As pessoas erram por ousarem viver com coragem a vida como ela se apresenta, só que erra muito mais aquele que, por absoluta covardia e fraqueza, prefere atirar pedras nas falhas dos outros, a viver sua própria vida.

"Se vocês se julgam acima do bem e do mal, livres de quaisquer falhas ou deslizes, incapazes de errar um dia, então atirem pedras nela; mas tenham a certeza de uma coisa; um dia vocês também terão um julgamento com a mesma severidade com que a estão julgando agora.

"Ninguém passa impune nesta vida, seja errando, seja criticando o erro alheio, mas conscientizem-se de que aos olhos de Deus, muito mais valor e caráter tem aquele que, mesmo errando, ousou tentar viver, do que aquele que se senta em cima dos seus próprios defeitos para criticar os do próximo.

A enfermeira, que ouvia a tudo calada, assentiu:

– Creio que o doutor está coberto de razão.

As quatro, muito envergonhadas, sentindo-se ultrajadas pelo que tinham ouvido, saíram antes mesmo que pudesse ser dito mais alguma coisa.

Mas o médico, indo até a porta, gritou para que todos pudessem ouvi-lo:

– Espalhem por toda a cidade o que acabam de ouvir de mim. Estarão fazendo um bem à humanidade.

Diante da cena, os dois ficaram a rir das quatro mulheres.

– Acho que acabamos mais cedo nosso expediente por hoje, dona Clarisse.

– Acho que sim, doutor, mas concordo com tudo o que o senhor disse aqui hoje; é muito fácil julgar aos outros, mas quando temos que nos defrontar com nossos próprios erros, temos a infâmia de sermos complacentes conosco mesmos.

– As feridas dos outros, se pudermos, as dilaceramos um pouco mais; as nossas, lambemos como fazem os cães.

***

Todos estavam ansiosos com a volta de Augusto, que mandara um mensageiro dizer que chegariam em três dias.

Dona Amélia não cabia em si de felicidade; esperara muito por este dia, em ter de volta seu filho já diplomado. Sabia que não iria morar na fazenda, mas prometera que quando se formasse viria sempre que pudesse visitá-los.

Isso enchia seu peito de alegria; sempre sonhara em ver o filho um doutor e agora, vê-lo de volta, vitorioso, dava-lhe o maior orgulho.

Sempre soubera que Augusto não nascera para levar uma vida como a que ela, o marido e mesmo a filha levavam na fazenda.

Não que ele fosse ou se sentisse superior a eles, é que o seu temperamento, desde criança, mostrava que nascera para a cidade grande, e dona Amélia respeitava essa vontade do filho.

Seu Felício resmungava um pouco, achava que não havia necessidade, mas também nunca se opôs a que Augusto fosse estudar fora, e mesmo que depois de formado fosse trabalhar e fazer sua vida por lá.

Sabiam que era isso que ele escolhera para si, sempre fora um ótimo filho, atencioso com todos, de bons princípios, educado e gentil, não sabia desmerecer a ninguém; não seria justo negar-lhe o direito de querer fazer as coisas a seu modo.

Neusa também era uma boa menina, porém sempre fora apegada à fazenda; talvez, por ser menina, nunca demonstrara interesse sequer em conhecer a Capital.

Caseira, apreciava os ares e a vida simples do campo, sem a movimentação e as grandes festas da cidade grande.

Capítulo XII

Afinal chegou o dia do regresso de Augusto; tudo estava preparado para sua volta.

O Coronel Felício mandara matar uma novilha para festejar, e não tardou para que Vera e seus pais, juntamente com Cínthia, chegassem. O Coronel e dona Amélia fizeram questão de convidá-los, afinal em breve seriam parentes.

Ele fazia muito gosto neste casamento, conhecia Prudêncio de longa data, sempre se deram bem e a união dos dois filhos era perfeita, pois unia não só duas famílias de bem, como a fortuna que possuíam, e para o Coronel isso fazia-lhe muito bem ao ego, pois o poder sempre fora uma das coisas que mais apreciava na vida.

Vera estava tranqüila, apesar de não conseguir conter a emoção que estava sentindo.

Assim que chegou, foi ter com Neusa e as duas saíram para dar uma volta pelo jardim; convidaram Cínthia, mas ela preferiu ir até o pomar junto à casa.

Seu Prudêncio, dona Laurinda, o Coronel e dona Amélia sentaram-se na sala de estar e a conversa corria animadamente.

Escutaram o barulho da carruagem que vinha pela estrada da fazenda; as duas moças, que também passeavam por ali, ouviram e voltaram para a casa grande.

Neusa pulou de contentamento ao ouvir o sino da casa que tocava sem parar avisando da chegada de Augusto e Lopes.

Vera, mais contida, reservou-se em sorrir da amiga pela sua maneira faceira.

Cínthia, que também percebeu o movimento, apressou-se em voltar; não queria perder o reencontro de todos; algo lhe dizia que muita coisa iria acontecer naquele dia.

Nem ela sabia por que estava tendo essa sensação, mas os seus pressentimentos sempre davam certo. Maliciosa, esperaria com calma e observaria tudo bem de pertinho para não perder nenhum detalhe.

Quando a carruagem parou em frente à casa, todos estavam ali, inclusive alguns criados.

Augusto desceu seguido de Lopes.

Alguns empregados correram para descer as bagagens, outro trouxe de beber aos cavalos, enquanto que os dois dirigiram-se para a varanda da casa a fim de cumprimentar a todos.

Para Augusto, encontrar o pai ali, de pé, a esperá-lo, mesmo com certa dificuldade, deu-lhe imensa alegria; para quem havia partido e deixado o pai em coma, vê-lo agora tão bem disposto, fazia-o acreditar que realmente Deus existia e que era bom e justo.

– Como vai, papai? Vejo que está muito bem!

– É, filho, acho que não foi desta vez que a morte conseguiu me pegar.

– Ora, papai, nem fale uma coisa dessa, eu sabia que o senhor se safaria. É um homem forte!

– Tenho feito grandes progressos com a ajuda e dedicação de sua mãe e de sua irmã, e também, é claro, do dr. Mathias. Sua irmã mostrou-se uma ótima enfermeira, um tanto enérgica, talvez, mas eu por certo mereci algumas de suas broncas.

– Não, papai – retrucou Neusa –, o mérito é todo seu, sem o seu esforço e valentia, de nada valeria o nosso empenho.

Tanto para ele quanto para Lopes, foi uma surpresa encontrar Vera e seus pais ali. Dona Amélia quis fazer surpresa ao filho, pois sabia que ficaria muito feliz em ver a noiva ali à sua espera.

Augusto, abraçando a mãe, sussurrou ao seu ouvido:

– Obrigado pela surpresa. Adorei!

Lopes, que vinha logo atrás, foi cumprimentando um a um e se deteve ao olhar malicioso e zombeteiro de Cínthia, e sorrindo, perguntou-lhe:

– O que houve, Cínthia? Você parece estar se divertindo muito, conte-me que eu também quero divertir-me.

Cínthia corou com a observação de Lopes e logo desapareceu seu riso.

– Não foi nada, Dr. Lopes, eu é que sou uma boba mesmo.

Lopes não se deu por vencido.

– Está bem, menina, se não quer me contar não lhe faço mais perguntas.

Cínthia o odiou naquele instante e pensou:

– Seu prepotente, você não perde por esperar.

Augusto, depois de cumprimentar a todos, aproximou-se de Vera, que estava um pouco mais atrás, parecendo querer passar despercebida. Só que ela notou que os dois rapazes não haviam tirado os olhos dela desde que chegaram.

Ela estava linda num vestido azul claro a moldar-lhe o belo corpo; os cabelos negros, presos por uma fivela, puxados para o alto da cabeça, deixavam-na mais bonita ainda, pois realçavam seus belos traços.

Augusto estreitou-a nos braços dando-lhe um forte abraço e, sem poupar-lhe elogios, disse ao seu ouvido:

– Você está linda, Vera! Não imagina como estou feliz em encontrá-la aqui, hoje.

– Ora, Augusto, assim você me deixa encabulada – e erguendo os olhos por cima dos ombros do noivo que não a soltava, encontrou os olhos de Lopes que brilharam ao encontrar os dela.

Imediatamente Vera procurou soltar-se do abraço de Augusto, enquanto os demais, distraídos uns com os outros, nada perceberam; só Cínthia, num canto, observava-os atentamente.

Procurando disfarçar ao máximo as emoções, tanto Vera quanto Lopes cumprimentaram-se cordialmente, sem mais delongas.

– Bem, – disse dona Amélia – vamos entrar, que vocês devem estar loucos para tomar um banho e tirar essa roupa empoeirada.

– Nem me fale, mamãe, viajar dois dias por estas estradas é mesmo terrível!

– Pois então subam que já está tudo preparado.

– Oh! Mamãe, você, como sempre pensa em tudo – e apertando-lhe as bochechas, gesto que era peculiar em Augusto, subiram prometendo não demorar.

Enquanto isso, Neusa e dona Amélia foram até à cozinha verificar se tudo estava a contento.

O cheiro dos temperos ainda deixava Neusa enjoada, mas ela não demonstrava a ninguém nenhum sinal de mal-estar; só mesmo percebiam quando tinha que sair correndo para vomitar.

Como haviam prometido, os dois logo desceram, mesmo porque estavam famintos. Nestas viagens pouco se comia, pois o sacolejar da carruagem era forte, e para evitar maiores dissabores, faziam refeições bem leves.

Feliz em estar de volta e vendo que o lar estava sereno, que toda aquela nuvem negra que estivera ali presente havia se dissipado, Augusto comentou com o amigo:

– Lopes, nem acredito no que encontrei hoje aqui em casa; pelo pouco que pude observar, parece que tudo se acalmou, papai e Neusa estão bem, mamãe parece que até remoçou.

– É, Augusto, quando pensamos que tudo está perdido e sem solução, Deus vem ao nosso encontro de acordo com o nosso merecimento. O ditado é antigo, mas sábio: "Quando todas as portas parecem estar fechadas, quando tudo parece escuridão e não há nenhuma saída, Deus nos abre uma janela para a claridade entrar", nos mostrando que Ele nunca desampara a ninguém.

– Será que todos já sabem do estado de Neusa?

– Acredito que sim, mesmo porque qualquer um pode ver que Neusa está diferente; pelo que você me contou, ela sempre foi magrinha e veja agora com seus próprios olhos.

Neusa vinha entrando na sala naquele momento, rosto corado, sua cintura já estava mais grossa, e a barriga já dava sinais de que uma nova vida ali de desenvolvia.

– É verdade, Lopes, não dá mais para esconder.

– Também que importância tem isso agora? Acho que nenhuma.

Neusa, sem saber que falavam dela, veio sorridente convidá-los para um aperitivo, pois o almoço seria servido dentro de poucos minutos. Abraçou o irmão com ternura, dizendo-lhe:

– Que bom vê-lo aqui, de volta.

– Vejo que está muito bem. Estava aqui com Lopes, justamente falando de você, do papai, da mamãe, de como a paz parece ter voltado a reinar aqui.

– É verdade, meu irmão, tivemos momentos muito difíceis quando você voltou para a Faculdade. O dr. Mathias mostrou-se um verdadeiro profissional e bom amigo na sua ausência, ajudou-nos muito.

"Tivemos, a princípio, como você sabe, aquela incerteza do que realmente aconteceria com papai, mas com o passar dos dias ele foi dando sinais de melhora, e isso nos deu um novo alento para não desistirmos do tratamento. Qualquer sinal, por menor que fosse, fazia-nos mais confiantes de que papai lutava para sair daquele estado de letargia em que se encontrava.

"Trabalhamos incansavelmente para que ele sentisse que nós estávamos ali do seu lado, e que tudo faríamos para vê-lo bem novamente. Eu e mamãe nos revezávamos nos cuidados para com ele, e todas as noites nos reuníamos em seu quarto para orar por ele.

"Mamãe, depois das orações, passou a ler, todos os dias, um trecho de *O Evangelho Segundo o Espiritismo*, com o que nos sentíamos recompostas depois de um dia árduo de trabalho. Não deixamos de fazer preces e pedidos um dia sequer, e hoje só temos a agradecer a Deus pela sua misericórdia.

Augusto, olhando para Neusa com ternura, vendo como a irmã havia amadurecido em tão pouco tempo, passando um dos braços pela sua cintura e com a outra mão afagando com carinho a barriga, perguntou:

– E como vai o meu sobrinho preferido?

Neusa sorriu pela maneira como ele a tratava; pois adorava aquele seu modo de conduzir a conversa, e arregalando os olhos, com um ar maroto:

– Eu acho que ele está começando a se mexer; às vezes, quando estou dormindo, tenho um sobressalto, devido à sensação de uma cobrinha muito ligeira correndo dentro da minha barriga.

Augusto fez uma cara de aflição.

– Cobrinha?

– Ora, não seja bobo! É só uma força de expressão. Não vejo outra maneira de passar a você como eu o sinto. Está bem vamos deixar de lado, prefiro esperar que ele cresça o suficiente para eu poder sentir seus chutes.

– Agora me dêem licença, pois estou louco para dar um beijo em minha noiva; desde que cheguei ainda não fiquei um só minuto a sós com ela – e levantando-se, foi ter com Vera que estava do outro lado da sala conversando com a mãe e dona Amélia.

– Espero não estar interrompendo nada – disse Augusto ao aproximar-se de Vera.

– Claro que não, Augusto.

– Pois então dê-me um minuto de sua atenção e vamos até o escritório que eu quero mostrar algo que comprei para você.

Vera, sem que tivesse tempo de responder, foi puxada por ele até lá e, assim que entraram, puxou-a para junto de si e beijou-a com ardor.

Vera correspondeu ao beijo, afinal era seu noivo e ela tinha muito carinho por ele; iriam se casar em breve, sonhara a vida toda com um lar, um marido fiel e carinhoso, filhos a correr pela casa.

Mas, então, por que agora essa sensação incômoda de que estava tudo errado?

Ela já não tinha mais certeza dos seus sentimentos, eles estavam confusos em sua cabeça; admirava-o, respeitava-o, amava o jeito doce e terno que Augusto sempre lhe dedicara; ele era atencioso e gentil, tinha todas as qualidades que uma mulher pode desejar num homem, no entanto, depois de ter conhecido Lopes, de quem praticamente nada sabia, uma força irresistível atraía-a para ele.

Pensava nele dia e noite, deixara de fazer planos para o casamento, perdera o entusiasmo de antes.

O que ela queria agora, no fundo do coração, era estar perto de Lopes, conversar com ele, saber tudo sobre a sua vida, conhecer seus anseios e ideais.

– Estarei sendo leviana – pensava – em ter tais pensamentos e vontades?

Augusto tirou-a dos seus pensamentos, retornando para junto dela, pois tinha ido buscar o que lhe trouxera.

Entregou-lhe um pacote com uma fita amarrada, fazendo um lindo laço que dava um ar mais romântico a ele.

Vera, deixando os pensamentos de lado, curiosa e satisfeita por ter ganho um presente, foi delicadamente abrindo-o.

Ao abrir a caixinha, deparou com uma linda aliança, toda incrustada de pequenos diamantes que lhe davam um brilho excepcional.

Ficou muito emocionada e feliz, mas ao mesmo tempo um enorme sentimento de culpa tomou conta de si, por ter pensamentos tão terríveis com relação a Lopes.

Tinha que fugir de qualquer situação que a colocasse frente a frente com Lopes, pois sabia que uma vacilação seria fatal e não teria forças para sufocar o que estava sentindo por ele, e isso seria o fim para ela e Augusto.

Ela não podia e nem tinha o direito de fazer isso com o noivo; ali, naquele instante, tomou sua decisão. Que custasse o que fosse, ela pagaria, mas não o deixaria, não era justo, sabia o quanto ele a amava e que seria cruel demais para ele perdê-la, e o que era ainda pior: para o seu melhor amigo.

Se Lopes a procurasse ela seria franca, clara e objetiva. Iria lhe dizer que não havia nenhuma chance para ambos, que o sentimento que nasceu entre eles teria que ser sufocado até morrer. Que o casamento dela com Augusto os deixaria afastados por um bom tempo, já que passariam um mês viajando em lua-de-mel e, depois disso, não iriam morar próximos um do outro, o que seria bom para esfriar qualquer sentimento mais arrebatador entre eles.

Haja vista que Lopes pretendia ainda fazer um outro curso de especialização, em Coimbra, que lhe tomaria todo o seu tempo. E por certo o tempo, que é o melhor remédio para estes casos, faria com que tudo aquilo fosse esquecido.

Estava decidido, não faria nenhuma loucura, não deixaria que ilusões interferissem em sua vida dessa maneira.

Vendo a alegria de Augusto em colocar em seu dedo aquela aliança, pediu perdão a Deus por ter estado tão cega a ponto de quase cometer uma loucura, e agradeceu do fundo do coração por ter recobrado a razão a tempo.

E abraçando o noivo com ternura, beijou-o novamente em agradecimento pela linda jóia.

– Obrigada, meu amor, é uma jóia muito linda.

– Pois, ela se parece com você, com o brilho que vejo em si.

– Talvez eu não mereça algo tão maravilhoso assim.

– Ora, minha querida, claro que merece, deixe de se julgar assim tão duramente. Até parece que você está se sentindo culpada de algo...

Vera gelou e pensou:

– Meu Deus, será que ele percebeu algo? Será que Lopes teria dito algo a ele que o fizesse desconfiar? Não pode ser possível, que loucura, eu só posso estar fantasiando; o que Lopes poderia ter dito? Pois não houve nada entre nós.

A porta do escritório se abriu e era Neusa a dizer que o almoço estava sendo servido.

Ela deu graças a Deus por poder sair dali, respirar um pouco e pôr um fim naquele assunto. Precisava se controlar, assim não era possível, Augusto era muito perspicaz; agora que estariam juntos por mais tempo ele acabaria notando que algo não ia bem, faria perguntas e ela não saberia o que responder.

Foram todos para a mesa, deliciar-se com as iguarias que dona Ana tinha preparado com tanto carinho e dava água na boca só em olhar para aquela mesa farta e ricamente colocada.

Estavam todos à vontade e felizes durante o almoço; Coronel Felício fez questão de parabenizar os dois rapazes pelo ótimo desempenho na Faculdade.

Apesar de não ser um admirador dos livros, tinha que reconhecer que tanto Augusto quanto Lopes fizeram um belo curso e desempenharam com grandeza o que se propuseram a fazer, e isso era uma qualidade que o Coronel admirava muito nas pessoas: a obstinação e a perseverança em lutar para conseguir atingir o seu ideal, o seu objetivo.

Brindaram a isso, e Augusto, aproveitando a oportunidade, levantou-se e propôs que se fizesse um brinde também pela data de seu casamento com Vera, que ele gostaria já de deixar marcado ali, tendo em vista estarem as duas famílias reunidas e ele formado, não vendo razão para esperar mais.

Vera foi tomada pela surpresa pois não esperava que Augusto fizesse isso sem antes consultá-la; seus olhos imediatamente buscaram os de Lopes, que também parecia chocado com a notícia.

Em compensação, seus pais e os pais do noivo sorriam de felicidade pela comunicação, pois esperavam por isso já há algum tempo, mas nada tinham dito para não parecer intromissão; os pais de Vera a conheciam bem, sabiam que ela odiava ser pressionada para fazer qualquer coisa.

Cínthia assistia a tudo se divertindo; apesar de sua pouca idade, já percebera que algo não estava se encaixando naquela história. Ela adorava esses mistérios e iria descobrir o que estava por trás disso.

Augusto olhou para Vera com olhar apaixonado e disse:

– Desculpe, minha querida, por não ter-lhe dito antes. Espero que não fique zangada comigo por isso; queria fazer-lhe uma surpresa da minha decisão.

Vera estava furiosa com tudo aquilo; Augusto não tinha o direito de tomar uma decisão assim tão importante, talvez a mais importante da vida deles, sem antes conversar com ela, mas a custo procurou conter-se, para não deixá-lo em situação mais embaraçosa.

– Augusto, não se trata de me zangar ou não, só acho que este assunto deve ser discutido entre nós dois primeiro, e depois conversaremos com todos.

O senhor Prudêncio, que até então ouvia tudo calado, retrucou:

– Ora, Vera! Para que isso agora? Vocês já namoram há quatro anos, nada mais justo que Augusto queira oficializar a data do casamento.

– Não se trata disso, papai, quero que o senhor me entenda que não gosto de tratar de minha vida desta forma, sempre fui assim e não vou mudar agora.

Augusto, arrependido pelo seu gesto, procurou consertar as coisas.

– Está bem, Vera, peço-lhe desculpas por ter me antecipado, você está certa, eu deveria ter lhe falado antes, me perdoe.

De repente, todo o clima de alegria e felicidade que pairava no ar se desfez, dando vez a um clima de constrangimento geral.

Dona Amélia tentou desviar o assunto, tocando a sineta para que fosse servida a sobremesa.

– Bem, vamos deixar este assunto para depois e apreciar a sobremesa que mandei preparar para todos.

Dona Ana e mais uma criada entraram empurrando um carrinho com diversos tipos de bolo, *mousses* e pudins que eram os preferidos de Augusto, que quando viu tantas guloseimas juntas, piscou para Lopes, dizendo:

– Ei, amigo, acho que vamos engordar uns bons quilos em nossa estadia aqui – ao que Lopes, sorrindo, respondeu:

– Agora já sei por que você me arrastava para aquelas confeitarias: não queria esquecer o gosto dos doces de dona Ana, que com toda certeza deixam aqueles em condições de desigualdade.

– Vai poder dizer isso por você mesmo.

E dona Ana, orgulhosa com tantos elogios, sorria satisfeita.

Todos refeitos do mal-estar anterior, esqueceram-se ou pelo menos procuraram disfarçar o constrangimento e entregaram-se às delícias que enchiam os olhos de qualquer mortal.

Quando todos terminaram, dona Amélia pediu que o café e o licor fossem servidos na sala ao lado e não se falou mais no assunto do casamento o resto do tempo.

Neusa, Augusto, Vera, Cínthia e Lopes foram para o jardim, enquanto que os demais conversavam na sala de estar.

Conversaram mais um pouco e Vera, aproveitando-se da hora que já era adiantada, procurou não se alongar mais e propôs irem embora para que eles pudessem, finalmente, descansar de tão longa e cansativa viagem.

Despediram-se de todos, mas Augusto tinha ficado preocupado com a reação de Vera.

Estava certo zangar-se com ele, mas não era motivo para tanto. Algo estava acontecendo que Vera estava ocultando dele.

O que seria? Será que ela não queria mais casar-se com ele? Será que não o amava mais? Teria a distância, pelos seus estudos, colocado alguma barreira entre eles?

As dúvidas, de repente, tomaram conta dele; uma angústia, de súbito, parecia sufocá-lo. Ele não gostaria que Vera fosse embora sem antes conversarem a respeito; detestava deixar assuntos pendentes, principalmente um tão importante quanto este, porém não achou prudente de sua parte voltar àquela questão por hora, teria que ser paciente e esperar o momento certo para falar com ela.

Capítulo XIII

Depois que todos se foram, Augusto desculpou-se e retirou-se para os seus aposentos. Precisava ficar sozinho, pensar um pouco, tentar entender o porquê da atitude até hostil de Vera.

Ao recordar-se das últimas horas uma tristeza imensa invadiu seu coração. Logo ele, que tinha feito tantos planos durante a viagem de volta, imaginando como falaria, que palavras usaria quando chegasse a hora de oficializar a data do seu casamento.

Agora sentia-se meio tolo, era como se tivesse feito tudo errado, dito as palavras erradas na hora errada.

Seu coração estava apertado, sentia-se deprimido com a lembrança de como Vera portara-se na mesa; ele achou que ela iria ficar feliz e radiante com as suas palavras.

O seu comportamento não refletia o de uma pessoa que ansiava unir-se a outra, não parecia de forma nenhuma o de uma mulher apaixonada que sonhava com o dia do seu casamento. Quantas moças, ali mesmo da vila, não fariam qualquer coisa para tê-lo, e no entanto Vera demonstrara insatisfação e descontentamento.

Estaria ela arrependida?

– Oh, Deus! eu não iria suportar se tal coisa acontecesse, ela é a luz do meu dia, a alegria do meu viver, é por ela que tanto tenho lutado para ser alguém na vida sem depender de nada que venha de meu pai! Se de repente agora ela não mais me quisesse, não, eu não quero pensar nesta possibilidade, eu devo estar levando muito a sério os seus gestos! – meditava.

Mas por mais que ele se esforçasse para tirar aquela sombra que anuviava sua mente e seu coração, mais atormentado se sentia.

Vera, por sua vez, seguia calada rumo à sua casa. Dona Laurinda tentou puxar assunto com ela para saber o que estava acontecendo, mas foi em vão. Vera fechou-se como uma ostra, absorta em seus pensamentos, sua cabeça parecia querer explodir.

Uma enxaqueca violenta se instalara e não via a hora de chegar em casa, tomar um comprimido e recolher-se em seu quarto.

Lá, longe de tudo e de todos, pelo menos conseguiria um pouco de tranqüilidade para pensar; não, ela não queria pensar em nada agora, precisava descansar e pôr em ordem as suas emoções. Não queria ter feito o que fez a Augusto, ele não tinha culpa de nada.

– Oh! meu Deus, como estou sendo injusta com ele, não posso tratá-lo desta maneira, afinal estamos noivos há tempo e é natural que ele queira casar-se – pensava.

Por que Lopes tinha aparecido na sua vida, confundindo-lhe o juízo, pondo dúvidas em seu coração, incerteza na sua vida?

Não podia permitir que ele devassasse desta forma todo um projeto de vida que ela tinha construído ao longo dos anos com Augusto.

Mas ao mesmo tempo era impossível para ela negar os seus verdadeiros sentimentos; apesar de sua consciência dizer-lhe para não cair nesta armadilha que o destino lhe preparava, seu instinto primitivo e selvagem a jogava de encontro a Lopes com toda sua força, como uma onda chocando-se contra o rochedo.

Por mais que lutasse, esta força era superior a ela, sentia-se impotente diante da grandeza dos sentimentos que nutria por ele. Pelo menos enquanto estivesse ali no seu quarto, sabia que não teria que dar maiores explicações a seus pais. Era certo que depois teria que explicar-se, mas pelo menos, por hora, ficaria a salvo. O que iria dizer-lhes? Que desculpas daria para sua atitude?

Precisava pensar em algo, mas não agora, sua cabeça latejava e seu coração batia descompassado.

Enquanto isso, na casa do Coronel, apesar de ninguém querer tocar no assunto, estavam todos pensativos.

Ninguém entendeu bem por que Vera tinha se portado daquela forma, mas eles não iriam interferir, afinal os dois já eram bem adultos e, apesar de fazerem muito gosto naquela união, entendiam que só a eles cabia qualquer decisão.

Neusa estava um tanto apreensiva pelo episódio; conhecia bem o irmão, sabia que ele estava sofrendo com tudo aquilo; por outro lado, tornara-se muito amiga de Vera e nunca percebeu nela nenhum traço de contrariedade com relação ao irmão.

Algo sério estava acontecendo, o que seria?

Tinha liberdade com Vera, conversaria com ela na primeira oportunidade, afinal eram amigas, trocavam confidências, e o amigo verdadeiro é aquele que está junto de nós quando fraquejamos, ou estamos tristes por algum motivo, ou mesmo enfrentando algum tipo de problema.

Deitado em sua cama, Lopes também estava pensativo, perguntando-se: seria ele a causa da irritação de Vera?

Depois da primeira conversa que tiveram quando estivera lá de outra vez, jurara para si mesmo que não tornaria a aproximar-se dela daquela forma; tinha sido por demais desastroso, porém antes de chegar novamente à fazenda, tomara a decisão de não abrir mão de Vera.

Esta indecisão o estava deixando louco.

O seu bom senso lhe dizia ser impossível qualquer relacionamento entre eles, muitos sairiam machucados, e ele não acreditava na felicidade construída em cima do sofrimento de outros.

Tinha seus princípios, seus valores e não abriria mão deles; foi loucura ter falado com ela como o fizera; policiar-se-ia dali por diante para que tal fato não mais sucedesse, mas o coração ditava outra coisa totalmente diferente.

Capítulo XIV

No dia seguinte, todos levantaram-se cedo. Augusto e Lopes não queriam perder um só minuto, tinham vários planos de trabalho e estavam na expectativa de que desta vez o Coronel Felício aceitasse.

Ele parecia mudado, foi a primeira impressão que tiveram; perdera aquele ar arrogante, de dono e senhor absoluto da verdade.

Augusto percebeu isso logo que chegou e pôde confirmar durante o almoço.

Em outros tempos ele teria feito um escândalo diante de todos, pelo comportamento de Vera, no entanto mantivera-se calmo e calado, respeitando a posição dela.

Isso o surpreendeu bastante e o fazia mais confiante em que desta vez o pai lhe escutaria; principalmente agora, com sua dificuldade em locomover-se, seria ótimo que ele adotasse alguns métodos de trabalho que o fizessem estar sempre a par de tudo, sem precisar estar o tempo todo junto dos empregados. O que Augusto e Lopes ainda não sabiam, era que tinha sido um sucesso total a colheita de café.

Logo depois do café e de sua sessão de exercícios, o Coronel juntou-se a eles no escritório para trocarem idéias. Era inacreditável estar vendo o pai ali, discutindo sobre os assuntos da fazenda com ele e Lopes.

Augusto quis inteirar-se de tudo primeiro, e o Coronel, com entusiasmo, colocou-os a par de quanto se passara em sua ausência.

Aquela fazenda era mesmo a vida do seu pai, – pensava – o fluido de sua luz interior; certamente grande parte de sua recuperação devia-se ao seu esforço em manter tudo ali funcionando com precisão.

Sentia um profundo respeito pelo pai e estava muito orgulhoso dele, por ver que até uma situação que para muitos seria trágica, para ele fora uma lição de vida, que estava aplicando e ao mesmo tempo ensinando a outras pessoas pelo seu exemplo.

Não que fosse esta sua pretensão, mas quem tivesse olhos para ver, ouvidos para ouvir, percepção e sensibilidade, veria que até de um grande tombo podia-se tirar grande proveito e fazer a vida valer a pena.

Seu pai tinha uma sabedoria que nenhuma escola e nenhum professor conseguiria ensinar, a sabedoria de tirar proveito das lições que a vida dá.

De que adianta a pessoa ser letrada, culta, conhecer tudo de literatura e não perceber a sutileza com que a vida a leva por caminhos sinuosos e difíceis, mas ensinando-a a sair fortalecida e vitoriosa depois de uma grande perda ou de uma grande dor.

Nesta busca interior pode-se agir de duas maneiras:

Como fracos e covardes e terem pena de si mesmos, ficam lambendo suas feridas e esperando sempre que as pessoas se apiedem deles, tornando-se assim uma pessoa desagradável, que só sabe reclamar, achando que os seus problemas são sempre maiores que os dos outros, uma pessoa pessimista, negativista e quase sempre fatalista, enfim, tornando-se um fardo pesado para todos que estão ao seu lado e com ele convivem.

Ou então agir com vigor e muita vontade de lutar, enfrentando todos os obstáculos que estão à sua frente, olhando sempre de cabeça erguida para os novos horizontes que se abrem diante de si, vendo em cada obstáculo vencido, um novo desafio a impulsionar e motivar a seguir em frente, cada vez mais fortes e com a certeza de que Deus nunca desampara a ninguém.

Que na vida se tem muitas lições a aprender e que, de sua postura diante dos problemas, podem não só aprender como também servir de exemplo para muitos que não têm a coragem para enfrentá-los de frente.

Mas acima de tudo têm a obrigação e o dever de estar sempre vigilantes, isto é, atentos às suas ações, às suas atitudes, aos seus pensamentos, procurar sempre ter pensamentos elevados e positivos, enviar aos outros, seja através da palavra ou mesmo do pensamento, o amor fraterno, a serenidade e a paz.

E saber confiar na Sabedoria Divina quando estiver passando por momentos difíceis, entregar a Deus sua vida quando não souber qual o melhor caminho a seguir, pois ele certamente dará a luz e a intuição necessárias.

Não devemos jamais duvidar do amor e carinho que Deus nutre por nós.

Somos todos seus filhos, Ele só quer que cresçamos e evoluamos na grande escalada da vida, para que um dia estejamos em condições de sermos prestadores de serviços àqueles que ainda não tenham conseguido chegar ainda a este grau de evolução, e assim possamos estar preparados para amparar, ajudar, iluminar o caminho daquele que precisa de nossa ajuda.

Aquele que, de alguma forma, consegue perceber a grandiosidade, a generosidade que Deus expressa até nas mais duras lições, aprende e sai fortalecido, não só diante do Pai Celestial como dos homens, passando muitas vezes a servir de exemplo a outros que também buscam o crescimento.

– Pelo que vejo, papai, o senhor, apesar de tudo, conseguiu dar continuidade a seu trabalho.

O Coronel, sorrindo orgulhoso, peito estufado, respondeu:

– Sim, filho, esta foi a melhor maneira que encontrei para não me entregar ao desânimo e ao desespero.

"Sei que fui muito ajudado quando doente. Nunca acreditei muito nestas coisas de Espíritos, mas quando não conseguia falar nem mexer-me, pude, por diversas vezes, sentir a presença viva de sua avó Zilá ao meu lado, confortando-me e pedindo para que eu tivesse serenidade, pois tudo haveria de melhorar, que confiasse na misericórdia divina, depositasse em Deus toda a minha fé, que estava sendo amparado pelo Plano Espiritual e a minha aflição só faria piorar o meu estado de saúde, já bastante precário. E nessas horas, em que sentia a sua presença falando comigo, eu realmente me acalmava.

"Até que um dia tive a grata surpresa de despertar novamente e aqui estou agora, pronto para dar continuidade ao meu trabalho e a honrar todos os meus compromissos, agradecendo a Deus por ter me dado mais algum tempo na Terra, para reparar coisas que hoje sei foram erradas, e que, de alguma maneira, agora, mais consciente de minhas limitações, posso ver que muito tenho a aprender e estou disposto a dedicar o resto dos meus dias nesta busca pelo conhecimento espiritual, que pretendo aplicá-lo em minha vida e irá me nortear daqui por diante.

"Quero poder contribuir, de alguma forma, para que as pessoas que vivem ao meu lado não tenham por mim um respeito temeroso, como eu sei que tinham; era mais medo que sentiam do que respeito, agora vejo isso com clareza e pretendo mudar.

"De nada adianta ser temido para ser respeitado; o importante é se conquistar a confiança e o respeito das pessoas pela forma justa de seu comportamento.

"Quando preso no meu corpo inerte, naquela cama, o desespero tomou conta de mim; revivi muitas vezes a cena do erro que por muito pouco não cometi, o de me tornar o assassino de minha própria filha e de meu netinho.

"Tenho certeza de que fui segurado, não só por Lopes aquele dia, mas por alguém mais que não permitiu que eu consumasse tal barbaridade.

"O remorso me consumiu durante todo o período em que estive naquela cama sem nada poder fazer ou falar. Pedia a Deus que me desse a oportunidade de voltar a falar para que pudesse pedir perdão à sua irmã pelo que tentei fazer; não podia viver com aquela culpa a me atormentar e castigar.

"Neusa tem me ensinado muita coisa, pois em nenhum momento me recriminou; e ela teria fortes razões para isso, mas não, dedicou-se de todo coração para me ver recuperado, não deixou, por um segundo que fosse, transparecer que estava magoada comigo, perdoou-me de verdade.

"Trabalhou incansavelmente para que eu me recuperasse o mais rápido possível. A sua persistência e força me deram vitalidade para querer levantar-me mais depressa.

"Sem nenhuma acusação, quer no olhar ou num gesto que fosse, ela me mostrou que o perdão pode ser um bálsamo em nossa ferida, que quando perdoamos sinceramente nos tornamos melhores e nos sentimos mais leves e felizes.

Augusto e Lopes estavam emocionados com as suas palavras. Ouvir dele tais coisas os deixara comovidos, haja vista que o Coronel sempre foi um homem duro e de poucas palavras.

Lopes, que o conhecia por tudo que Augusto lhe contava, comoveu-se e aproximando-se dele falou:

– Devemos agradecer a Deus e aos bons Espíritos que aqui estiveram em socorro de todos, por não terem permitido que uma tragédia se consumasse. O mais importante de tudo isso é a lição que ficou, pois todos cresceram com a dor e o sofrimento.

"Pelo que já pude observar, Neusa também está mudada, amadureceu muito em pouco tempo. É motivo de alegria saber que podemos contar com a ajuda daqueles Espíritos que simpatizam conosco e, bem mais evoluídos que nós, ajudam-nos a superar nossas limitações, ensinando-nos que através do amor é que podemos crescer e nos aprimorar cada vez mais.

– Bem, papai, vamos então ver onde poderemos ser úteis. Temos algumas idéias sobre exportação, o Lopes está bastante familiarizado com o assunto, já que seu pai é um grande exportador de café. O mercado, pelo que pude observar, está crescendo muito e acredito que há uma boa chance para o senhor entrar neste ramo. A exportação, por toda a Europa, está encontrando excelente repercussão entre os grandes produtores.

Coronel Felício ficou um pouco pensativo, coçou o queixo e respondeu:

– Acredito sinceramente no que está me dizendo, mas não sei se quero expandir meus negócios neste campo.

"Para isso eu teria que me dedicar mais tempo do que já dedico ao trabalho, e, depois de ter passado por tudo que passei, sinto que algo mudou dentro de mim. Não que eu não queira mais progredir no meu trabalho, em absoluto, mas penso ter chegado a hora de dedicar mais tempo à família, aos livros pelos quais nunca me interessei. Agora sinto ter perdido muito tempo da minha vida só trabalhando e amealhando bens materiais.

"Agradeço, filho, do fundo do meu coração o seu interesse, sei que é sincero, mas quero seguir outro rumo daqui por diante.

"Não quero mais desperdiçar um minuto sequer do meu tempo, quero poder aproveitá-lo de uma forma que nunca soube, me soltando mais, dando-me o direito de ser feliz, não mais reprimindo os meus sentimentos ou emoções; quero poder receber o meu netinho de braços e coração abertos, ter tempo para dedicar-me a ele, coisa que nunca fiz com você e com Neusa, o que me arrependo amargamente, pois na companhia de vocês muito teria aproveitado e aprendido. Mas era escravo do dinheiro, que sempre falou mais alto em mim.

"Quando me vi aprisionado no meu próprio corpo pela doença, compreendi o quanto somos prisioneiros de nós mesmos, e nem sempre conseguimos nos libertar.

Façamos aqui um esclarecimento:

As pessoas pensam, na maioria das vezes, serem donas de suas próprias vidas e não sabem fazer bom uso dela.

A todos é dado o direito de escolha, de serem livres para decidir suas vidas e, no entanto, ficam presos a valores e preconceitos estúpidos.

Desculpam-se a todo instante, têm sempre uma boa desculpa para a sua teimosia, para a sua covardia, para sua fraqueza, para a sua omissão.

Mesmo sem ter correntes nos pés ou um feitor a judiá-los, continuam prisioneiros, e o que é pior, prisioneiros deles mesmos.

Augusto, emocionado pela certeza do seu pai querer seguir outro caminho, abraçou-o meigamente e afagou-lhe os cabelos – coisa que em toda sua vida jamais fizera, não por não ter vontade, e sim porque o pai não dava entrada a este tipo de carinho –, e disse-lhe:

– Sabe, pai, no dia em que vi o senhor inerte, quase morto naquela cama, pensei que não havia mais esperança, tive muito medo de partir e não encontrá-lo mais com vida quando voltasse.

"Só fui porque não podia perder os exames finais, e aqui nada poderia fazer para ajudá-lo, a não ser orar pelo seu restabelecimento.

E hoje, vejo-o bem como está, lúcido, e o que é mais incrível, mudado mesmo!

"Quantas vezes eu me questionei por que o senhor era daquele jeito, muitas vezes tive vontade de poder dialogar, mas não encontrava espaço, o senhor estava sempre tão distante e isso me entristecia muito.

"Mamãe é que sempre segurou os meus momentos de tristeza, de dúvida, de incertezas; quanto mais o senhor me dizia que eu não deveria estudar, que estudo de nada valia, mais eu me afastava de si, pois sempre tive meus ideais e sonhos, e queria buscá-los.

"Que alegria poder olhá-lo hoje e ver outro homem; eu sempre me orgulhei muito do senhor.

"Apesar de nossas divergências, nunca pude negar o seu senso de justiça, a sua lealdade para com as pessoas nas quais confiava.

"Mas agora acredito que o senhor está se descobrindo de uma maneira maravilhosa, pois tirou de todos os momentos difíceis que passou o melhor dele, e o está aplicando. Espero também poder aprender consigo, meu pai.

– É, filho, acho melhor você, encontrar outro professor. Estou apenas iniciando uma nova etapa em minha vida, sei que tenho muito a conhecer, estudar e aprender; nem sei se um burro velho como eu ainda aprende alguma coisa, mas tenho uma certeza: não quero mais ser o homem que fui.

"Reconheço que muito errei, sei que ainda vou errar, mas tentarei procurar corrigir-me em meus defeitos mais graves. Perfeito sei que não serei, mas também não tenho esta pretensão.

"O que eu quero é viver uma vida mais serena. Não quero mais deixar que a ganância me cegue, a ponto de não ter escrúpulos, e, com isso, estar ferindo outras pessoas em nome de meus interesses.

"Não quero sentir mais o gosto amargo do ódio e da vingança que só nos torna infelizes, sofredores e sem senso do que é certo ou errado.

"Não vou dizer com isso que aceito o que Pedro fez com sua irmã; é doloroso demais para um pai ver o coração de uma filha destroçado e ferido pela desilusão, como eu vi.

"Seria mentira dizer que perdôo a atitude dele, mas hoje sei que não tenho o direito de fazer justiça com as próprias mãos, e que nada sou para julgar nem a ele e nem a ninguém.

"Só tenho pedido a Deus que me dê forças para continuar pensando assim; ainda tenho muito medo de qual seria a minha reação se me confrontasse com Pedro. Seria muita hipocrisia de minha parte dizer que tudo passou e que não guardo nenhuma mágoa ou rancor.

"Quero um dia, com a ajuda de Deus, não pensar mais nisso. Só o tempo para dar jeito, pois não tem um ditado que diz que o tempo cura tudo? Então, confio nisso.

"Quanto à Neusa, acredito que ela também tenha aprendido muito com tudo isso.

"Espero confiante que ela ainda encontre um homem de verdade que a mereça e a faça feliz. É certo que para uma moça solteira e com um filho nos braços tudo é mais difícil, mas ela terá o nosso apoio em tudo que precisar.

"Infelizmente ela acreditou e confiou num homem sem palavra e sem caráter, que abusou de sua ingenuidade, mas a justiça divina saberá, na hora certa, ajustar contas com ele.

"O importante é que ela está bem e que terá seu filho junto dos que a amam; tudo ficará bem, alguma coisa me diz.

Dona Amélia, que havia entrado minutos antes sem que fosse vista, chorava emocionada ao ouvir as palavras do marido e agradecia do fundo do coração por toda ajuda e amparo espiritual.

Ela sabia e sentia que estavam recebendo este amparo.

Foi neste momento que ela viu, do outro lado da sala, junto à janela que dava para o jardim, o vulto de uma senhora, vestida de maneira simples, mas impecável. Procurou aproximar-se um pouco mais e teve que conter o grito que quase lhe saiu da garganta, ao constatar ser sua querida mãezinha que estava ali, junto de mais duas outras pessoas: um senhor e uma outra mulher mais moça, que pareciam entretidos em algum assunto que ela não conseguia ouvir, mas o semblante de todos era de uma paz que transcendia a tudo.

Então era isso, pensou dona Amélia, são eles que têm velado por nós todo esse tempo.

Há quanto tempo deveriam estar ali em sua casa...

Por que ela nunca os tinha visto?

É verdade que sonhara muitas vezes com a mãe, que fora, quando viva, uma pessoa maravilhosa, bondosa, sempre disposta em ajudar aos mais desvalidos.

Muitas ocasiões tivera que conter o marido, que por vezes implicava com dona Zilá, por querer dar guarida a quem quer que passasse pela fazenda, ou mesmo, ajudando aos que vinham pedir-lhe que fizesse suas rezas e benzimentos; mesmo doente e já sem forças, jamais negou.

Dona Zilá, vendo a filha aproximar-se dela, olhou-a com muito amor e impôs-lhe a mão direita sobre a sua cabeça; dela saiu uma espécie de luz intensa, que dona Amélia sentiu como uma espécie de calor a envolver o seu corpo; quis falar alguma coisa, mas ao abrir os olhos não os viu mais, haviam partido.

Ela quis entristecer-se, mas imediatamente pensou: – Não devo ficar triste e sim feliz por estar tendo o merecimento de encontrar minha mãezinha de forma tão linda, que Deus possa me dar novas oportunidades como esta.

Dona Amélia procurou recompor-se e, aparentando nada ter visto, pegou o café para servir a eles.

– Estou interrompendo? Vocês não gostariam de uma xícara de café? Acabei de passar.

– Mas claro, mamãe, seja bem vinda! E sirva-se também, gostaria que a senhora participasse de nossa conversa, acredito que vai gostar muito.

– É, Augusto, acho que não vou ficar não, não gosto de ouvir conversas sobre negócios, eu nada entendo e fico aborrecida, prefiro voltar lá para dentro onde deixei o meu bordado.

Lopes interveio:

– Não, dona Amélia, nós não estamos mais falando de negócios, e sim de assuntos muito mais importantes e interessantes, fique.

E assim ficaram mais algum tempo todos ali, conversando. Dona Amélia conhecia a fundo o Espiritismo, adorava tudo que dissesse respeito ao assunto; só não fazia força para reunir a família para o estudo, pois sabia que o marido não gostava muito, e ela respeitava a posição dele sem forçá-lo a nada. O único que a acompanhava, às vezes, em suas leituras era Augusto, que também, devido aos estudos fora de casa, afastara-se, e Neusa que também nunca demonstrou interesse.

A princípio, sentiu vontade de contar a eles a cena que viu, quando entrou na sala para servir o café, mas achou melhor nada dizer. Apesar de Felício estar bastante mudado, ela não sabia qual seria sua reação a um fato como este; algo lhe dizia que deveria ter cautela para tratar destes assuntos.

Foi com grande entusiasmo que ouviu Lopes contar das sessões que, há anos, faziam em sua casa. Animou-se com as histórias maravilhosas que ele descreveu, pois isso vinha ao encontro com a cena que ela acabara de presenciar; apesar de ler tanto a respeito do assunto, era a primeira vez que tinha uma visão.

Dona Amélia, em certa altura da conversa, apesar de achar que o marido poderia zangar-se com o que ela iria dizer, resolveu mesmo assim conversar mais francamente com Lopes, que parecia muito íntimo para tratar de questões sobre o Espiritismo.

– Lopes, responda-me com franqueza, você acha possível para uma pessoa assim como eu, que leio muito a respeito e acredito firmemente na vida após a morte, que sempre procurei seguir os ensinamentos pregados pelo Espiritismo, ter condições de enxergar uma pessoa que já morreu?

Todos fixaram os olhos nela.

– Por que, mamãe, você viu alguém? Quem?

– Diga, Amélia – falou o coronel –, assim você nos mata de curiosidade.

– Pois tenham calma, fiz uma pergunta a Lopes, deixem que ele me responda.

– Por tudo que já vi, li, ou presenciei em minha casa durante as sessões mediúnicas, posso lhe garantir com convicção no que digo, que é perfeitamente possível, sim. Conte-me o que foi que a senhora viu.

– Bem, por muitas vezes, quando estou lendo sobre o assunto, tenho a nítida impressão de estar sendo observada por alguém, mas nunca vi ninguém.

“Mas hoje, quando entrei aqui na sala para servir-lhes o café, não pude deixar de ouvir o que Felício falava; grande emoção tomou conta do meu ser, pois mesmo estando casada com ele há tantos anos, jamais pude imaginar que um dia eu teria a graça de vê-lo tão mudado, tão generoso, tão disposto a crescer como pessoa.

“Qual não foi o meu espanto, quando olhei para aquela janela e vi um vulto que me pareceu o de uma senhora e outros dois que a ouviam com muita atenção.

"Pois bem, procurei me aproximar mais e foi com grande alegria e surpresa que deparei com minha mãe e mais dois outros Espíritos, um senhor e uma moça que não conheço; minha mãe, ao ver-me aproximar, estendeu a mão direita e dela eu pude ver que saíam fachos de luz colorida sobre minha cabeça; fechei os olhos para receber aquela energia e quando os abri já não estavam mais aqui.

– Pois a senhora pode ter certeza de que era ela; no dia em que houve todo aquele tumulto aqui, pude perceber claramente que havia muitos Espíritos a nos ajudar, pois sem esta ajuda certamente não teríamos conseguido evitar um mal maior.

"Os Espíritos estão à nossa volta o tempo todo; se temos um ambiente de paz e harmonia, atraímos Espíritos bons, que de alguma forma sentem prazer em estar ali, ao passo que, se o ambiente é de hostilidade, agressão e ódio, mesmo que Espíritos bem intencionados venham em nosso socorro, a atmosfera torna-se tão pesada que pouco ou nada podem fazer, deixando assim campo para que aqueles zombeteiros, malfeitores que se comprazem com a dor e o sofrimento dos outros, atuem livremente sobre as pessoas que ali estão, semeando o mal; por isso é sempre muito importante procurarmos viver em harmonia e equilíbrio.

"Quando surgirem os problemas, devemos procurar resolvê-los de maneira satisfatória, mantendo a serenidade, procurando agir sempre com bom senso, para não darmos margem à atuação dos Espíritos inferiores.

"Ninguém está livre em deparar-se com Espíritos assim, mas se estivermos com a mente e o coração fortalecidos, amorosamente ligados a Deus, eles se afastarão rapidamente, pois não estaremos dando meios para que fiquem juntos de nós. Se tentarem, sentir-se-ão tão mal, que logo desistirão, deixando-nos em paz.

Capítulo XV

Dona Ana bateu na porta do escritório, meio apreensiva, e chamou dona Amélia num canto.

– Acho melhor a senhora dar um pulo no quarto de dona Neusa.

Dona Amélia, vendo a preocupação nos olhos da empregada, perguntou:

– Mas o que houve, aconteceu alguma coisa?

– Acho melhor a senhora mesmo ir ver, parece que ela está sentindo dor.

Dona Amélia, sem fazer alarde, pediu licença e subiu até o quarto de Neusa, que estava deitada em sua cama, pálida e suando frio.

– O que houve, filha? O que você está sentindo? Diga-me.

Neusa estava bastante nervosa e começou a chorar quando viu a mãe.

– Oh! mamãe, estou sentindo muita dor logo abaixo da barriga, e estou tendo sangramento.

Dona Amélia rapidamente procurou afastar os lençóis que cobriam Neusa, e ficou bastante preocupada também.

Sem querer deixar transparecer, pediu a Ana que fosse até o escritório e chamasse Augusto, que veio imediatamente.

– Augusto, por favor, vá até à vila e traga sem demora o doutor Mathias. Neusa não está se sentindo bem; diga-lhe que ela está tendo sangramento intenso e dores, para que ele traga medicamento para este fim.

Augusto foi até a cama de Neusa, pegou sua mão que estava gelada, dizendo:

– Agüente firme, maninha, eu já volto – e pegando um cavalo que iria mais rápido, saiu para buscar o médico.

Chegando à cidade, foi direto ao consultório, mas não havia ninguém lá.

Olhou no relógio, faltava pouco para a hora do almoço. – Onde teria se metido este médico? – meditou.

Correu pelo arredores do consultório perguntando pelo doutor Mathias, mas ninguém sabia dizer onde encontrá-lo.

– Teria ele ido visitar algum cliente distante? Oh! meu Deus, faça com que eu possa encontrá-lo logo – pensou.

Foi até sua casa, bateu diversas vezes, mas ninguém atendeu. Sem saber onde mais procurar, encostou-se num muro, pensando no que iria fazer, e nem havia se dado conta que um homem, sentado um pouco adiante, o observava.

Foi até ele na esperança de que pudesse dizer onde estava o doutor.

– E então, o senhor sabe me dizer onde está o doutor Mathias?

O homem estava embriagado, mas mesmo assim conseguiu, num gesto vago, com dificuldade em falar, pois a língua enrolava devido à bebedeira, transmitir que o médico estava em casa.

Augusto voltou até lá e abriu a porta que estava só no trinco e, para seu desespero, encontrou o médico tão bêbado quanto o que estava lá fora.

– Será que estiveram bebendo juntos? – pensou Augusto.

Sem saber o que fazer, Augusto ficou olhando para aquele homem, perguntando-se o que levava um ser humano, bom médico, generoso, inteligente, a entregar-se daquela maneira à bebida, deixando-o um farrapo humano?

Bem, mas aquele não era o momento para reflexões ou questionamentos, teria que fazer qualquer coisa para curá-lo de sua carraspana, pois sua irmã estava na iminência de perder o bebê e isso ele não permitiria.

Chegando junto do médico, chamou:

– Doutor Mathias, doutor, por favor, acorde!

Segurou-o pelos ombros sacudindo-o, mas o médico mal conseguia balbuciar algumas sílabas; aflito, Augusto levantou-o e o levou para debaixo de uma espécie de chuveiro que havia ali.

– Sinto muito, doutor, mas o senhor vai ter que curar esta bebedeira – e abrindo uma alavanca que fazia com que a água passasse, colocou-o embaixo. O médico, ao sentir aquela água fria no corpo, passou a xingá-lo de todos os palavrões possíveis, os quais Augusto fingiu não ouvir e manteve-o ali por um bom tempo, mesmo porque mal dava para entender o que ele dizia.

Até que o médico, reagindo, conseguiu erguer a cabeça e dizer-lhe:

– O que você pretende fazer comigo? Matar-me com uma pneumonia, seu maldito?

Augusto foi obrigado a rir, mas deu graças a Deus por aquelas palavras.

– Não, doutor, só preciso que o senhor fique bom logo desta bebedeira para poder socorrer minha irmã Neusa, que está com fortes dores e sangramento.

O médico, todo ensopado, segurando-se em Augusto para não cair, sentou-se no vaso sanitário, meio aturdido e batendo os dentes de frio.

Sua cabeça doía muito também; estivera bebendo desde a noite anterior, nem sabia o quanto bebera, mas pelo seu estado sabia que tinha passado da conta, disso tinha certeza.

– Vamos, rapaz, me ajude aqui com estas roupas – e foi assim que os dois estavam, ali, diante um do outro, um precisando de ajuda para a irmã e o outro precisando ser ajudado para poder ter condições para cuidar dela.

– Mas que contradição – pensava Augusto enquanto tirava a roupa molhada do médico e colocava outra seca, – como é que pode uma pessoa que mal consegue se manter em pé, sem condições nem mesmo para cuidar de si, poder cuidar de outra que está inspirando cuidados médicos?

Isso era absurdo demais para ele, e o médico parecendo ler os seus pensamentos, sentou-se melhor na cadeira e disse-lhe, ainda falando mole e arrastado:

– Vamos, não fique aí parado, feito um paspalho! Pegue ali no armário uma seringa e uma ampola de glicose.

Augusto, meio sem saber o que fazer, obedeceu.

– Aqui está.

– Pois coloque o líquido dentro da seringa e pegue aí nesta gaveta da mesa uma borracha.

Augusto seguiu as suas ordens, e quando estava com tudo pronto, o médico, com um sorriso no canto da boca, disse:

– Agora me aplique logo isso se quer que eu chegue a tempo para ajudar sua irmã.

Augusto ficou petrificado diante do médico.

– O senhor deve estar louco! Eu nunca apliquei uma injeção na vida, que dirá na veia!

– Pois há sempre a primeira vez. Vamos, coragem, não é nenhum bicho-de-sete-cabeças, o máximo que pode acontecer é você não acertar a veia na primeira tentativa.

O cheiro de bebida que vinha dele, junto com a situação de tensão que Augusto se encontrava, fê-lo sentir náuseas, mas não havia outro remédio, teria que aplicar mesmo aquela injeção no médico se quisesse levá-lo consigo.

Se a situação não fosse tão trágica, seria cômica.

Com muito esforço e nervosismo conseguiu, com a orientação do médico, aplicar-lhe o remédio.

– Enquanto o remédio faz efeito, se não for pedir muito, faça-me um café bem forte para que eu possa ficar novo em folha – falou com voz arrastada.

Augusto nem acreditava que ele já conseguia até fazer piada do seu próprio estado.

– Está bem, doutor, saiba que estou fazendo tudo isso pela minha irmã.

Ao que o médico respondeu com ironia na voz:

– Eu sei, Augusto, desculpe estar lhe dando tanto trabalho, é que hoje eu não pretendia trabalhar.

Isso irritou profundamente Augusto que preferiu nada responder para não ofendê-lo, e acabar criando uma situação mais desagradável ainda.

Depois de alguns minutos, o médico era outra pessoa; se alguém o encontrasse agora, não acreditaria como estava este homem uma hora atrás.

Parecia outra pessoa; foi até o armário em que guardava medicamentos, pegou dois frascos de soro junto com algumas ampolas, colocou-as na maleta com uma agilidade que deixou Augusto impressionado; e segurando firme sua maleta, semblante preocupado, perguntou a Augusto:

– Você veio de quê?

– Vim a cavalo por julgar ser mais rápido. O senhor tem um cavalo?

– Sim, vou pegá-lo.

Por alguns momentos, ali, com o médico, Augusto até esquecera-se a que tinha vindo, e agora, dando-se conta da hora, rezou para que nada de mal tivesse acontecido com Neusa e o bebê.

Saíram os dois a galope e logo chegaram à fazenda, onde Seu Felício e Lopes esperavam no alpendre, apreensivos.

Saltaram e o doutor, cumprimentando-os ligeiramente, subiu até o quarto de Neusa.

– O que houve, Augusto, por que demorou tanto para voltar?

– Se eu contar vocês não vão acreditar. E sem mais delongas narrou tudo aos dois.

– Eu devia ter imaginado – retrucou o pai bastante irritado –, esse doutor não tem jeito mesmo, temos que providenciar outro médico. Não podemos confiar nele, parece que na hora que mais precisamos ele resolve embriagar-se.

– Papai, não seja injusto, quando o senhor adoeceu ele cuidou do senhor muito bem, deu-lhe toda atenção necessária; a própria Neusa teceu elogios a ele, pelo seu desempenho e dedicação.

– Sim, mas não está certo o que faz, afinal ele é um médico, deve estar sempre pronto para qualquer emergência. Nunca se sabe quando alguém vai precisar de seus cuidados, afinal ele sabe ser o único da região.

– Eu acho que o senhor tem razão, Coronel – respondeu Lopes, – mas antes de julgá-lo tão duramente, por que não tentamos ajudá-lo? Vá se saber quais são as razões que o levam a isso. Já se sabe comprovadamente que o alcoolismo é uma doença. Talvez ele precise muito mais de ajuda do que qualquer um de nós aqui.

– Ele não me parece má pessoa – retrucou Augusto. – Hoje enquanto estive dando assistência a ele, pude perceber tratar-se de uma pessoa com grande poder de concentração. Imaginem vocês que ele me fez aplicar-lhe uma injeção de glicose na veia para recuperar-se mais rápido; eu, em seu lugar, numa bebedeira daquela, levaria dias para recuperar-me.

– Não é bem assim – retrucou o Coronel. – Ele já deve estar acostumado a estas bebedeiras.

– Sim, papai, não estou dizendo que acho certa a atitude dele, longe disso; o que eu quero dizer é que fiquei impressionado com a postura dele; tão logo conseguiu pôr-se de pé novamente, era outra pessoa. Quando lá cheguei, encontrei um homem totalmente caído, arrasado pela bebida, no entanto, quando percebeu que eu precisava de sua ajuda, esforçou-se ao máximo para recuperar-se rapidamente e sair comigo.

“Durante o nosso trajeto até aqui quase não nos falamos, mas as poucas palavras que ouvi de sua boca foram voltadas ao estado de saúde de Neusa. Isso significa, a meu ver, que ele não é um médico displicente, inconseqüente ou mesmo irresponsável, ao contrário, achei-o bastante preocupado com a dor alheia. É como disse Lopes, sabe-se lá que motivos o levam a entregar-se dessa forma à bebida; existem inúmeras razões que podem levar uma pessoa a agir assim.

"Quem sabe se tentarmos nos aproximar mais dele, não do médico em si, e sim do homem que ele é, quem sabe não encontramos a resposta à nossa pergunta, e até possamos ajudá-lo a encontrar uma outra maneira para extravasar esta angústia, sei lá se pode-se chamar assim, mas que ele consiga encontrar um outro caminho que não a bebida para afogar suas mágoas.

Coronel Felício, pensativo, com o olhar distante dali, parecia não ter ouvido nada que Augusto dissera.

– O que foi, papai, não se sente bem?

– Estou ótimo, só estava pensando em tudo o que estão falando; acho que você tem razão, filho, talvez seja a hora de retribuirmos ao doutor toda a dedicação que ele tem nos dado.

Lopes também concordou em contribuir como pudesse.

Enquanto isso, sem poder sequer imaginar que falavam dele, doutor Mathias fazia detidamente os exames em Neusa.

Ele não estava entendendo o porquê deste princípio de aborto. Neusa estivera em seu consultório há poucos dias e estava muito bem, não apresentara nenhuma anormalidade nos exames que fez; pelas suas contas ela já havia completado o terceiro mês de gestação, portanto, já saindo do período mais crítico em que um aborto pode acontecer com mais freqüência.

Também não acreditava na hipótese dela estar sob tensão nervosa, afinal a tempestade já havia passado. Se ela tivesse apresentado estes sintomas quando aconteceu do pai ter tido o derrame, seria até compreensível, mas agora era de se estranhar.

Mas ele sabia que em medicina tudo era possível, haja vista ver o Coronel depois de estar praticamente desenganado, hoje podia-se dizer estava ótimo.

Findos os exames, colocou o soro com os medicamentos que havia trazido em Neusa, e carinhosamente segurando-lhe as mãos, começou a conversar com ela, tentando explicar o que pretendia fazer para controlar a hemorragia e as contrações que ela estava tendo, para que nada mais sério viesse acontecer.

– Neusa, a princípio, pelos exames que fiz, acredito que você não perdeu o bebê; isso não quer dizer, quero ser bem realista, que não haja esta possibilidade, mas tudo faremos que estiver ao nosso alcance para que nada aconteça. Você vai ter que ficar de repouso por enquanto, até que tudo se normalize e não deverá fazer o menor esforço que seja. É importante que tenha em mente que este sangramento pode ter acontecido em razão de ser este o período que você estaria menstruando se não estivesse grávida, e existem casos de mulheres que chegam a ter vários sangramentos durante toda a gravidez e nem por isso deixam de ter filhos sadios e fortes.

"O que está me preocupando são estas contrações fora de hora. A medicina ainda não consegue explicar muita coisa, o que sabemos é que se tomarmos todos os devidos cuidados, a chance de uma vitória é grande. Vamos confiar acima de tudo em Deus, que nada fará que não seja para o seu próprio bem e desta criança.

Neusa, com os olhos cheios de lágrimas, suplicou ao médico que não permitisse que ela perdesse seu filho.

– Farei tudo que estiver ao meu alcance, agora procure descansar, alimentar-se direito para nutrir e fortalecer bem o seu organismo e conseqüentemente o bebê. Virei vê-la todos os dias. Não se preocupe, procure relaxar, pois o nervosismo só fará piorar as coisas, você verá, tudo vai dar certo.

– Obrigada, doutor, o senhor tem estado comigo nos momentos mais difíceis da minha vida, primeiro com o papai, agora comigo e o bebê, nem sei como agradecer a sua atenção.

Sorrindo afetuosamente, o médico respondeu:

– Não tem do que me agradecer, faço o meu trabalho com amor, abracei a medicina por gostar de cuidar das pessoas, de suas enfermidades, sinto-me renovado quando pego um caso como o do seu pai, por exemplo, e vejo que através de muita luta e dedicação todos saímos vitoriosos. Apesar de que, se não fosse pela misericórdia e a vontade de Deus, acima de tudo, nada conseguiríamos fazer.

"É muito bom podermos, através do que aprendemos nos livros e depois na prática do trabalho, devolver às pessoas a esperança para a cura de suas doenças, aliviar suas dores físicas, trazer alento àqueles que já não mais acreditam na cura. Ver uma criancinha de colo entrar aos gritos dentro do meu consultório, queimando de febre e dor, abatida pela doença que toma conta do seu corpinho frágil e depois encontrar esta mesma criança feliz, corada, livre da doença, sorrindo alegre, batendo os bracinhos no colo da mãe, deixa-me em estado de graça. É nessa hora que vejo como valeu a pena ter passado noites e noites em claro em cima dos livros, ter ficado muitas vezes sem comer direito para economizar, porque os livros eram caros e eu não vim de família abastada; meus pais me ajudaram muito, fizeram além da conta até para os seus recursos; devo muito a eles.

Os olhos do médico estavam úmidos pela emoção e os de Neusa também.

Não podia imaginar que por trás daquela imagem séria e muitas vezes distante, pudesse existir um homem sensível, capaz de pensamentos tão nobres.

Sempre simpatizara com ele, apesar dos comentários maldosos que corriam de boca em boca pelas suas famosas bebedeiras.

Aprendera, nos últimos tempos, pelo contato diário que tivera com ele, quando da recuperação do pai, a respeitá-lo ainda mais; sempre dedicado e atento ao menor indício que fosse, nada passava despercebido aos seus olhos.

Não podia entender o que o levava à bebida com tanta fúria.

Teria ele sofrido alguma grande desilusão amorosa, ou uma grande perda em sua vida?

Ninguém sabia nada da sua vida particular, sentia vontade de perguntar, mas ao mesmo tempo tinha receio de estar sendo intrometida numa questão que pertencia somente a ele.

Ele parecia tão fechado, foram muito poucas as vezes em que o vira dar um sorriso; seus olhos traziam uma mistura de tristeza e solidão, que ela julgava podia ser por causa de algum amor que não dera certo, assim como o seu com Pedro.

Mas iria tentar descobrir o que ia por trás daqueles olhos tristes; quem sabe ela também pudesse ajudá-lo de alguma forma.

– Sabe de uma coisa, doutor, gosto muito do senhor. Sinto-me segura e tranqüila quando o senhor está por perto.

Ele deu de ombros, como que a caçoar dela.

– É assim mesmo; nós, médicos, temos o dom de dar aos nossos pacientes esta confiança e tranqüilidade, só que nem sempre conseguimos transmiti-las a nós mesmos.

– Ora, não diga isso, doutor, o senhor não me parece ter esse tipo de problema – disse ela instigando-o a falar.

Ele como que para esquivar-se do assunto, levantou-se, dizendo:

– Bem, mocinha, trate de seguir à risca todas as minhas recomendações; porte-se como uma menina comportada, está bem?

– Sim, doutor – respondeu Neusa com um sorriso; as dores estavam passando e ela sentia-se sonolenta.

– Descanse por hoje que amanhã voltarei para ver como está passando. Até amanhã.

– Até amanhã, doutor.

Dona Amélia, que estava no quarto ao lado, percebendo que o médico havia saído, veio até ele.

– E aí, doutor, como ela está? Vai perder o bebê?

– Tudo me leva a crer que não, dona Amélia, vamos esperar mais uns dias para ver como ela reage aos medicamentos. Sua filha é uma moça forte, acredito que vai superar esta situação com êxito.

– Se Deus quiser, doutor, se Deus quiser. Vamos descer que eu vou pedir para Ana lhe preparar um café.

– Oh! não se preocupe com isso, dona Amélia – só de ouvir falar em café ele sentia náuseas. – Não quero dar trabalho.

– Ora, imagine, não será trabalho algum.

Desceram encontrando Augusto, o Coronel e Lopes que esperavam aflitos por notícias.

– E então, doutor, como está minha filha?

– Como estava há pouco dizendo à sua senhora, Coronel, acredito que tudo sairá bem. Ela foi medicada, vai dormir por algumas horas pois dei-lhe um leve calmante. Terá que ficar de repouso absoluto por alguns dias, até que tudo se normalize novamente; se a hemorragia ceder com os medicamentos e o repouso, creio que não haverá maiores problemas. Em breve estará de pé, levando uma vida completamente normal. Neusa é uma moça valente, tem muita fibra e deseja ter esse filho mais do qualquer coisa na vida; se Deus permitir ela o terá com muita saúde.

– Sentem-se enquanto trago o café – disse-lhes Dona Amélia.

Augusto olhou para o doutor Mathias quase que a rir.

– Mamãe, acho melhor um chá, depois do susto que passamos vai nos acalmar mais.

O médico olhou para Augusto como que agradecendo-lhe por isso; ele não queria ser deselegante com dona Amélia, mas não conseguiria engolir mais café naquele dia.

Augusto, percebendo o olhar do médico, piscou um olho divertido.

Agora, transcorridos aqueles momentos de angústia e tensão, Augusto relembrava do apuro que passara horas antes na casa do médico, e tinha vontade de rir, mas sabia que deveria conter-se, pois só faria o médico ficar em situação vexatória diante de todos; guardaria para si aquele episódio.

Depois do chá, doutor Mathias despediu-se de todos, prometendo voltar no dia seguinte pela manhã.

– Bem, agora que o susto já passou, – falou Augusto – se me derem licença vou dar um pulo até o quarto para ver se Neusa precisa de algo.

– Vou com você, Augusto – disse a mãe.

Quando o doutor Mathias chegou em casa e viu a bagunça que ali se encontrava, sentiu-se muito envergonhado e meditou:

– O que Augusto não estaria pensando de mim? – prometendo a si mesmo desculpar-se com ele no dia seguinte.

Capítulo XVI

Enquanto isso, na casa de Vera, o seu mau humor parecia ter melhorado um pouco, mas mesmo assim evitou falar do assunto que a deixara tão irritada.

Cínthia tocava uma melodia muito bonita ao piano.

Era uma música triste que tocou fundo o coração de Vera, que aproximou-se da irmã acariciando-lhe os cabelos num gesto terno, sentando-se numa poltrona para apreciar a música.

Gostava de ouvir Cínthia tocar, pois era dotada de muita leveza nas mãos, coisa que ela já não tinha; até tentara muitas vezes aprender a tocar, mas por falta desta habilidade, preferia ouvir e deixar-se levar pela canção.

Cínthia tocava com a alma, parecia flutuar nas canções quando estava ali diante do piano; quem a observasse diria que aquela não era ela, tamanha a sua desenvoltura e desembaraço.

Apesar de não saber, Cínthia tinha uma mediunidade muito acentuada que, se bem dirigida, poderia ser de grande valia e ajuda a muita gente, mas dona Laurinda e seu Prudêncio não acreditavam neste tipo de coisa.

Quando Cínthia ainda era muito pequena, contraiu uma espécie de lesão de pele, um grosseiro, que remédio algum curava.

Tentaram de tudo e quando já não tinham mais a que recorrer, e vendo que não havia melhora, resolveram seguir o conselho de uma velha empregada da casa, que conhecia uma benzedeira nas redondezas e que todos diziam fazia milagres; doenças que nenhum médico era capaz de dar jeito, dona Fina, como era chamada, curava.

Levaram Cínthia até lá como último recurso; quando dona Fina segurou a menina no colo, seu rosto contraiu-se todo, o que deixou dona Laurinda e seu Prudêncio muito assustados.

A sorte é que tinham levado consigo dona Mariazinha, que procurou tranqüilizá-los, dizendo ser assim mesmo, em se tratando de doença produzida por Espíritos do mal.

– O que está dizendo, Mariazinha? – retrucou seu Prudêncio. – Você quer que eu acredite que existe um Espírito fazendo isso a uma criança inocente? Pelo amor de Deus, isso é absurdo, vamos embora daqui, Laurinda.

– Não, seu Prudêncio, não faça isso. Deixe que ela vai curar a menina, o senhor vai ver com seus próprios olhos.

Dona Laurinda, mais confiante que o marido, intercedeu, dizendo:

– Vamos aguardar mais um pouco, deixemos que ela faça as rezas dela. Se viemos até aqui é por não termos mais para onde ir; se bem não fizer, acredito que mal também não fará, afinal já tentamos de tudo.

E assim levaram Cínthia para casa depois de dona Fina tê-la benzido com suas rezas estranhas. Mas o fato é que houve melhora em poucos dias; voltaram lá por mais duas vezes, a pedido da benzedeira, que na terceira vez, depois de suas rezas, entregou Cínthia no colo de sua mãe, dizendo:

– Dentro de treze dias, a contar de hoje, ela não terá mais nada na pele, mas preciso dizer-lhes uma coisa: essa criança será uma sensitiva intuitiva de muita força; procurem, na medida em que ela for crescendo e manifestando seus dons, levá-la a locais onde existam pessoas que conheçam e trabalhem com este tipo de mediunidade para que ela possa desenvolver-se. Será de grande valia para ela mesma e para a humanidade se for bem canalizada, caso contrário, esta mesma mediunidade poderá trazer muita amargura e tristeza a todos vocês.

Cínthia, como havia sido dito pela benzedeira, passados treze dias não tinha mais nada na pele, que tornou-se limpa e clara como fora anteriormente.

Quanto ao que dona Fina havia falado sobre a mediunidade da menina, caíra em total esquecimento.

A menina nunca mais apresentou qualquer tipo de doença que fosse motivo de preocupação para os pais, tendo somente as corriqueiras de uma criança normal.

Conforme Cínthia foi crescendo, seu comportamento foi mudando; tornou-se uma menina introspectiva, gostava de ficar trancada horas no seu quarto ouvindo música, falava pouco.

Ao mesmo tempo que se parecia com qualquer menina de sua idade, transformava-se numa pessoa adulta que dizia coisas, às vezes, sem nenhum nexo para os que a ouviam; somente dona Mariazinha dava atenção quando Cínthia começava a falar de modo estranho.

Vera não gostava de ver a irmã falar sobre coisas das quais ela sentia um certo medo, muitas vezes não entendia o que a irmã tentava dizer, não que não entendesse as palavras, não era isso, mas sim o conteúdo delas.

Era como se não fizessem sentido as frases ditas por ela em certas ocasiões.

Muita coisa que Cínthia dizia que iria acontecer, acabava acontecendo.

Ela era realmente uma médium intuitiva, tendo muitas vezes premonições, mas em sua casa ninguém lhe dava atenção, a não ser dona Mariazinha, que preocupava-se com a menina, pois lembrava-se muito bem do que dona Fina havia dito há muitos anos.

Mas ali ninguém acreditava ou aceitava estas coisas; sendo assim, nada podia fazer.

Nem mesmo a própria Cínthia importava-se com isso, para ela tudo não passava de bobagens, ainda era uma criança e não dava relevância ao que às vezes sentia. Não sabia explicar o que lhe acontecia, mas também não estava interessada.

Certa vez, estavam todos felizes, pois tinham planejado um piquenique no campo e preparavam-se para sair.

Vera descia a escada com Cínthia que, de repente, parou no meio dela. Vera, que distraída continuava a descer, deteve-se ao perceber que Cínthia havia parado; olhou para trás e sentiu um calafrio ao olhar para a irmã, que estava como que hipnotizada, com olhar vidrado e imóvel.

Vera voltou até onde ela estava e perguntou-lhe:

– Cínthia, você está se sentindo bem?

Ela continuou impassível e Vera tornou a perguntar:

– Cínthia, fale comigo, o que houve?

E então ela, com a voz um tanto rouca, respondeu:

– Não devemos fazer este passeio hoje, está previsto que uma tempestade muito forte virá, se teimarmos em ir teremos grandes dificuldades para voltar; alguém pode acidentar-se gravemente, fiquemos por aqui.

Vera ficou muito impressionada com as palavras da irmã, mas em seguida Cínthia voltou ao normal como se nada tivesse acontecido.

Aquilo intrigou Vera que foi até os pais, que também se preparavam, e contou-lhes o que tinha acabado de acontecer.

Seu Prudêncio, sempre muito incrédulo, não deu ouvido e, dando de ombros, retrucou:

– Ora, minha filha, deixe de bobagens, é só você sair aí fora e dar uma olhada para o céu e verá por você mesma, que isso não passa de alguma brincadeira de mau gosto de sua irmã querendo assustá-la. E muito me admira que você dê crédito às bobagens de uma criança. O tempo está maravilhoso, o céu azul e não há previsões de chuva para as próximas duas semanas.

– É isso mesmo, filha, – reforçou dona Laurinda – deixe de bobagens, seu pai está com a razão, deve ser alguma brincadeira de Cínthia para pregar-lhe uma peça. Volte e acabe de arrumar suas coisas para não nos atrasarmos.

Vera não quis levar o assunto adiante para não gerar discussões desnecessárias, mas que ela estava impressionada, não podia negar, que a maneira como Cínthia se portou e falou com ela, só de lembrar sentia arrepios.

Voltou para a sala onde Cínthia estava toda feliz, brincando com seu cãozinho de estimação.

Ao vê-la ali como estava, pensou: – Eu devo estar mesmo dando atenção demais ao fato, acho que essa bandidinha quis mesmo me pregar uma peça – e resolveu esquecer o assunto.

Passava das 9:00 horas quando terminaram de colocar tudo na carruagem e partiram. Neste dia seu Prudêncio dispensou a ajuda do cocheiro, iria ele mesmo conduzir a família.

O dia estava esplêndido, o azul do céu era magnífico, todos estavam felizes, cantando canções alegres, indo para o outro lado rio onde a paisagem era ainda mais exuberante; o verde das campinas ladeava o rio, mais ao longe podia-se ver as colinas muito verdes, umas mais imponentes, outras menores, mas que juntas formavam um belo conjunto, brindando àqueles que por ali passavam. Muitas famílias aproveitavam o domingo para fazer este tipo de passeio muito comum na época.

Alguns até já se conheciam dali mesmo e acabavam se juntando, fazendo parecer uma grande família.

Havia também aqueles que não gostavam de misturar-se, talvez por acanhamento, ou mesmo por gostarem de viver isolados, mas todos se divertiam à sua maneira.

As crianças corriam brincando de pega-pega, ou escondendo-se umas das outras; os jovens acabavam fazendo grupinhos para falar baixinho de coisas que não queriam que os adultos ouvissem; os homens, alguns bebiam, outros cantavam, outros preferiam jogar algum tipo de jogo como gamão ou cartas; as mulheres trocavam receitas ao mesmo tempo que serviam a todos e tagarelavam sem parar sobre os serviços domésticos e a família.

Era muito gostoso, pois com a união de várias famílias, todos acabavam participando de uma vida mais comunitária, tão importante para o bom desenvolvimento e equilíbrio do ser humano.

Sim, pois enquanto estavam juntos havia uma troca positiva de energia entre eles; desabafavam sobre as coisas que os incomodavam, trocavam idéias, muitas vezes, no meio de uma conversa, podia surgir a solução para um eventual problema que alguém do grupo por ventura estivesse passando.

Na desconcentração da música ou do simples jogo acabavam

deixando de lado a tristeza e a preocupação do dia a dia, onde naquele momento tudo era alegria e um meio para relaxarem.

Ao passo que aqueles que preferiam isolar-se, muitas vezes, deixavam, neste contato direto com outras pessoas, de acrescentar coisas boas e positivas para o seu dia a dia.

Não que não seja bom, às vezes, ficar sozinho. Acredito ser até necessário, de vez em quando, para um momento de reflexão ou mesmo para deleitar-se com uma boa leitura e porque não dizer, até de um egoísmo saudável em querer estar junto de sua família, não querendo dividi-la com mais ninguém naquele momento; conversar mais de perto com a(o) esposa(o) e os filhos, saber de suas reais necessidades, que por muitas vezes, no corre-corre do dia a dia, perdemos um pouco este elo de ligação com os demais membros da família.

Mas penso ser necessário ter um certo equilíbrio entre os dois extremos, dosando assim a sociabilidade e os momentos mais íntimos, deixando assim o corpo e a mente em maior equilíbrio.

Passava das 15:00 horas e alguns já se preparavam para ir embora, quando começaram a formar-se no céu, que até então estava límpido, enormes nuvens negras vindas não se sabe de onde.

Algumas pessoas, mais afoitas, reuniam seus pertences com rapidez, para partir antes que o temporal que se formava desabasse.

Outros, mais sossegados, continuavam o que estavam fazendo sem se preocuparem com o temporal que viria.

Vera, quando olhou para o céu e viu nuvens escuras que se aproximavam com rapidez, lembrou-se imediatamente do que Cínthia havia dito em casa pela manhã.

Aproximou-se dela, que parecia não estar nem um pouco preocupada com a chuva que viria e perguntou-lhe:

– Cínthia, você se lembra do que falou hoje pela manhã?

– O que eu falei?

– Ora, você não se lembra? Disse que iria cair um temporal, e que era melhor nós não sairmos de casa.

Vera preferiu omitir o resto para não deixá-la assustada.

– Eu não me lembro de ter dito nada disso. Você deve ter sonhado isso.

Vera, percebendo que não adiantaria falar a respeito com a irmã, foi até seu pai que conversava animadamente com dois senhores.

– Papai, desculpe estar interrompendo, mas o senhor não acha melhor irmos embora, está formando um temporal e estou ficando com medo.

O pai, meio contrariado, retrucou:

– Ora, Vera, deixe de bobagens, medo de quê? O máximo que pode acontecer é nós termos que esperar a chuva passar para voltarmos; volte para junto de sua mãe e deixe de se preocupar – e olhando para o alto, disse:

– De repente nem chove, o vento acaba levando estas nuvens para outro lugar.

– Mas, papai!

– Filha, por favor, deixe-me conversar agora.

Vera, inconformada, foi até a mãe, que também estava um pouco preocupada, mas não queria contrariar o marido que parecia tão feliz.

Tentando tranqüilizar Vera, disse:

– Vamos reunir nossas coisas e colocar tudo na carruagem, enquanto seu pai conversa mais um pouco: quando estiver tudo pronto falo com ele para irmos, está bem?

– Está bem, mamãe – respondeu, procurando não deixar transparecer o medo que tinha de temporais.

Muitos já tinham ido embora, os trovões e relâmpagos começaram a chegar, e aí os que ainda estavam mais sossegados resolveram que também era hora de partirem.

A chuva começou a cair, e cada um procurava abrigar-se dela embaixo de árvores ou mesmo nas próprias carruagens.

Seu Prudêncio, já todo molhado, procurava acalmar os cavalos que estavam assustados pelos raios e trovões, enquanto que dona Laurinda e as duas filhas, um pouco assustadas, aguardavam dentro da carruagem.

A chuva parecia não dar sinal de melhora e a hora já ia tarde, teriam que partir com chuva mesmo, pois se escurecesse tudo ficaria mais difícil.

Ninguém tocava no assunto, mas estavam todos apreensivos; seu Prudêncio comunicou à mulher e às filhas que estavam saindo.

Vera olhou para a mãe com olhos assustados.

– Mamãe, estou apavorada.

– Eu também estou, filha, mas vamos ter fé em Deus que irá nos guardar.

Os trovões às vezes eram tão fortes que a terra parecia tremer.

Do lado de fora seu Prudêncio gritava com os cavalos para mantê-los na estrada.

Cínthia, que brincava com um pequeno galho de árvore, interveio:

– Por que vocês estão com medo?

– Mamãe, ela não se lembra do que me falou hoje de manhã – disse Vera.

– Vera, por favor, – repreendeu dona Laurinda – não vamos piorar as coisas, seu pai é um homem experiente, graças a Deus que dispensou o cocheiro. Se fosse para voltarmos com ele eu não confiaria, mas como seu pai tem total controle dos animais não haverá problemas.

Cínthia pegou na mão de Vera, que estava gelada e trêmula e, sorrindo como que para tranqüilizá-la, disse:

– Não tenha medo, nada irá acontecer a você.

E neste exato instante um raio mais forte assustou os cavalos que dispararam sem que seu Prudêncio conseguisse segurá-los.

A carruagem sacudia de um lado para outro onde as três gritavam de pânico.

Seu Prudêncio, do lado de fora, procurava manter a calma, pois sabia que nada podia fazer, além de tentar controlar a carruagem que pegava cada vez maior velocidade.

Neste instante, lembrou-se do que Vera tentara falar-lhe pela manhã e um calafrio percorreu-lhe a espinha; em silêncio, no meio da chuva que parecia cortar-lhe o rosto, rogou a Deus que tivesse compaixão de sua família, não permitindo que nenhum mal acontecesse.

Os cavalos, descontrolados, perderam a noção de espaço entre eles e pareciam querer subir um sobre o outro, quando numa curva uma das rodas bateu numa pedra ao lado da estrada, fazendo-a quebrar e conseqüentemente tombar a carruagem.

Dona Laurinda só teve tempo de gritar: – Valha-me Deus – e não viu mais nada.

Com a queda, Vera, apesar de todo seu pavor, nada sofreu; a mãe desmaiou de susto, mas Cínthia, que estava mais atrás, com o tombo foi arremessada para fora da carruagem.

Vera, gritando pelo nome da irmã, saiu em meio à chuva, procurando-a na lama que se fizera na estrada, achando-a caída e desacordada. Aos prantos gritava pelo pai e não o via; pegando Cínthia nos braços tentou abrigá-la embaixo de uma árvore, deixou-a ali e foi em busca dele.

– Papai, papai – gritava desesperada.

A chuva não a deixava enxergar quase nada, mas cambaleando pela lama e pelo mato, encontrou o pai caído, mas já voltando a si.

– Graças a Deus, papai, o senhor está bem?

– Creio de sim. Onde estão sua mãe e sua irmã? – perguntou assustado.

Vera mal conseguia falar.

– Mamãe está dentro da carruagem, mas parece que desmaiou de susto. Agora me ajude a socorrer Cínthia; ela foi atirada para fora e eu a encontrei caída logo ali na frente, mas está ensangüentada e desacordada também.

Seu Prudêncio, com certa dificuldade, levantou-se ainda meio tonto e correram até onde estava Cínthia.

Lá estava ela com os bracinhos caídos, a cabeça pendida para o lado, na testa, do lado esquerdo, havia um corte que parecia profundo.

Seu Prudêncio olhou ao redor procurando se havia por ali alguma moradia; logo adiante viu um casebre e teve uma idéia.

– Vera, fique aqui com sua irmã que vou correndo até aquela casa ver se encontro alguma ajuda.

– Sim, papai – respondeu Vera, que estava também ensopada e tremia dos pés à cabeça.

Enquanto isso, dona Laurinda, já acordada, tentava recordar-se do que tinha acontecido e tentava sair de dentro da carruagem tombada.

Gritou ao deparar-se com Vera ajoelhada, tendo Cínthia em seus braços; com esforço saiu e correu para junto das filhas.

– Cínthia, meu amor, olhe para a mamãe, fale comigo, filha.

– Procure manter a calma, mamãe, papai foi em busca de socorro.

– Ele está bem?

– Sim, só teve alguns arranhões, pelo que pude ver. É Cínthia que me preocupa, ela foi jogada para fora e bateu com a cabeça.

– Oh! meu Deus, por que tinha que acontecer isso?

Dona Laurinda chorava copiosamente ao lado da filha inconsciente.

– Vamos rezar, mamãe, é tudo que podemos fazer agora – mas dona Laurinda não conseguia controlar-se.

– Aqui está chovendo muito, vamos tentar colocá-la ali dentro.

– Acho melhor esperarmos o papai, ele já deve estar voltando.

Não demorou chegou seu Prudêncio com mais dois homens trazendo ferramentas. Com agilidade os três desviraram a carruagem e puseram-se a consertar a roda; com sorte daria para seguir viagem e prestar os devidos cuidados a Cínthia.

Em pouco tempo a carruagem ficou pronta e, molhados mesmo, subiram, enrolando Cínthia em um cobertor cedido por eles.

Seu Prudêncio foi o mais rápido que pôde, e assim que chegaram deram graças a Deus por estarem vivos.

Enquanto subiam com Cínthia, seu Prudêncio foi buscar o médico da família, que não tardou a chegar.

O que mais preocupava era que ela não dava sinais de acordar e isso os apavorava.

O médico foi logo pedindo que esquentassem bastante água e colocassem em sacos grossos de borracha para mantê-la aquecida.

Fez alguns exames, avaliou o corte que era bastante profundo, deu-lhe os pontos devidos e pediu que aguardassem do lado de fora. Estavam por demais nervosos, com a roupa ainda úmida no corpo, mas nada disso tinha importância, queriam ver Cínthia boa de novo.

O médico demorava a sair do quarto, e isso os deixava mais aflitos e angustiados; por mais que quisessem não conseguiam fazer preces por ela; estavam traumatizados com tudo aquilo.

Quando o médico saiu, correram até ele em busca de notícias, mas, balançando a cabeça preocupado, respondeu-lhes:

– A pancada foi muito violenta, ela continua desacordada e teremos que esperar; não tem mais nenhum ferimento nem quebraduras, mas não percamos a esperança.

D. Laurinda, sem conseguir mais conter-se, agarrou seu Prudêncio, desesperada, e triste soluço saía-lhe do peito, sacudindo-a violentamente.

– Creio que o melhor a fazer, é todos vocês irem tomar um banho bem quente e procurar agasalhar-se para não pegarem uma pneumonia. Ficarei aqui mais um pouco, vão se cuidar que eu fico com ela.

Desconsolada, a mãe foi levada pelo pai e murmurava o nome de Cínthia, dizendo:

– Eu jamais me perdoarei, Prudêncio, se Deus nos levar Cínthia. Ela teve um aviso hoje de manhã, e nós, com nossa ignorância, não levamos a sério; se tivéssemos ouvido, nada disso teria acontecido.

Seu Prudêncio, que também se martirizava com isso, sentia-se culpado, mas ao mesmo tempo pensava que o destino ninguém mudava, se aconteceu era porque tinha que acontecer.

– Ela haverá de ficar boa, Laurinda, vamos nos apegar em Deus, que tudo pode e tudo vê. Sua bondade é infinita, se tiver que punir que puna a mim e não a ela que ainda é um criança inocente. Vamos nos acalmar e orar pelo seu pronto restabelecimento; Deus não nos desamparou até hoje, confiemos em sua misericórdia.

Enquanto isso, no quarto de Cínthia, além do médico que lá estava aguardando a volta de todos, um outro médico com duas enfermeiras encontravam-se na cabeceira de Cínthia; o médico, impondo-lhe as mãos sobre sua cabeça, derramava uma espécie de líquido dourado sobre ela; o seu traumatismo era bastante sério, mas haveriam de conseguir devolver-lhe a consciência.

Num outro canto do quarto um rapaz dos seus 16 anos chorava, agachado, inconsolável.

A um sinal do médico espiritual que cuidava de Cínthia, uma das enfermeiras foi até ele para saber o que fazia ali e por que chorava tanto.

Quando a enfermeira chegou perto, ele assustou-se e quis correr, mas ela calmamente segurou-o pelo braço, pedindo que ficasse calmo e conversassem.

– Eu estive aqui de manhã e avisei-a que não deveriam sair de casa hoje, mas ninguém deu atenção ao que eu disse, e agora, veja, ela está aí morta.

– Não, ela não está morta, só está desacordada, mas logo ficará boa, você vai ver. Você não confia em Deus? Reze conosco por ela, vibre coisas boas, que elas virão.

– Eu não acredito em Deus, para mim ele não passa de um tirano capaz de nos fazer sofrer deste jeito. Você diz que esse Deus é bondoso e nos ama como seus filhos, se assim o fosse, por que deixaria que tanta miséria, dor e sofrimento se abatessem sobre nós? Quando vejo uma criança inocente como esta que aí está, que nunca fez mal a ninguém, agora aí, a mercê da própria sorte, onde está a justiça que ouço falar?

– Você está muito amargurado e sofrido, venha conosco que será assistido por nós.

– Para quê? Nunca ninguém se importou comigo, por que agora haveria de se preocupar, eu prefiro ficar aqui ao lado dela.

– Mas você não pode ficar aqui, de nada valeria.

– Por que não? Eu sempre estive do lado dela, gosto dela, não lhe faço nenhum mal. Não tenho com quem conversar ou ficar e aqui ninguém me perturba nem me aborrece. Às vezes ela até fala comigo sem que ninguém veja, pois podem pensar que está louca, falando sozinha.

– Mas eu gostaria muito que fosse comigo, vamos ser amigos e você terá uma porção de outros amigos que irão ajudá-lo a ser mais feliz.

O rapaz, sentindo que a enfermeira estava sendo sincera, ficou feliz por alguém preocupar-se com ele e aceitou ir com ela.

Ficaram ali mais alguns minutos aguardando o fim do tratamento em Cínthia e foram todos embora levando o rapaz junto.

Foi uma longa noite de vigília onde todos os familiares não arredaram o pé dali.

A chuva havia passado e os primeiros raios de luz apareciam no horizonte. Os pássaros começavam o seu canto matinal felizes, pulando de galho em galho, o Sol despontava no horizonte, um novo dia surgia e com ele novas esperanças.

Dona Laurinda, aos pés da cama de Cínthia, fazia promessas. Vera também rezava baixinho num canto do quarto.

Seu Prudêncio olhava para a filha com o coração oprimido, quando de repente fundo suspiro saiu do peito de Cínthia. Ela estava recobrando os sentidos.

– Deus seja louvado – disse seu Prudêncio, não contendo mais as lágrimas.

Dona Laurinda e Vera se abraçaram emocionadas e chorosas, também agradecendo a infinita bondade divina.

Cínthia foi lentamente se mexendo e abrindo os olhos, choramingando e chamando pela mãe, que prontamente veio até ela.

– Estou aqui, minha querida.

– O que houve, mamãe? Sinto dores na cabeça e também meu corpo está dolorido.

– Está tudo bem, filha, você sofreu uma queda da carruagem e bateu com a cabeça, ficando muitas horas desacordada, mas agora tudo já passou – e pegando na mão da filha, dona Laurinda pode extravasar seus sentimentos.

"Sabe, filha, você sofreu uma queda bastante grave ontem, e todos aqui tivemos muito medo de perdê-la; ver você falando comigo novamente, com seus olhinhos sempre tão vivos, me faz perceber quanto Deus é maravilhoso e bom conosco.

"Passei esta longa noite em que rezava para você se recuperar, refletindo que é justamente nas horas de aflição e angústia, e até da possível perda, que Jesus nos dá a oportunidade de rever muitas coisas erradas que fazemos ou falamos. Erros que cometemos sem nos dar conta, e diante de nossa impotência, de nossas limitações para solucionarmos sozinhos um problema como foi o seu, é que compreendo o quanto nos falta para atingirmos uma melhor condição espiritual.

"Ontem você tentou nos alertar sobre o acidente, mas por sermos tão ignorantes e incrédulos, preferimos não dar atenção ao que falou.

"Que isso nos sirva de lição – falou, olhando diretamente nos olhos do marido – daqui por diante, se não quisermos seguir as orientações que nos forem dadas, que saibamos pelo menos ouvir e respeitar àquele que tentar nos ajudar.

Seu Prudêncio sabia que ela estava falando tudo aquilo para ele também, e não teve o que responder, afinal ele não acreditava mesmo nestas coisas. Tinha dificuldade em aceitar o que não via, era feito São Tomé, tinha que ver para crer, que Deus o perdoasse mas ele era assim.

– Eu não me lembro de nada, mamãe, só sei que tive muito medo quando os cavalos dispararam, e que vi, dentro da carruagem, conosco, um rapaz com boné, quem era ele?

Todos se entreolharam confusos; seria ainda efeito da pancada, ou ela tinha mesmo visto alguém?

Dona Laurinda, sem saber o que responder, preferiu sair pela tangente, sugerindo:

– Vamos deixar este assunto para outra ocasião, filha, agora você precisa se alimentar, descansar bastante para poder sair logo desta cama – e dirigiu-se ao esposo:

– Prudêncio, acho melhor chamar novamente o doutor para sabermos se Cínthia já pode levantar-se.

– Sim, vou mandar buscá-lo agora mesmo.

Cínthia sentia-se um pouco indisposta ainda e um tanto enjoada para comer.

– Mamãe, acho que prefiro tomar só um suco agora, sinto-me meio enjoada.

– Isto é normal – disse Vera –, você levou uma pancada e tanto, garota.

Cínthia sorriu para a irmã, dizendo:

– Agora eu me lembro de ter dito a você que nada iria lhe acontecer.

– É verdade – respondeu Vera –, como você podia saber uma coisa dessa?

– Pois foi o garoto de boné que me disse. Como vocês podem não tê-lo visto? – indagou novamente.

Mas ninguém ali tinha resposta para a pergunta dela.

– Está muito bem, filha – disse o pai – vou procurar saber quem era esse garoto e assim que souber virei lhe dizer, está bem assim?

Cínthia concordou.

Dona Mariazinha, que ouvira parte da conversa, ficou intrigada, tinha quase certeza de que podia se tratar de algum Espírito, mas por que naquela casa ninguém acreditava no que aquela menina falava? Será que eles viam o que estava acontecendo? Que as premonições de Cínthia estavam se concretizando? Que a cada dia que passava, fatos estranhos aconteciam? Estariam todos cegos? Ou seria a descrença que não os fazia perceber?

Capítulo XVII

Doutor Mathias chegou bem cedo, como havia prometido, para ver Neusa.

Esta já estava bem melhor, mais disposta, não sentia mais dores e a hemorragia tinha cessado. Vendo o médico entrar em seu quarto, sentiu-se mais animada; detestava ficar na cama e foi logo dizendo:

– Doutor, será que já posso me levantar? Não estou mais sentindo dores e creio que a hemorragia parou.

O médico, fazendo uma cara de desentendido, foi logo dizendo:

– Ainda não, mocinha, nem sequer a examinei, além do mais, ainda é muito cedo para que saia por aí; vamos ter um pouco mais de paciência para evitarmos que a senhora tenha uma recaída, está bem?

Neusa, embora decepcionada, entendeu que o que ele dizia era sensato e não iria discutir. Tivera muito medo de perder seu filho, que já amava com todas as forças do seu coração.

– Está bem, doutor, vou ficar aqui bem quietinha, até que o senhor me diga que eu posso me levantar.

– Assim é que se fala. Deixe-me agora examiná-la, vamos fazer mais uma injeção e tirá-la do soro.

Depois de feitos os exames, o médico adiantou-lhe que se tudo continuasse correndo bem, ela poderia levantar-se no dia seguinte, porém sem fazer nenhum esforço, o que fez Neusa alegrar-se ainda mais.

Ele gostava do jeito espontâneo de Neusa, que tinha um sorriso franco, olhar de quem queria ver além do que deveria, como se quisesse desvendar algum segredo.

Quando estava em sua presença sentia-se bem, ela lhe transmitia uma sensação boa, de serenidade, gostava de estar em sua companhia; ela, por sua vez, também apreciava estar ali conversando com ele, sentia-se segura e assim passaram um bom tempo a conversar sobre diversos assuntos e nem viram a hora passar.

Dona Amélia já havia subido duas vezes no quarto para ver se precisavam de algo, mas os dois estavam tão entretidos na conversa que nem deram muita atenção a ela.

Achou que não seria de bom-tom ele estar durante tanto tempo ali no quarto de Neusa, mas depois ponderou:

– Que mal poderá haver nisso? Acho que sou demais antiquada, vejo maldade em tudo, meu Deus! Afinal era um médico visitando sua paciente.

Já era quase hora do almoço quando o médico despediu-se.

O Coronel também estranhou a demora do médico e perguntou:

– Amélia o que tanto estes dois falavam, que o doutor não ia mais embora? Pelo que sei, Neusa já está bem.

– É verdade, Felício, e eu estava me fazendo a mesma pergunta agora mesmo e ponderando que não há nenhum mal nisso. Eles têm conversado bastante desde que você ficou doente, e agora o laço de amizade entre eles estreitou-se, é só isso. Pelo que pude notar, Neusa há muito tempo não sorria, como eu pude ver hoje. Se a companhia do doutor está lhe fazendo bem, não vejo em que isso possa nos incomodar, afinal de contas ele é um homem bom, atencioso e quer agradar.

Augusto estava sentado em uma poltrona, ouvindo o que os pais falavam. De repente, passou-lhe pela cabeça algo que julgou absurdo e tentou afastar aqueles pensamentos, dizendo a si mesmo ser tolice; mas ao mesmo tempo pensou que se o que lhe passou pela cabeça acontecesse, seria algo maravilhoso. É que diante dos comentários dos pais ele pensou:

– Imagine só se Neusa e o doutor Mathias se apaixonassem, quanta coisa não poderia mudar na vida deles.

Seria algo que o deixaria feliz e ao mesmo tempo tranqüilo quanto ao futuro dela e de seu sobrinho que estava por vir.

Afinal, o médico parecia ser um homem íntegro, de bons princípios e a julgar pelo seu comportamento, diria que até mesmo estas bebedeiras que ele tomava deviam ser de fundo emocional e não por problemas de saúde, como aventou Lopes.

Talvez uma família lhe fizesse muito bem e à Neusa também, que apesar da desilusão sofrida há tão pouco tempo, era óbvio não iria querer envolver-se com outro homem tão cedo.

Mas a idéia remota de haver tal possibilidade o deixava feliz e esperançoso, e procuraria, no que estivesse ao seu alcance, colaborar em benefício desta união.

Se era mesmo verdade que havia tanta simpatia entre eles, a ponto de passarem praticamente a manhã inteira conversando, não seria difícil que desta simpatia surgisse o amor.

Nos dias que se seguiram o doutor Mathias continuou a freqüentar a casa de Neusa, a princípio para ver se estava tudo bem com a sua saúde e a do bebê, mas mesmo depois que ela já voltara às suas atividades normais, ele continuou a passar por lá, nem que fosse por meia hora para conversarem.

Forte laço de amizade se formou entre os dois, que saíam a caminhar pela fazenda, ficando às vezes horas nestes passeios.

Ela parecia outra pessoa, alegre, mais corada e disposta.

Neusa contou-lhe tudo o que havia acontecido entre ela e Pedro, e ele, em nenhum momento, teve qualquer indício de censura. Ouvia calado tudo o que ela dizia, tecendo às vezes algum comentário, que apoiava o fato dela ter decidido assumir o bebê.

Neusa tinha confiança em Mathias, foi assim que ela passou a chamá-lo por pedido dele mesmo, afinal tinham se tornado grandes amigos e entre amigos não dava para ter este tipo de deferência.

Ele era bem mais velho que ela, que tinha 17 anos ao passo que ele estava com 38, mas mesmo com a grande diferença de idade, os dois entendiam-se muito bem.

Neusa era uma pessoa bastante madura para a sua idade e com tudo que havia passado nos últimos tempos, amadurecera mais ainda.

Um dia, depois de contar tudo sobre sua vida, Neusa quis saber mais a respeito dele.

– Acho que agora que já sabe tudo a meu respeito, desejo também saber mais sobre você.

Ele olhou-a com carinho e disse:

– Da minha vida não há muito o que contar, aliás, ninguém aqui sabe nada a meu respeito.

Ela parou, segurou-o pelo braço fazendo com ele se virasse para ela e, olhando bem dentro dos seus olhos, disse:

– Espero ser digna da sua confiança e que não fuja às minhas perguntas; tenho muita vontade de saber coisas a seu respeito, mas sempre respeitei o seu silêncio, afinal você deve ter os seus motivos para ser tão reservado assim.

– Não é isso, e nem se trata de ser reservado; nunca tive ninguém assim como você, em que eu pudesse confiar e falar dos meus problemas ou mesmo da minha vida. Você bem sabe como são as pessoas deste lugar, querendo sempre remexer na vida da gente para ter o que mexericar depois. Elas parecem alimentar-se da vida alheia. Há já quem pergunte lá na vila sobre o que estaria acontecendo na fazenda do Coronel, para eu estar vindo aqui todos os dias. Já vieram até me perguntar se seu pai havia tido uma recaída.

– E você, o que disse?

– Disse que o Coronel ia muito bem, obrigado, e desconversei, não tenho que ficar dando explicações de minha vida às pessoas dessa maneira.

– Está muito bem, voltemos agora a você; conte-me um pouco de sua vida.

Ele virou-se, sorrindo novamente para ela e, como que a querer ler os seus pensamentos, perguntou:

– Mas o que você quer saber afinal?

Tentando aparentar que só queria saber por saber, o que não correspondia à verdade, Neusa falou:

– Ora, ora, Mathias, quer dizer que passo dias contando-lhe tudo a meu respeito e agora, quando chega a sua vez de falar, esquiva-se, isso não é justo – tentou parecer ofendida, mas acabou rindo junto com ele.

– Está bem, mocinha, vou lhe contar a minha vida, já que está tão interessada em saber.

– E pare de me chamar de mocinha! Faz-me parecer uma criança quando me chama assim, afinal de contas vou completar 18 anos no mês que vem.

Ele riu gostosamente.

– Sabe que fica muito linda quando está assim zangada?

– E pare de caçoar de mim.

– Não estou caçoando, estou sendo sincero – e erguendo a mão direita, falou:

– Prometo, de hoje em diante, não chamá-la mais de mocinha, está bem?

– Ótimo, vejo que começamos a nos entender – disse com ar de quem sentia-se vencedora.

– Vamos nos sentar embaixo daquela árvore – sugeriu o médico, ao que Neusa concordou. – Bem, uma parte da minha vida você já sabe; venho de família humilde, como já disse, tanto minha mãe quanto meu pai procuraram sempre me dar o máximo possível. Talvez por eu ser o único filho homem, esforçaram-se muito para que eu seguisse meus estudos e me formasse em medicina, já que este era não só um grande desejo meu, como também um sonho de meus pais.

"Tenho mais duas irmãs, uma mais nova e outra mais velha que eu, que também muito contribuíram para eu ser o que sou, pois juntamente com minha mãe, chegaram a varar madrugadas no preparo de doces finos que mamãe fazia para grandes festas e banquetes; seus doces sempre foram muito apreciados.

"Mamãe nasceu com o dom para fazê-los como ninguém, nem mesmo em Paris, onde me formei, encontrei doces com o mesmo sabor e leveza que os dela.

"Se ela morasse em Paris teria, sem sombra de dúvida, feito uma grande carreira nesta área, pois mesmo sendo uma pessoa simples, o gosto pelos confeitos a fez especializar-se cada vez mais no assunto, buscando nos livros formas cada vez mais sofisticadas de apresentação.

"A delicadeza, o requinte, juntamente com o sabor, fizeram-na muito conhecida, sendo requisitada para fazer grandes festas para quase todas as pessoas ricas de Portugal e até mesmo de outras regiões mais distantes.

"Houve uma época em que as encomendas eram tantas que ela chegou a ter umas doze mulheres para ajudá-la; muitas vezes eu me sentia até mal em pensar no tamanho do sacrifício que todos faziam para me ver diplomado. Mas eu tudo fiz para nunca decepcioná-los neste sentido. Sempre que posso vou vê-los, pois sentem até hoje muito minha falta.

"Não conseguiram, ao longo de todos esses anos que estou morando longe deles, acostumar-se com a idéia da minha ausência. Além do que, uma vez por mês levo dinheiro para ajudá-los nas despesas necessárias; não que eles precisem, pois minha mãe conseguiu fazer suas economias ao longo destes anos todos, mas não acho justo, hoje que já me estabeleci, não ajudar, afinal ela e meu pai estão com idade e merecem descansar e ter um pouco mais de sossego.

"Minhas irmãs moram perto e levam uma vida modesta mas feliz; casaram-se com homens bons, honestos e trabalhadores, que procuram nada deixar-lhes faltar.

"Meu pai até hoje faz algum serviço. Ele sempre foi um marceneiro de mão cheia, pois detesta ficar parado, mas já não tem mais muita saúde. Ele é asmático e volta e meia as crises vêm, deixando-o, às vezes, até de cama.

"Minha mãe cuida dos afazeres domésticos e ainda faz doces para fora, só que em menor quantidade, pois não consegue desfazer-se de alguns clientes mais insistentes, que não aceitam que ela pare.

Neusa ouvia tudo com muita atenção.

– Quando terminei meus estudos, fui fazer residência em um hospital de Paris, que mantinha um tipo de convênio com a universidade, onde os alunos mais aplicados podiam iniciar carreira; lá fiquei por um ano e meio.

"Depois deste período é que comecei a clinicar em outros hospitais; queria ter meu consultório particular, mas para isso precisava primeiro fazer meu nome como um bom clínico.

Neusa o interrompeu:

– Por que você veio parar neste fim de mundo?

– É verdade, eu tinha tudo para especializar-me e ser feliz em Paris. Mas a vida nos leva, muitas vezes, por caminhos tortuosos que nem sempre gostaríamos de seguir, e aí, diante das circunstâncias, fazemos o que naquele momento achamos melhor. Não tenho a menor dúvida que, em termos profissionais, ter vindo para cá, um fim de mundo como você acabou de dizer, foi o mesmo que estacionar e até regredir.

"Mas eu não me sentia em condições para continuar onde estava; perdi o que se pode chamar de estímulo, de razão de viver e se não gostasse tanto do que faço, talvez tivesse até parado de clinicar.

– Mas o que de tão grave aconteceu para você ter tanta amargura e desilusão, Mathias? Desculpe-me, se não quiser não precisa me responder. Mas isso tem a ver com o fato de entregar-se à bebida como faz, não tem? Eu gostaria muito de saber, gostaria mesmo de poder ajudá-lo – disse Neusa, segurando com carinho as mãos de Mathias.

Ele, emocionado pelas lembranças, lutava contra as lágrimas que teimavam em querer descer pelo seu rosto, mas queria compartilhar sua história com Neusa, ela lhe inspirava confiança.

Aprendera nessas últimas semanas que ainda era possível acreditar nas pessoas e na vida, que sentimentos julgados mortos dentro de si e que jurara jamais voltaria a senti-los, davam sinais de que ainda havia esperança dentro daquele coração.

Um sentimento de carinho misturado à afeição era o que ele sentia ao lado de Neusa; era muito bom passar horas agradáveis ao seu lado.

Sentia que ela também nutria por ele algum sentimento; a diferença de idade entre eles era grande, ela estava passando por um momento bastante difícil em sua vida, não queria confundir-lhe a cabeça, falando de suas novas emoções; deixaria que o tempo se incumbisse de mostrar um novo caminho, se é que ele existiria.

Mathias saiu das suas divagações e, mais refeito, retomou.

– Não vejo mal nenhum em lhe dizer, acho até que vai ser bom pôr para fora o que há tantos anos venho reprimindo dentro de mim. Tem a ver, sim, vou lhe contar.

"Quando ainda estava na universidade conheci Helena, moça de família tradicional na cidade. Seus pais eram comerciantes muito bem sucedidos, tinham uma livraria especializada em livros médicos dentre tantos outros que vendiam; era, por que não dizer, a melhor do ramo.

"Lá encontrava-se livros e revistas de qualquer especialidade, desde os romances literários até livros altamente técnicos, e foi lá que, numa tarde fria de inverno, em que procurava um livro para poder fazer um trabalho bastante extenso e complexo que um professor havia pedido, que a conheci. Muito solícita e gentil, vendo que eu estava um tanto perdido entre tantas prateleiras, veio em meu auxílio.

"– Senhor, será que posso ajudá-lo?

"Olhei para ela meio sem jeito, pois até então não a tinha visto. Entrei tão distraído na loja, pensando no trabalho que iria realizar, que nem percebi sua presença.

"– Ora, mas claro que pode, estou meio perdido em meio a tantos livros.

"Dei-lhe o nome do livro que procurava e ela, com desembaraço, foi até uma prateleira ao lado buscá-lo.

"– Oh! aí eu não iria achá-lo nunca.

"– Imagine, claro que iria, demoraria um pouco mais de tempo, mas acharia – disse sorrindo para mim de modo que me encantou.

"Nem preciso dizer que, daquele dia em diante, tudo era motivo para eu voltar lá. Descobri que ela ajudava o pai num período em que o movimento era maior, e que o pai junto com mais dois funcionários não davam conta. Não demorou para que ficássemos amigos e, dali para o namoro foi um passo. Apaixonamo-nos perdidamente.

"Não ficávamos um só dia sem nos ver. Seus pais apreciavam nosso namoro, gostavam de mim, sabiam que apesar de vir de família humilde eu era esforçado e queria vencer na vida. Helena passou a ser parte de mim com o tempo: entendíamo-nos muito bem, tínhamos muitos pontos em comum, e mesmo naqueles em que divergíamos, era incrível como conseguíamos respeitar a opinião um do outro. Tanto eu quanto ela sabíamos que tínhamos sido feitos um para o outro.

"Nosso amor era forte e intenso; existia entre nós uma cumplicidade que as pessoas de um modo geral admiravam; fazíamos planos para o futuro, sonhávamos com o dia em que não mais nos separaríamos, queríamos muitos filhos, tudo era lindo em nossa vida.

"Minha família adorava Helena; ela, com seu jeito meigo e carinhoso, conquistou a todos rapidamente. Era maravilhoso poder desfrutar daqueles momentos felizes ao seu lado; às vezes eu tinha medo de sentir-me tão feliz; parecia que alguma coisa me dizia que aquela felicidade não seria para sempre.

"No meu último ano de faculdade, ficamos noivos; o nosso plano era que assim que eu me formasse e conseguisse um emprego, nós nos casaríamos. Ela continuaria ajudando o pai por um período para me ajudar com as despesas, enquanto os filhos não chegassem.

"E assim a vida correu. Tão logo terminei a residência, comecei a trabalhar em diversos hospitais; estava ansioso para realizar o grande sonho, se não o maior de minha vida que era casar-me com Helena.

"Tudo corria às mil maravilhas, parecia até que o céu e os anjos conspiravam a nosso favor.

"Casamo-nos numa linda tarde de verão, onde tudo parecia mais florido e perfumado. A vida estava sendo por demais generosa comigo, eu pensava, dera-me condições para cursar na melhor Universidade de Paris, na qual me formara com mérito, esforçava-me ao máximo para ter um bom desempenho profissional e consegui, até que em bem pouco tempo, fazer-me respeitar no meio médico.

"Meus sogros tudo fizeram para nos ajudar no que diz respeito a bens materiais. Por ainda estarmos começando, teríamos que adquirir nossas coisas com certa lentidão, mas os pais de Helena fizeram questão de nos presentear com uma bela casa, não muito grande, mas extremamente confortável e acolhedora. E com o bom gosto de Helena ela a transformou num lar aconchegante, gostoso de se viver, um lindo ninho de amor.

"Eu adorava quando ia chegando o fim da tarde e me lembrava de que iria para o nosso aconchego; nossa vida não poderia ser melhor.

"Mas como tudo que é bom demais para ser verdade parece não ter durabilidade, o inesperado aconteceu, vindo ceifar tudo de bom e belo que havíamos construído até ali.

"Era uma sexta-feira e aquele era um dia infernal na livraria, onde Helena ficava até mais tarde com o pai. Devido ao grande movimento, ela o ajudava fechar o caixa. Juntos fechavam a loja e depois seu Jean trazia Helena até nossa casa. Esse era um dia que eu também ficava até mais tarde no consultório; fazia seis meses que eu tinha conseguido montá-lo e graças a Deus ia muito bem, a cada dia aumentando o número de pacientes.

"Pois bem, já passava das 19 horas, eu estava atendendo ao último cliente quando bateram à porta. Era minha enfermeira que, desculpando-se pediu que eu viesse até o lado de fora. Logo imaginei que algo de sério tinha acontecido, pois ela tinha ordens expressas para não me interromper em consulta. Pedi licença e sai imediatamente.

"– O que houve, dona Claudine? – perguntei.

"Ela estava pálida e quase não conseguia falar, de tão nervosa que estava.

"– Ah! Doutor, eu nem sei como vou lhe dizer.

"– Pois fale logo, que você está me deixando agoniado.

"– É que mandaram lhe chamar para que o senhor vá o mais depressa possível até o Hospital Central; parece que aconteceu uma desgraça na livraria do seu sogro, e sua esposa está gravemente ferida.

"De repente, tudo girou ao meu redor, pensei que fosse desmaiar, não sentia os meus pés no chão, não podia ser verdade o que dona Claudine estava me dizendo.

"– Não pode ser, isso não pode estar acontecendo, deve estar havendo algum engano – pensei.

"Na verdade, eu não queria acreditar no que estava ouvindo. Só de imaginar que minha pequena e doce Helena estava ferida o meu desespero me cegava, a ponto de não saber o que fazer em seguida.

"– Eu não sei fornecer maiores detalhes, – disse Claudine – é melhor que o senhor vá para lá o quanto antes.

"Voltei para o consultório atônito, não conseguia raciocinar. Tinha que manter a calma, o que é muito difícil numa situação como esta. Pedi desculpas ao paciente que estava atendendo e me dirigi imediatamente até o hospital.

"Ao chegar, pude ver meu sogro sentado. em um banco, todo ensangüentado, chorando e se lastimando; parecia estar em estado de choque, mas ao me ver levantou-se e correu até mim.

"– Graças a Deus que você chegou, Mathias, aconteceu uma coisa horrível!

" Eu precisava manter a calma para saber o que tinha acontecido e poder ajudar em alguma coisa.

"– Sente-se aqui, seu Jean, e conte-me o que aconteceu.

"– Estava na hora de fechar, Helena e eu tínhamos acabado de fechar o caixa. Havia muito dinheiro, pois o dia tinha sido de grande movimento; ela estava colocando os pacotes de dinheiro em um saco, quando entraram na loja dois homens encapuzados e armados; ainda havia algumas pessoas no interior da loja.

"Foi tudo muito rápido, um deles ficou na porta e o outro correu até Helena, que estava atrás do balcão, segurando-a com uma arma apontada em sua cabeça. Houve pânico e gritaria, mas o dois deviam ser profissionais, pois estavam calmos e disseram:

"– Nós só queremos o dinheiro, se todos cooperarem ninguém sairá ferido.

"A minha única preocupação era tirar Helena da mira daquele revólver; ela estava impassível, pálida. Tentei em vão ir para o lugar de Helena, mas o homem, desconfiado de que eu estivesse tramando algo, não permitiu. Parte do dinheiro estava nas mãos de Helena, mas a maior parte ela jogara para debaixo de sua saia quando os viu entrar.

"– Vamos, dona, onde está todo o dinheiro? Sabemos que tem mais, onde a senhora colocou?

"Helena estava decidida a não dizer e muito menos entregar a eles tão grande soma.

"– É tudo o que ganhamos hoje – respondeu com voz seca.

"O homem olhou-a desconfiado e, apertando seu braço, falou:

"– Pela última vez eu lhe pergunto: onde está o resto do dinheiro? Estamos há muito vigiando a loja e sabemos que há muito dinheiro aqui; estamos demorando demais com isso, não quero machucar a senhora, mas sei que está tentando me enganar; se não quer morrer entregue-me o resto do dinheiro – ao que o outro da porta gritou:

"– Vamos logo com isso, que a polícia não tardará a chegar.

"Helena, olhando firme para mim, como que a me dizer que confiasse nela, disse mais uma vez:

"– Tudo o que temos eu já lhe dei – e tentou desvencilhar-se da mão que prendia o seu braço.

"O homem, num gesto rápido de quem não acreditou, empurrou-a e ela, desequilibrada, caiu no chão, deixando à mostra o saco com o resto do dinheiro.

"Ele então, pulando sobre ela, furioso, apontou-lhe o revólver no rosto e atirou, sem nada dizer, saindo em seguida correndo com todo o dinheiro.

"Nós a trouxemos com vida, para cá, mas os médicos estão muito preocupados, pois a bala alojou-se num local, onde não estão tendo acesso.

"– Oh! meu filho, o que será de nós se Helena não resistir?

"Eu não continha minhas lágrimas e diante de tudo aquilo estava me sentindo impotente, precisava fazer alguma coisa, ver Helena. Entrei na enfermaria e ninguém me impediu de chegar até onde ela estava, pois eu trabalhava naquele hospital também.

"Os médicos que estavam com ela eram especialistas em cirurgia neurológica e quando cheguei faziam o possível para mantê-la viva.

"O meu desespero era tanto que a dor de ver o rosto de Helena todo mutilado me fez odiar o mundo naquele momento. Estudavam uma maneira de tentar operá-la e esperavam pela minha chegada para que os autorizasse na cirurgia, afinal as chances dela eram mínimas, quase nenhuma.

"Não havia naquele momento o que pensar, tudo deveria ser feito no sentido de resgatar-lhe a vida. Dei a permissão e ela foi levada para o centro cirúrgico.

"Meus colegas não queriam que eu fosse, achavam que eu não tinha condições emocionais para assistir a cirurgia, mas eu não podia deixá-la sozinha naquele momento; ela precisava de mim perto dela e eu sabia que, mesmo inconsciente, sentiria que eu estava ao seu lado.

"Foram quatro horas de muita angústia e aflição dentro daquele centro cirúrgico, mas com muita habilidade os médicos chegaram até à bala e conseguiram extraí-la.

"Mas o pior ainda não havia passado, ela havia perdido muito sangue e a bala atingira parte do seu cérebro; caso saísse com vida, teria seqüelas de conseqüências imprevisíveis.

"Ao término da cirurgia fiquei junto dela, mas eu não tinha palavras, as lágrimas secaram e uma dor misturada com revolta muito grande tomou conta de mim.

"Eu sabia, desde aquele momento, que minha vida tinha se acabado, que o sol da minha vida havia se apagado; como médico sabia que Helena dificilmente sobreviveria, e que com ela iriam a minha alegria e a minha razão de viver.

"Devo ter ficado horas ali daquele jeito, até que uma enfermeira aproximou-se de mim, dizendo:

"Desculpe-me, doutor, acho melhor o senhor ir descansar um pouco, fique sossegado que nós cuidaremos dela. No momento não há nada que o senhor possa fazer.

"Eu parecia não estar ali naquela sala fria e por um momento pensei: – Será que tudo isso é um pesadelo?

"Mas ao olhar para o lado vi que não era, aquela era a minha realidade, minha mulher estava à beira da morte e eu nada podia fazer para trazê-la de volta à vida que ela tanto amava. E respondi:

"– Não, obrigado, mas vou ficar por aqui mesmo.

"Até então, ninguém havia me dito que Helena estava grávida, o que terminou de me aniquilar.

"A dor da separação é indescritível, nós nunca estamos preparados para ela, por mais que tenhamos convivência com a morte, assim como eu, por ser um médico e estar acostumado, de certa forma, a ver pacientes morrerem, mas quando nos deparamos com ela levando um ente querido, tudo desmorona, perde o seu valor, o seu sentido.

"Ao enterrar minha Helena, que foi a luz dos meus dias, enterrei também todos os meus sonhos, esperanças e o que de bom existia em mim. Dali para frente foi como que se uma geleira tivesse tomado conta de mim, abandonei tudo e voltei para Portugal.

"E apesar de todos os apelos de mamãe para que eu ficasse junto dela, e até de minhas irmãs, sabia que precisava ficar só, não queria compartilhar com mais ninguém a minha dor que era imensa, comecei a beber, pois na bebida eu encontrava um certo alívio, embriagado eu não pensava em nada.

"Mas quando voltava a minha lucidez, eu tinha consciência de que precisava me manter vivo e voltei a trabalhar. E foi no trabalho que encontrei o único consolo para minha dor; poder ajudar outras pessoas me trazia de volta à vida.

"A mágoa e o ressentimento me tornaram um homem amargo, triste e infeliz, e quando a saudade aperta é que muitas vezes me entrego à bebida para afugentá-la.

"Algumas pessoas até que tentaram me ajudar, mas eu havia me fechado de tal forma que ninguém conseguia penetrar em minhas emoções. Tudo o que eu havia sonhado e estava realizando ao lado da mulher que eu amava, um estranho, que nós nunca soubemos quem foi, tirou-me de forma tão brutal e estúpida. Confiar e acreditar em mais o quê? – eu pensava.

"E assim tem sido minha vida, cheia de contradições, perguntas sem respostas, vazia e sem motivação. Nunca falei disso com ninguém. Você é a primeira pessoa que depois de tantos anos me fez sentir vontade de viver novamente.

Neusa levantou-se, ajoelhou-se diante dele e tomou-lhe as mãos com muito carinho, lágrimas sentidas caíam-lhe na face e ele também não fazia mais nenhum esforço para segurar as suas.

– Sabe, Mathias, eu nem sei o que lhe dizer, sua história é a mais triste que eu já ouvi na minha vida; eu avalio tudo o que já passou e sofreu com toda razão, mas acredite-me, você é um homem bom, de valor, precisa reagir. Tenho certeza de que Helena, onde quer que esteja, também quer isso. Ela o deixou sem poder falar isso, mas sei que se pudesse dir-lhe-ia: levante-se novamente e procure ser feliz.

***

O que Neusa não podia supor, é que bem ao lado deles estava

Helena, junto com dona Zilá, que muito comovida, também não continha as lágrimas e ouvia tudo o que Mathias dizia.

Dona Zilá, vendo a emoção de Helena, falou mansamente:

– Como você vê, ele precisa mais de ajuda do que ele próprio supõe; creio ter chegado a hora de ele começar a ver que a vida não acaba com a morte, que você está muito bem e quer vê-lo feliz acima de tudo, pois o verdadeiro amor é assim, sublima a tudo e a todos.

"Ele não é egoísta nem mesquinho. Se não podemos estar juntos daqueles a quem amamos porque a vida assim não o quis, temos o dever e a obrigação de vibrarmos de forma positiva em benefício daqueles que deixamos na Terra, que presos ainda na carne e cegos para divisarem a luz eterna, não conseguem se libertar dos sentimentos de culpa ou de impotência. Como é o caso de Mathias, que pensa nada ter feito para salvá-la, quando na realidade a sua hora havia chegado; você tinha sido chamada para uma outra dimensão.

"Ele acredita que não existe vida após a morte, por isso essa revolta toda em seu coração.

Helena, muito emocionada com as palavras de dona Zilá, concordou com ela:

– A senhora tem toda razão, o amor que tenho por ele é imenso e quero vê-lo feliz novamente; sei que se não pudemos mais ficar juntos, Deus, com sua sabedoria infinita, fez o melhor para nós. Tudo farei que estiver ao meu alcance para vê-lo novamente sorrir e voltar a acreditar na vida. Sei também que Neusa tem todas as qualidades e condições para trazê-lo de volta à vida, e muito vou orar e vibrar para que eles encontrem o amor em seus corações.

– É isso mesmo, minha filha, Mathias precisa reencontrar a paz e a felicidade para que possa dar continuidade à sua vida, e para que possa crescer e evoluir na serenidade de um novo lar. Mesmo porque, como você já tem conhecimento, o filho que você gerava quando sua vida foi tirada, está reencarnado novamente em Neusa. Ele precisa de assistência e cuidados, e Mathias já estava designado para esta missão.

– Mas é só por isso que ele terá que ficar ao lado de Neusa, dona Zilá?

– Claro que não, Helena, eles têm débitos a resgatar um com o outro.

– Eu não estou entendendo. Então, por que fiquei grávida desta criança, se não era para eu tomar conta dela?

– Se analisar bem a questão, verá que Deus tudo sabe, tudo vê e faz tudo certo na hora adequada. Veja, você era a esposa de Mathias e viviam muito bem; se nenhuma tragédia tivesse lhe acontecido, vocês estariam juntos até hoje e educando esta criança. Porém, ao reencarnarem, tanto você, quanto Mathias e mesmo Neusa tinham se comprometido e assumido outros compromissos.

"Mas ao chegar aqui na Terra, não tendo lembrança do que haviam prometido, tomaram outros caminhos; agora, depois de muito sofrimento e dor, cada qual irá desempenhar a sua verdadeira missão.

"Hoje você está esclarecida e bem inteirada de toda a verdade, sabe que esta criança não lhe foi designada, e sim a Mathias e Neusa. São eles que deverão educá-la, orientá-la, dar-lhe bons conselhos e uma boa diretriz para que ela possa crescer sadia e forte espiritualmente; isso faz parte dos compromissos deles.

"Nós, em nossa visão limitada, não conseguimos compreender o porquê dos nossos sofrimentos. Debatemo-nos, revoltamo-nos, maldizemos a nossa sorte, quando na verdade deveríamos estar agradecendo a Deus, Ele, que só tenta nos mostrar através do sofrimento que algo está errado e precisamos descobrir o que é, para que, com a clareza do Espírito, possamos reparar de forma correta.

***

Neusa levantou-se e, ainda segurando as mãos de Mathias com muita ternura acariciou seu rosto, enxugando-lhe a face molhada pelas lágrimas, depois beijou-lhe a testa, os olhos e as faces, dizendo:

– Sei que é muito cedo para dizer qualquer coisa, mas não quero guardar só para mim o que vai no meu coração. Quero que saiba que o estimo muito, sinto que um afeto muito grande toma conta do meu coração; conhecendo-o melhor passei a admirá-lo, não só como médico, mas como homem íntegro e bom que você é. Quero que aceite o meu carinho, a minha estima, a minha admiração e o meu respeito.

"Sei que para você posso parecer uma menina ainda, mas se me deixar quero estar ao seu lado, incondicionalmente. Não sei se isso um dia se transformará em amor, gostaria muito que sim, sei que nada posso pedir, pois não sou mais uma moça livre, trago comigo uma outra vida que irá depender de mim para tudo. Estou consciente e feliz por isso também, sinto que esta criança já faz parte da minha vida.

Mathias não deixou que Neusa dissesse mais nada, abraçou-a sem nada dizer, pois as palavras naquele instante não eram necessárias e ela compreendeu isso claramente.

Ficaram assim por um longo tempo, até que Mathias, afastando-se dela, segurou seu rosto nas mãos e beijou-lhe a testa, depois os olhos e as faces, falando emocionado:

– Quero poder, daqui por diante, compartilhar não só os momentos tristes, mas também os alegres que por certo virão ao seu lado. Você abriu uma porta do meu coração na qual eu julgava nada mais haver do que tristeza, mágoa e rancor. Hoje vejo que estava enganado, que muito tenho a dar às pessoas.

E assim, abraçados, retornaram à casa grande da fazenda.

***

Dona Zilá não pode deixar de ver uma lágrima nos olhos de Helena que a tudo olhava serenamente.

– Sei que lhe é difícil assistir a tudo sem emocionar-se, mas creia que era assim que tinha que ser.

– Estou sinceramente feliz por eles, dona Zilá, e desejo de coração que possam encontrar a felicidade a que têm direito.

– Fico muito feliz, Helena, por ver que você tem aprendido o que tenho lhe ensinado, com a graça de Deus. Vamos agora, que temos muito trabalho a fazer.

Helena concordou e as duas voltaram para a colônia a que pertenciam.

***

Foi com espanto que o Coronel e dona Amélia viram os dois que vinham abraçados pela estradinha que dava para o campo.

Augusto, que vinha chegando naquele momento com Lopes na varanda, olhando a cena sentiu grande emoção e falou em voz alta:

– Meu Deus, o senhor ouviu as minhas preces.

Ao que todos surpresos olharam para ele, que meio sem jeito explicou:

– Eu estava desejando muito que estes dois se entendessem; acredito que eles têm muito a dar um ao outro.

O Coronel não escondia uma certa preocupação que ia dentro de si, sabia que o médico era bem mais velho que a filha, tinha o problema da bebida, mas não queria preocupar-se com isso agora; estava satisfeito em ver que, apesar de tudo, ainda havia uma chance de sua filha ser feliz.

Ficou observando os dois que vinham conversando despreocupadamente, alheios aos olhares dos empregados que não conseguiam disfarçar a curiosidade ou o espanto da cena.

As pessoas estavam confusas e a se perguntar:

– Seria o doutor o pai da criança que Neusa esperava? Mas como isso seria possível se nunca tinham visto o doutor antes por lá?

Estas e outras indagações eram feitas entre os empregados, enquanto os dois passavam por eles sem o menor constrangimento.

Era como se não houvesse ninguém por ali, e exatamente assim eles estavam se sentindo.

A descoberta da possibilidade da amizade que os unia estar se transformando em um sentimento mais forte deixava-os num êxtase total.

Foi só quando estavam bem perto da casa que os dois se separaram; não queriam que as pessoas fizessem comentários maldosos; mal sabiam eles que enquanto vinham, alheios a tudo, todos estavam observando-os.

Ao chegarem à varanda, Mathias nem entrou, despediu-se de todos ali mesmo e retirou-se, sendo que Neusa o acompanhou até perto da porteira.

Diante disso, todos mantiveram a discrição, sem nada perguntar; cabia a ela dizer ou não alguma coisa.

Mas Neusa preferiu nada dizer por enquanto, queria esperar um pouco mais, mesmo porque estava receosa de como os pais e o irmão encarariam aquela situação.

Pediu licença a todos sem conseguir disfarçar o brilho que ia em seu olhar; o coração estava dando saltos, mas ela procurava refrear estas emoções, já tinha sofrido demais por entregar-se totalmente; não queria passar por isso novamente e desta vez seria mais prudente.

Mathias ia em seu cavalo, pensativo, tentando fazer um balanço das emoções das últimas horas. Estava feliz por dentro, mas ao mesmo tempo sentia-se meio culpado, como se estivesse traindo a memória de Helena.

A imagem de Helena e Neusa confundiam-se em sua mente; ele não procurara sentir o que estava sentindo, aconteceu naturalmente e não deveria preocupar-se com isso agora.

Neusa tinha razão quando dissera que Helena gostaria de vê-lo feliz novamente, refazendo sua vida; ele a conhecia bem, sabia o quanto ela o amara e o quanto era desprendida.

Uma coisa que ele nunca viu em Helena e que mais admirava nela, era justamente o seu desprendimento, a ausência de egoísmo.

Ele não iria mais pensar negativamente, decidira; dali para frente recomeçaria tudo, sentia que merecia uma nova chance e agarrar-se-ia a ela com todas as suas forças.

Desde aquele dia em que Augusto foi buscá-lo em casa, não tinha mais colocado uma gota de bebida na boca e, espantosamente, não estava fazendo a menor falta.

Ele não sabia, mas isso era uma das coisas que mais entristeciam Helena, vê-lo destruir-se daquela maneira. E agora era ela que lhe intuía pensamentos de esperança e fé para reconstruir sua vida ao lado de Neusa.

Agora ela ficaria tranqüila, pois sabia que ele começaria uma nova etapa em sua vida, e certamente seria feliz novamente.

Esse era o seu maior desejo, saber que ele encontrara uma nova razão de viver.

Mathias acabou não se desculpando com Augusto pelo episódio daquele dia; mas também, pela maneira como Augusto o tratava, sentia que ele não tinha ficado nem um pouco chateado pela situação vivida pelos dois, e resolveu deixar o assunto para lá; se um dia houvesse a oportunidade desculpar-se-ia.

Capítulo XVIII

Augusto resolveu que mais à tarde iria até à casa de Vera. Apesar de querer ir sozinho, pois precisava conversar com ela seriamente, achou que seria indelicado de sua parte não convidar Lopes, afinal insistira para que viesse passar as férias em sua casa.

Foi até Lopes, que lia numa cadeira de balanço na varanda, e perguntou-lhe:

– Lopes, logo mais irei à casa de Vera, gostaria de ir comigo?

Desejou que o amigo dissesse que não, e parece que ele adivinhou seus pensamentos. Apesar da vontade enorme de também ver Vera, conteve-se, respondendo:

– Obrigado pelo convite, mas hoje prefiro ficar aqui lendo este livro que sua mãe me deu. Está muito interessante e quero ver se termino ainda hoje.

– Então está bem – respondeu Augusto, aliviado. – Não me espere para o jantar, ficarei lá até um pouco mais tarde. Estou morrendo de saudades de Vera; desde que chegamos ainda não consegui ficar a sós com ela.

Lopes sentiu o coração fisgar de ciúmes. Ele a teria nos braços e lhe diria doces palavras sussurradas em seu ouvido. Odiou-se por tais pensamentos e, passando a mão pela testa, como que para arrancar tais pensamentos da mente, disse secamente:

– Vá de uma vez, homem, corra para ela, por que esperar até a tarde? Por que não pega o cavalo e vai de uma vez?

Augusto não entendeu o porquê da irritação de Lopes; conhecia-o muito bem, ele não era de ter acessos de mau humor. O que será que o deixou irritado? Resolveu perguntar:

– Eu disse algo que o irritou?

– O que foi? – Lopes teve um sobressalto. – Ora, deixe de bobagens, Augusto, você não me irritou, absolutamente, só acho que está fazendo muito rodeio para ir até lá, parece até que está com medo de algo!

Augusto parou um instante, pensativo, e falou:

– Acho que estou mesmo, preciso ter uma conversa com ela a respeito do nosso futuro, mas ao mesmo tempo sinto-me inseguro não sei porquê.

Lopes olhou para o amigo, ali de pé, e sentiu remorsos pelos seus pensamentos e pelas palavras ásperas que havia dito; sabia que não tinha esse direito, mas não conseguiu dominar seus impulsos.

Desde que conheceu Vera, vinha travando uma dura batalha consigo mesmo, mas sem nenhum sucesso; quando menos esperava, lá estava com ela na cabeça, fantasiando situações que, sensatamente, considerava impossível vivê-las.

Sabia que não deveria alimentar qualquer esperança sobre Vera; gostava profundamente do amigo, considerava-o como um irmão mesmo, tinha-lhe muita consideração.

Não era justo o que lhe estava acontecendo, logo ele que sempre prezara tanto a lealdade entre as pessoas... não poderia simplesmente agora fraquejar e deixar-se levar pelas emoções que lhe sacudiam a alma e tiravam-lhe o sono e a serenidade.

Quando voltou para Coimbra, longe de Vera, mesmo tendo-a no pensamento todos os dias, julgou ser mais fácil controlar seu coração, mas agora, tão perto dela, era muito difícil.

Ao mesmo tempo que ponderava ser melhor dar uma desculpa a Augusto e ir embora, achava que seria deselegante de sua parte, principalmente por ter o amigo insistido tanto para que ele viesse.

Não queria também dar margem a Vera pensar que ele fugira dela. Sabia que precisava ter uma longa conversa com ela, nem que fosse para, depois, nunca mais voltar àquele lugar. Não podia simplesmente deixar as coisas como estavam, mas como fazer isso sem despertar a atenção das outras pessoas, principalmente daquela irmã dela, que parecia perceber algo entre eles?

Esses pensamentos o atormentavam dia e noite e tinha que encontrar uma saída. Decidiu que tentaria falar com Vera o mais breve possível, e depois, já que o Coronel Felício estava tão bem, daria uma desculpa que fosse convincente a todos e iria embora dali.

Afinal, todos sabiam ter ele vindo para lá a fim de ajudar Augusto nos negócios do pai e agora, que tudo estava resolvido, diria que precisaria passar uns dias em sua casa antes de retornar a Coimbra.

Pediu a Deus que o iluminasse para não fazer nada que viesse a magoar ou a prejudicar quem quer que fosse; já bastava o que ele estava sofrendo.

Tentou afastar aqueles pensamentos que tanto o perturbavam; lembrou-se de sua mãe nesta hora, tinha saudades dela, gostaria que ela estivesse ali com ele para que pudesse desabafar, contar-lhe o que ia de tão doloroso na alma, que o estava fazendo sofrer.

Certamente ela teria uma palavra de consolo a lhe dar. Desejou ardentemente que aqueles amigos espirituais que freqüentavam sua casa e que tantas vezes o tinham amparado, pudessem vir em seu auxílio naquele momento. Fechou os olhos e fez uma prece do fundo do coração.

Sentiu-se mais calmo depois disso, levantou-se dali e foi caminhar um pouco, respirar o ar puro da fazenda; olhar para aquelas matas revigorava suas energias; foi até uma cachoeira que existia ali na fazenda e sentiu vontade de banhar-se nela.

O lugar era tranqüilo, dificilmente viria alguém por ali e mesmo não estando em trajes adequados para isso, tirou toda a roupa e entrou.

A água estava gelada, o que o fez bater os dentes de frio. Passado o primeiro impacto, entregou-se àquelas águas puras e cristalinas, como se elas tivessem o poder de lavar o que tinha de mais impuro dentro do seu ser.

Saiu dali revigorado e foi para a casa grande; o almoço já iria ser servido.

Augusto, vendo os seus cabelos ainda molhados, perguntou:

– Ora essa, não me diga que foi tomar banho naquela cachoeira gelada!

– Pois acertou em cheio – disse sorrindo. – Estava precisando espairecer um pouco e quando dei por mim, estava lá diante daquela maravilha da natureza e não resisti aos seus encantos. Sabe, Augusto, não sei o que você acha, mas estive pensando: já que seu pai se encontra tão bem, graças a Deus, creio que não precisa mais de mim aqui e, sendo assim, acho que vou antecipar minha volta.

Augusto retrucou com veemência:

– De maneira nenhuma, não permitirei, sentir-me-ei ofendido se fizer isso. Não o convidei a vir aqui somente para isso; você é meu melhor amigo... passamos todos estes anos lado a lado; sei que daqui para frente nossas vidas seguirão outros caminhos e não quero perder a oportunidade destas férias juntos. Sei que dificilmente teremos novamente esta oportunidade, além do que você precisa relaxar um pouco; sei que se for para sua casa entrará no ritmo frenético dos negócios do seu pai e aí, adeus descanso. Está decidido – você fica!

Lopes não teve argumentos para rebater os de Augusto.

– Está bem, você venceu, fico, mas com uma condição.

– Pois diga qual é!

– De nós sairmos a cavalo pelas redondezas; gostaria de conhecer melhor este lugar.

– Pois fica combinado desde já; amanhã acordaremos bem cedo e faremos este passeio.

Augusto, com ar maroto, sorriu para o amigo, dizendo:

– Será que nós agüentamos algumas horas em cima de um cavalo? Afinal, lá na cidade estávamos acostumados a outro tipo de locomoção, mais moderno que este.

Lopes foi obrigado a rir também.

Quando Augusto queria, sabia arrancar-lhe o riso.

– Acredito que sim, mas se não conseguirmos, desmontamos e voltamos a pé. Que tal lhe parece?

Augusto torceu o nariz, demonstrando descontentamento.

– Acho melhor levarmos uma carroça junto.

Os dois riram das bobagens que estavam dizendo.

– Agora vamos almoçar – tornou sério Augusto. – Não quero me demorar para ir à casa de Vera.

– Está bem, vamos.

Capítulo XIX

Assim que terminaram o almoço, Augusto pediu licença a todos e saiu. Ia pelo caminho, tentando alinhavar a conversa que teria com a noiva.

Chegando lá, foi recebido com muita alegria por dona Laurinda, que não esperava sua visita.

– Oh! meu querido, que bom vê-lo novamente, por que não mandou avisar que viria? Teria preparado aquele bolo de chocolate de que tanto você gosta.

– Imagine! Não se preocupe com isso. Vera, onde está?

– Deve estar em seu quarto, lendo, vou chamá-la. Ficará feliz em saber que você está aqui.

Augusto mal conseguia ocultar seu nervosismo. Não demorou para que Vera aparecesse.

– Olá, Augusto, mas que surpresa!

– Espero que seja boa – respondeu ele.

– Mas claro que é, por que não haveria de ser? – disse, beijando o seu rosto.

Augusto não gostava de rodeios e iria logo ao assunto que o trouxera ali.

– Precisamos conversar, Vera – disse com ar sério.

Vera percebeu uma ruga em sua testa, denotando preocupação; era muito inteligente e sabia o porquê daquela visita; já esperava por ela.

– Está bem, vamos até o jardim. Está uma tarde gostosa, vamos nos sentar naquele banco onde ficaremos mais à vontade, sem que ninguém nos importune.

Augusto acompanhou-a até lá, conversando assuntos banais. Sentaram-se e foi Vera quem puxou o assunto:

– Eu sei o que lhe trouxe aqui hoje, Augusto.

– Sei que sabe, não tenho estado bem desde que voltei. Até agora não entendi o seu comportamento, no dia em que quis marcar a data do nosso casamento. Tenho estado apreensivo, desde então; muitas coisas já se passaram pela minha cabeça e reconheço que nenhuma me agradou.

Vera ouvia o que ele dizia, atentamente, sem nada dizer.

– Diga alguma coisa, tire-me dessa aflição em que me encontro. Será que você já não me ama mais? Desistiu de casar-se comigo?

Vera procurava as palavras certas para dizer, mas não as encontrava. Tinha, por diversas vezes, ensaiado o que iria dizer, mas agora, diante dele, sentia que não era justo enganar-lhe.

– Sabe, Augusto, nem eu sei o que está me acontecendo, vou abrir meu coração e sei que irá me compreender.

O coração dele disparou angustiado só em pensar no que iria ouvir.

– Pois então fale, vim aqui para isso; se não me quer mais, prefiro que me diga agora, eu não suportaria viver enganado.

– Não se trata disso, Augusto, não quero enganá-lo, em absoluto. Sempre fui honesta com você, não seria agora que eu iria mudar; você me conhece muito bem, sabe que não sou pessoa de enganar ninguém.

– Desculpe-me, Vera, não quis ofendê-la. Estou nervoso, procure me entender.

– Você não me ofendeu, sei que espera de mim uma satisfação, e sei que lhe devo isso. Só quero que me ajude e tenha um pouco de paciência comigo; eu não sei o que está me acontecendo. Não é que não queira me casar com você, não é isso. Sinto que estou confusa.

– Você não me ama mais, é isso?

– Meus sentimentos não mudaram, Augusto, gosto de você sim, nada mudou neste sentido.

– Mas então, Vera, não estou entendendo.

A conversa parecia difícil entre eles. Vera não tinha mais certeza de nada, esta era a verdade. Mas como dizer isso sem feri-lo? Não queria magoá-lo, não era justo.

– Deixe-me tentar explicar, Augusto. Sempre fui uma pessoa com muita certeza do que eu queria para mim; desejei e sonhei muitas vezes com o nosso casamento; você sabe muito bem que até meu enxoval já está pronto, há bastante tempo. Esperei por este momento muitas vezes, planejei todos os detalhes de tudo; sabe como sou perfeccionista, gosto de tudo a seu tempo.

"E quando me deu aquele anel, no dia em que voltou, fiquei feliz por estar ali, senti-me amada e desejada; reconheço que para você sou a mulher da sua vida. Mas de repente, ao ouvi-lo anunciar, diante de todos, que iria marcar o dia do nosso casamento, aquilo me soou tão estranho como se não fosse comigo; sei que é difícil entender, nem eu até agora consegui.

"Já tentei analisar a minha atitude e não encontro uma razão lógica para o que fiz. Sei que o coloquei em uma situação muito constrangedora e embaraçosa diante de todos. Peço-lhe que me desculpe por isso. Creia que eu não tive essa intenção, de maneira nenhuma. Sei que não tenho o direito de pedir-lhe isso e vou compreender se não quiser aceitar, mas eu preciso que me dê um tempo.

– Tempo? – retrucou ele. – Você não acha que já namoramos tempo demais?

– Procure entender, Augusto, não posso me casar tendo dúvidas de que seja isso que realmente quero.

– Vera, pelo amor de Deus, seja razoável! Você acabou de dizer que me ama!

– Sim, eu o amo, mas estou confusa, não sei o que está acontecendo. Alguma coisa está errada, me incomodando e preciso descobrir o que é, Augusto. Eu sou assim, você me conhece, não vou sair por aí fazendo o que os outros gostariam que eu fizesse; quero estar consciente de que me casar agora é o que realmente quero.

"De que adianta eu fazer de conta que não está acontecendo nada e daqui algum tempo me dar conta de que cometi um erro? Não acho justo isso, Augusto, nem comigo nem com você. Sei que é difícil para você aceitar isto assim, mas creia que eu estou procurando ser o mais honesta possível. Aceite o meu pedido, não quero me afastar de você; só não quero me sentir pressionada por uma data, dê-me este voto de confiança, sei que tudo irá voltar ao normal.

Augusto sentia-se arrasado para discutir com ela. Sabia que qualquer coisa que dissesse naquele momento em nada mudaria sua opinião, conhecia-a bem, quando punha alguma coisa na cabeça ninguém a demovia.

Vera, percebendo o que ia no interior do noivo, abraçou-o com carinho, dizendo:

– Augusto, não quero que fique assim, creia-me, eu o amo; só estou pedindo que confie em mim, dando-me um tempo para colocar as coisas nos seus devidos lugares dentro de mim.

Ele não queria mais discutir o assunto.

– Está bem, Vera, você sabe que eu a amo mais do que qualquer coisa neste mundo e nada mudou dentro de mim. Darei este tempo, não vou mais tocar no assunto até que você mesma tenha chegado à uma conclusão.

Apesar da tristeza que lhe ia dentro do coração, Augusto achou melhor mudar de assunto e falar de coisas mais amenas.

Vera segurou sua mão e, olhando bem dentro os seus olhos, disse:

– Confie em mim, sei que vou superar este momento de indecisão em que me encontro.

No fundo, era isso o que mais Vera queria, tirar Lopes de seu coração e casar-se com Augusto.

– Como estão todos em sua casa? – falou ela.

– Agora está tudo bem.

Vera surpreendeu-se.

– Aconteceu alguma coisa?

Desde que Augusto voltara, Vera não tinha ido mais à sua casa.

Sentia muitas saudades da amiga, mas ao mesmo tempo refreou-se em ir até la, pois sabia que iria encontrar Lopes e queria evitar, a qualquer custo, este encontro.

Sabia que vê-lo, ao mesmo tempo lhe dava imenso prazer e trazia, inexplicavelmente, uma agitação dentro de si que ela não sabia como lidar; sendo assim, evitaria ao máximo a presença dele.

– Conte-me o que aconteceu. Algo com Neusa? – perguntou, apreensiva.

Afeiçoara-se muito à amiga e desejava muito que ela saísse vitoriosa nesta sua batalha.

– Agora está tudo bem, mas Neusa quase perdeu o bebê.

– Oh! meu Deus!

– Logo depois que chegamos ela começou a passar mal; chamamos o doutor Mathias e, com repouso e medicamentos, ele conseguiu fazer com que este danadinho se aquietasse novamente dentro dela. Agora ela está ótima, posso dizer.

Vera notou uma ponta de ironia misturada com satisfação nele.

– O que você está me escondendo? – perguntou Vera, olhando-o com ar de curiosidade.

Augusto lembrou-se da cena dos dois abraçados e sorriu.

– Vou lhe contar: é que desde que Neusa teve este princípio de aborto, o médico não deixou mais de freqüentar nossa casa. No início achamos que fosse por Neusa inspirar cuidados médicos, afinal ela teve uma hemorragia intensa. Não estranhamos nada, mas com o passar dos dias ele continuou a nos visitar e passava horas conversando com ela; logo percebi que havia algo, tanto que em pensamento desejei que os dois se entendessem. Eles fazem um bonito par, você tem que ver.

Vera estava surpresa, mas imensamente feliz pelo que Augusto estava lhe contando.

– Continue – disse ela.

– Pois é, meus pais também estranharam e eu cheguei até a ouvir meu pai comentar a respeito com minha mãe. Até que hoje, como de costume, ele retornou. Os dois saíram e ficaram horas passeando; e quando voltaram estavam abraçados e nem notaram a presença dos empregados que os olhavam com curiosidade. Somente quando estavam perto da casa é que se afastaram, como se quisessem que não percebêssemos nada. Quando Neusa entrou, nada falou a respeito, mas pude notar o intenso brilho de felicidade nos seus olhos. Sei que ela virá falar comigo sobre o assunto, mais cedo ou mais tarde. Não quero perguntar-lhe nada, pois sei como ela é; deve estar achando que nós iremos recriminá-la; quando sentir-se mais segura falará.

Vera não conseguia disfarçar a alegria que estava sentindo pela amiga.

– Preciso ir vê-la, sei que comigo irá se abrir. Oh! Augusto, como fico feliz em saber tudo isso. Neusa é uma pessoa maravilhosa, nestes últimos tempos nos tornamos muito amigas. Ela é uma moça de Espírito muito elevado, altruísta mesmo. Em nossas conversas muito tenho aprendido com ela, que apesar de ser mais nova, às vezes me parece ter mais maturidade que eu. Ela merece encontrar um homem que a ame de verdade.

– Pois acho que já o encontrou.

– Mas Augusto, este médico não é aquele que sempre se embriaga?

Augusto riu, não pela pergunta de Vera, mas sim, por lembrar-se da cena passada entre eles, dias atrás.

– Do que está rindo? Eu disse alguma bobagem?

– Não, não disse, é que você me fez lembrar de algo engraçado, só isso. É ele mesmo, mas desde que Neusa passou mal, não se soube mais que ele tenha bebido, acho que ela o curou.

Vera ficou pensativa e respondeu:

– É, Augusto, às vezes o amor nos toca tão fundo que nos sentimos tão fortes a ponto de passarmos por cima de grandes fraquezas que possamos ter.

– É verdade, posso dizer que estou vendo esta mudança diante dos meus olhos.

Ele não queria comentar nada sobre o dia em que fora buscar o médico e o encontrara em estado lastimável; julgava ser desnecessário falar dos problemas dele, afinal, quem podia julgá-lo? Como disse Lopes, cada qual sabe onde lhe dói o calo.

– Vamos caminhar um pouco? – convidou Vera, segurando-lhe a mão com carinho.

– Vamos, gosto de andar por este seu jardim; ele me traz uma sensação de paz muito grande.

– Pois estão venha mais vezes.

– Isto é um convite? – falou Augusto, puxando-a contra si.

Vera não o afastou, dizendo:

– Sim, é. Afinal, agora você está de férias; vamos aproveitar este período para ficarmos mais tempo juntos; sei que tem muita coisa para me contar.

– Tenho mesmo – disse emocionado, beijando-a com paixão. Como eu a amo, Vera! Estive tão mal estes dias todos que nem coragem para vir aqui eu tive. Senti muito medo do que iria encontrar e do que você me diria. Mas agora, aqui com você nos meus braços, sinto que nossos sentimentos continuam vivos.

Ela não queria estender o assunto e beijou-o novamente, dizendo:

– Não vamos mais falar sobre isso, está bem? Deixemos que o tempo nos dê a direção certa a seguir. Sei que Deus irá iluminar-me e, mais cedo do que você espera, terei algo para lhe dizer que o torne ainda mais feliz do que está agora.

Vera desejava ardentemente que isso acontecesse. Ele a abraçou com força e sussurrou ao seu ouvido:

– Ter você ao meu lado para sempre é tudo o que mais quero na vida.

– Eu sei, meu querido.

Caminharam por mais algum tempo e entraram para tomar o chá com bolo que dona Laurinda havia preparado. Augusto adorava os quitutes da futura sogra. Dona Laurinda, vendo-os entrar felizes e sorridentes pela sala, comentou:

– Ora veja! Pelo visto vocês dois se entenderam novamente.

Vera sorriu com ternura para o noivo, que também a olhava com amor, ao que ele respondeu:

– Acho que sim, dona Laurinda, eu amo demais sua filha para permitir que ela me escape das mãos. Vou lutar até o fim para fazer dela minha esposa e mãe dos meus filhos.

Vera inquietou-se por dentro ao ouvir as palavras de Augusto, mas procurou afastar qualquer sombra de dúvida que lhe viesse no pensamento.

Estava disposta a lutar também contra este fantasma que tentava colocar dúvida e angústia no seu peito. Julgava-se uma mulher forte e conseguiria aplacar estas emoções contraditórias que vinha sentindo ultimamente.

Não queria admitir nem para ela mesma, mas, no seu íntimo, sabia o que e quem a estava perturbando daquela maneira. Tanto que, quando a mãe entrou em seu quarto para chamá-la, dizendo que Augusto chegara, um frio lhe subiu pela espinha, e ela sabia que não era por saber que o noivo estava lá, e sim pela possibilidade de Lopes estar com ele.

Mas isso a deixava com tamanho mal-estar, sentindo-se a pior das criaturas, que ela como que, inconscientemente, bloqueava a mente, não querendo nem ao menos pensar no assunto.

Sua realidade estava ali diante dos seus olhos: era Augusto o homem com quem ela iria se casar, constituir uma família e ser feliz. Tentava a todo custo convencer-se disso.

E era isso o que mais a angustiava, pois algo com que sempre ansiara e sonhara, agora tinha que lutar com uma força invisível que lhe dizia não ser este o seu destino, pondo-lhe dúvidas no coração, despertando emoções e sentimentos que ela não queria sequer admitir que estivesse sentindo.

Mas ela era uma pessoa forte, dizia para si mesma, como que tentando convencer-se disso; iria arrancar de dentro de si esta insanidade e haveria de conseguir.

Passaram momentos agradáveis até o final da tarde. Augusto fora convidado a ficar para o jantar e prontamente aceitou.

Quando saiu da casa de Vera já passava das nove horas. Seu Prudêncio providenciou um dos seus homens para que o acompanhasse, mas Augusto não aceitou, agradecendo.

– Não é necessário, seu Prudêncio, a noite está bem clara. Veja como a Lua está cheia.

– Mas você não está acostumado com estas estradas, pode pegar algum atalho errado.

– Fique tranqüilo, estou acostumado a cavalgar à noite – mentiu para seu Prudêncio.

Não ficava bem ele ir embora escoltado feito criança. Despediu-se de todos e se foi.

A noite estava linda, milhares de estrelas cintilavam no céu; a Lua no seu mais belo esplendor prateava tudo, iluminando o caminho.

Augusto estava extasiado com o espetáculo que a natureza graciosamente proporcionava a quem tivesse sensibilidade para apreciar.

E foi assim, feliz, que voltou para casa pensando em sua conversa com Vera, que afinal não fora desastrosa como havia imaginado.

Procuraria compreender o ponto de vista dela e não mais sofreria antecipadamente como tinha feito.

– Fui estúpido, deveria ter vindo antes falar com ela, não precisava ter passado noites em claro como passei, pensando ser o fim do mundo; precipitei-me em julgar que ela não mais me queria, que o seu amor havia acabado – meditava.

Agora via que nada tinha mudado, talvez pelo fato de se ver diante da responsabilidade que é o casamento, pudesse ter ela reagido daquela maneira, pensava ele.

Um homem sabe quando toma uma mulher nos braços e a beija, se ela está com ele somente por uma atração ou se existe um sentimento mais forte entre eles.

E isso ele sentiu: quando a teve nos braços ela se entregara aos seus beijos com amor, pelo menos ele tentava convencer-se disso.

Ele já tivera outras experiências com mulheres em Coimbra, nada sério, somente algumas escapadas para aliviar a tensão do dia-a-dia; e era muito diferente, era tudo muito mecânico, não havia calor nem ternura entre eles. Por mais que a mulher tentasse ser gentil e carinhosa, era como se existisse uma barreira invisível entre eles que não deixava passar qualquer emoção.

Quando se deu conta já estava em suas terras, afinal não era tão longe sua casa da de Vera, dava aproximadamente uma hora ou pouco mais.

Pensou que todos já haviam se recolhido quando entrou na sala, mas viu luz acesa no escritório e foi até lá. Era Lopes que lá estava.

– Oi, amigo, ainda acordado?

– Pois é, acabei entretendo-me com a leitura e nem vi a hora passar – e puxou o relógio para ver que horas eram: quase onze.

– Vejo que cumpriu à risca o que me disse hoje à tarde.

– Deu para matar um pouco a saudade; além do que, você sabe, tinha muito que conversar com ela.

– Espero que tenham se entendido.

– Acho que sim, ela está muito confusa em relação aos seus sentimentos. Nem ela sabe explicar o que está havendo; confesso que neste sentido saí de lá do mesmo jeito que cheguei, sem chegar a conclusão alguma. Ela quer que eu lhe dê um tempo para marcarmos a data do casamento. Pelo que pude perceber, acredita que seja somente insegurança e que irá passar.

– E você, o que pensa de tudo isso? – procurando ser o mais natural possível em sua pergunta.

– Vou fazer o que me pediu; dar-lhe este voto de confiança e esperar pacientemente que tudo volte ao seu lugar.

Lopes queria saber mais, mas faltava-lhe coragem de perguntar ao amigo. Tinha medo que Augusto desconfiasse da sua ansiedade em querer conhecer os fatos; achou melhor dar uma desculpa e recolher-se.

– Vamos até a cozinha tomar uma xícara de chá antes de irmos dormir – convidou Augusto –, dona Ana faz uma mistura de ervas que ela não conta para ninguém, mas fica uma delícia, acalma e faz com que você durma como um anjo.

– Então este chá opera milagres – Lopes disse sorrindo.

– Verá por si próprio, amanhã me conta como dormiu.

Tomaram o chá em canecas de barro que não deixavam com que esfriasse rapidamente, comeram rosquinhas de milho, falaram de coisas amenas, combinaram que no dia seguinte acordariam bem cedo para o passeio a cavalo, e cada qual foi para o seu quarto levando dentro de si os pensamentos na mesma mulher.

– Boa noite, Augusto.

– Boa noite para você também, eu o acordo amanhã bem cedo, está bem?

– Combinado.

Lopes foi para seu quarto, mas apesar do chá calmante que tomou, custou muito a conciliar o sono. Ficou pensando nas palavras de Augusto com relação a Vera: – Então ela decidiu adiar o casamento... Seria por minha causa? Acho que estou sendo presunçoso demais, afinal quase nem nos falamos – mas lá em seu íntimo algo lhe dizia que ela estava confusa depois de tê-lo conhecido.

Ele também, se estivesse em seu lugar, não teria condições para assumir um passo de tanta responsabilidade como o casamento, com dúvidas na cabeça. Os pensamentos iam e vinham em sua mente, não permitindo que conseguisse relaxar e dormir; rolou na cama até quase de manhã.

Tinha que encontrar uma maneira de ficar a sós com ela. Agora, mais do que nunca, precisava saber se era ele o motivo da decisão dela.

Quando Augusto entrou em seu quarto para chamá-lo, acordou, sentindo-se um trapo, pois não tinha dormido quase nada. Podia dar uma desculpa qualquer para adiar o passeio, mas achou melhor levantar-se de uma vez.

Procurou banhar-se para sentir-se mais desperto, fez a barba, vestiu-se e desceu para um rápido café.

Sentiu-se melhor após o banho; lembrou-se do tempo da faculdade, de como os dois muitas vezes passaram noites em claro estudando e ele encontrava no banho um estímulo que revigorava suas energias.

Capítulo XX

Eles iriam cavalgar e comer demais não era uma boa idéia; levariam um cavalo a mais com algumas frutas e água, pois não tinham hora certa para retornar.

Tomaram o café enquanto os cavalos estavam sendo preparados. Raimundo sugeriu algumas trilhas, que eram bem agradáveis, com paisagens muito bonitas, fez algumas observações quanto aos cavalos que estavam levando, desejou um bom passeio e retirou-se.

Os dois saíram, em seguida, conversando animadamente como sempre faziam; trocaram algumas idéias sobre o percurso que iriam fazer e de quanto tempo deveriam gastar. Pelos seus cálculos retornariam por volta de uma da tarde.

Mas, de férias, não estavam preocupados com isso; horários eram para quem residia na cidade grande com compromissos. Queriam espairecer com liberdade, observar a natureza de paisagens tão bonitas e encontrar, naquela manhã, que se anunciava tão bela, com os raios de sol a brilhar no orvalho das campinas, a paz que aquele lugar oferecia.

Cavalgaram por algum tempo, apostaram corrida feito dois garotos, pararam para saborear algumas frutas e tomar água que tinham trazido, não conversando sobre nenhum assunto sério.

Relembraram de como tinham se conhecido, dos anos que passaram juntos na faculdade, dos períodos difíceis em época de exames, das farras que fizeram algumas vezes, da bebedeira quando saíram para comemorar por terem conseguido a maior nota da classe sobre um seminário que os dois haviam preparado...

Augusto abraçou Lopes com carinho e disse:

– Bons tempos os que já passamos juntos, vou sentir muita saudade de você, meu bom amigo.

– Eu também, mas não vamos nos afastar um do outro; continuaremos a nos ver em Coimbra, pois pelo que sei você pretende instalar-se por lá, assim como eu.

– É verdade, mas não vai ser a mesma coisa. Nossas responsabilidades daqui por diante serão outras, eu vou me casar.

– E o que tem isso? Faremos todo o possível para sempre que pudermos estarmos juntos.

Ao que Augusto concordou, emocionado.

Gostava imensamente de Lopes e não gostaria de separar-se dele, mas, às vezes, tinha a impressão de que Vera não simpatizava muito com ele. Todas as vezes que falava do amigo sentia que ela se irritava sem explicação. Nunca perguntou-lhe nada, pois se ela dissesse que realmente não gostava dele, ficaria muito chateado, visto que não iria, de maneira alguma, deixar de considerá-lo. Mas também não gostaria de impor à noiva a companhia de alguém que não fosse do seu agrado.

Ficaram ainda por um bom tempo sentados ali debaixo daquela frondosa árvore, relembrando fatos pitorescos que tinham passado juntos; eles tinham uma afinidade muito grande.

Augusto tinha vontade de perguntar a Lopes se ele, alguma vez, se apaixonou de verdade por alguém, mas por mais intimidade que um tivesse com o outro, constrangia-se, talvez pelo amigo ser um tanto reservado neste assunto. Mesmo com relação a ele e Vera, sempre mantivera-se muito discreto, jamais perguntando o que quer que fosse sobre o seu relacionamento com a noiva.

Mas agora, os dois ali, à vontade, divagando sobre suas vidas, Augusto resolveu perguntar:

– Lopes, me mate uma curiosidade: você nunca se apaixonou por ninguém pra valer? Não o vejo nunca com ninguém e tampouco comentar nada a este respeito. Será que nenhuma donzela conseguiu fisgar ainda este coração?

Lopes não esperava a pergunta e, surpreso, pensou: – Por que será que ele está me perguntando isso, logo agora? Teria percebido algo diferente em mim?

Não achava provável, afinal ele estava tomando o maior cuidado para que ninguém percebesse que andava por demais angustiado.

– Creio que ainda não encontrei a minha outra metade – dissimulou Lopes, sem conseguir olhá-lo de frente. Já tive algumas namoradas, sim, mas nenhuma que me fizesse perder o sono.

– É, porque pretendentes não devem faltar; afinal, você é um rapaz bonito, inteligente, "bom partido".

Lopes riu ao ouvir a expressão "bom partido".

– Acho que não estive voltado para este lado sentimental até agora. O meu principal objetivo era concluir meu curso de Direito, e sempre achei que se me interessasse por alguma moça, do jeito que eu sou, certamente teria dificuldades em conciliar as duas coisas. Sou muito extremista, não sei fazer nada sem me entregar totalmente, para mim não daria certo.

– Como se fôssemos donos do nosso coração... – respondeu Augusto com certa melancolia.

– Você está me parecendo bastante triste e melancólico, Augusto, quer falar no assunto? Sei que não tenho muita experiência no assunto, mas sou bom ouvinte, além do que é bom desabafar.

Lopes estava sendo sincero, queria poder de alguma forma ajudar o amigo, que ele sabia estar sofrendo por Vera. Mas ao mesmo tempo pensava: – Como poderei ajudá-lo estando tão envolvido quanto ele por esta mulher?

– Sabe, Lopes, durante todos estes anos fiz muitos planos para mim e Vera, sonhei com o dia de minha chegada, diplomado e empregado, para me casar com ela; idealizei muita coisa e, de repente, vejo-me aqui, sem mais certeza de nada, nem ao menos sei se ela ainda me ama.

– Ora, Augusto, será que você não está sendo por demais rigoroso com ela?

– Sei que não estou; por mais que eu queira encontrar um bom motivo, uma razão para esta virada repentina dela, não encontro explicação plausível. Ela bem que tentou me explicar, mas não me convenci; sinto que algo mudou nela com relação a mim; ela até que tem se esforçado para ser meiga e carinhosa comigo, como sempre fora, mas algo que me escapa à percepção me diz que há alguma coisa errada. Mesmo quando estou com ela nos meus braços, sinto que está distante de mim, embora tentando me convencer do contrário. Ela não é mais aquela garota com quem convivi estes anos todos. Ainda vou descobrir o que foi que aconteceu para que ela mudasse tanto.

Lopes ouvia sem tecer comentários, ao mesmo tempo que se entristecia pelo amigo; sentia-se um canalha por não conseguir conter a onda de paixão que o envolvia cada vez mais.

Se tinha alguma dúvida quanto a estar tão balançado em relação à Vera, ouvindo Augusto narrar-lhe os últimos acontecimentos, tinha convicção de que ela também estava com os seus alicerces abalados.

E não podia ser coincidência que as coisas estivessem tomando este rumo; sabia muito bem que nada acontecia por acaso, que as pessoas não se encontravam sem que houvesse uma razão, um motivo que nem sempre se conseguia explicar. Tendo ele um grande conhecimento das causas espirituais, somente aí encontrava uma explicação, que fosse pelo menos sensata para tanta insanidade da parte dele e, pelo que podia perceber, dela também.

Desde o primeiro instante que a viu sentiu que nunca mais seria o mesmo; o calor que o queimava por dentro consumindo-lhe, aquele rosto que ele sentia já conhecer de algum lugar do passado.

Às vezes tinha a sensação de que iria lembrar-se de algo com relação a ela, mas de repente, uma densa fumaça cobria novamente tudo, deixando-o com esta sensação de ter reencontrado algo muito amado e querido.

De uma coisa ele tinha certeza: não deixaria que a razão falasse mais alto, nem fugiria do seu destino; iria até às últimas conseqüências para desvendar o mistério que os envolvia.

Se Deus a colocou em seu caminho era porque assim tinha que ser e ele não lutaria contra esta força que o impulsionava cada vez mais para ela.

Sabia ser a traição uma das coisas mais baixas e abomináveis que podia existir, mas era mais forte que ele o que o atraía para ela, era a força do destino.

– Sabe, Augusto, acredito muito no destino que está traçado para cada um de nós. Tenho plena convicção de que o que cada um tem que passar, outro não passará em seu lugar. Se estiver escrito que você e Vera terão que ficar juntos e constituir uma família, nada e nem ninguém poderá mudar isso. Mas se isso não tiver que acontecer, se vocês não foram designados um para o outro, nem mesmo que você se acabe de tanta dor e sofrimento conseguirá mudar o destino.

– Sei disso, Lopes, e é isso o que mais me amargura, pois amo loucamente esta mulher, sei que sem ela nada mais valerá a pena.

– Ora, não seja trágico, Augusto.

– Não estou sendo, tenho horror a tragédias, você bem sabe; acho até que estou procurando ser bem realista, mas só de pensar na possibilidade de vir a perdê-la sinto me faltarem as forças.

– Vamos parar de falar de coisas tristes, está bem? Nós saímos para arejar e não para nos deprimirmos. Que tal voltarmos ao nosso passeio?

Augusto, que ainda estava pensativo, passou a mão na testa como que para afastar de sua cabeça os pensamentos que o angustiavam. Não queria pensar mais em nada.

Cavalgaram por mais algum tempo e retornaram à fazenda.

Já passava das 13 horas quando chegaram de volta.

Enquanto estavam com o corpo quente nada sentiram, mas à medida que seus corpos foram esfriando, vieram as dores.

O Coronel Felício ria com gosto ao vê-los quase se arrastando pela casa, de pernas abertas, pois a sela havia machucado suas partes íntimas.

– Mas vocês, homens da cidade, não são de nada mesmo – dizia o Coronel –, onde já se viu se um passeiozinho deste é para deixar um homem nesta situação!

Lopes estava bem melhor que Augusto, não tinha se machucado, só estava com o corpo dolorido, nada que um analgésico não resolvesse.

– Não é, papai – tentou explicar Augusto –, nós estamos desacostumados a isso; o senhor verá que é só fazermos isso com mais assiduidade que não teremos mais nada. Mas por hora deixe-me gemer um pouco de dor.

Neste instante vinha chegando o doutor Mathias, ao que Augusto, pilheriando, comentou:

– Graças a Deus que o senhor chegou, creio que estou precisando mesmo de cuidados médicos.

O Coronel ria e Lopes também, da maneira como Augusto falava, e o médico, que de nada sabia, ficou sem entender o que estava acontecendo.

Vendo Augusto meio arqueado para a frente e com dificuldades para sentar-se, resolveu perguntar:

– Mas o que houve com você? Está com algum furúnculo?

– Nada disso, doutor – respondeu o Coronel com ar de zombaria –, ele é mole mesmo. Onde já se viu, dá para acreditar que foi um cavalo o responsável por estar desse jeito?

– Papai, pare de zombar comigo, já expliquei o motivo ao senhor.

– Ah! sim, é falta de treino, não é?

Mathias começava a entender e disse:

– Pelo jeito você abusou da montaria, hoje.

– Viu só, papai, como não é nada fora do comum o que me aconteceu?

– Está bem, não vou mais fazer chacota com você. Acho melhor, doutor, o senhor dar uma olhada no tamanho do estrago e medicá-lo – e saiu contendo o riso.

– Vamos até o escritório, Augusto, para eu dar uma olhada e saber o que lhe receitar.

Lopes ficou ali na sala olhando o amigo que, andando devagar, foi para o escritório.

O médico interpelou Lopes:

– Com você está tudo bem?

– Sim, estou bem, tive mais sorte que Augusto nesta cavalgada, acho que nos excedemos um pouco hoje.

– Quanto tempo vocês ficaram em cima do cavalo?

Lopes parou para fazer as contas.

– Bem, saímos daqui bem cedo, por volta das seis da manhã, demos uma parada por volta das dez, creio que ficamos umas cinco horas.

Ouvindo isso o médico balançou a cabeça, rindo e dizendo:

– Vocês são malucos, mesmo.

– Dê-me licença para que eu possa examinar Augusto.

Saíram do escritório logo em seguida e Augusto já sentia-se melhor, pois o médico aplicou-lhe um anestésico local para aliviar a dor e mandou preparar uma pomada cicatrizante para curar sua virilha e nádegas, que ficaram em carne viva.

– Creio que você não poderá andar a cavalo tão cedo – explicou o médico.

– Foi o que eu tinha imaginado. Mas não tem importância, consegui mostrar o que queria ao Lopes, estou satisfeito. Como diz meu pai – e piscou para o médico – acho que sou um pouco mole, mesmo.

– Imagine – respondeu Mathias –, mole você não é mesmo, se fosse não teria me levantado naquele dia como o fez.

Augusto achou que ele nunca iria tocar neste assunto.

– Quero até aproveitar a oportunidade para agradecer-lhe pelo que fez e também desculpar-me pelo trabalho que lhe dei.

– Ora, doutor, não tem nada que me agradecer, está tudo certo – e o envolveu num forte e sincero abraço. – Obrigado digo eu, por tudo o que o senhor tem feito com relação à Neusa, que está cada dia mais feliz. Vejo que o senhor tem grande participação nisso e está lhe fazendo muito bem.

Os olhos do médico brilharam neste momento.

– Ela também tem me feito um bem enorme.

Augusto não queria ser indiscreto, mas estava se controlando para não perguntar mais a respeito. Seria indelicado de sua parte ficar fazendo perguntas; quando eles achassem ser o momento certo, falariam.

– Você vai ficar uns dias dolorido até a ferida secar, no mais está tudo certo.

Neusa havia descido e esperava, junto a Lopes, que os dois se aproximassem.

– E então, meu irmão, quer dizer que perdeu a prática em cavalgar, logo você que sempre foi exímio cavaleiro!

– Pois é, Neusa, continuo montando bem, só que a falta de costume quase acabou comigo. Acho que a cidade me deixou com a pele muito sensível – piscou marotamente para ela.

– Vamos deixá-lo sob os cuidados do doutor, acho que não poderia estar em melhores mãos.

Neusa falou isso olhando diretamente nos olhos de Mathias, que entendeu seu olhar, dizendo:

– Ora, Neusa, assim você me encabula, não sou tão bom quanto pensa.

– Claro que é, não se subestime, por favor.

– Concordo com ela, doutor, o senhor tem dado provas de sua capacidade e competência.

– E agora vamos deixar de conversa e vamos almoçar; com esta história do passeio destes dois, já passou bastante da hora do almoço e estou morrendo de fome – comentou Neusa. Afinal, agora como por dois – e passou a mão carinhosamente na barriga, que já começava a despontar.

Ao que Mathias respondeu enternecido:

– Acho muito bom que a senhora pense assim, pois quero que tenha uma gravidez forte e saudável.

– Sim, senhor doutor, sabe que sou uma pessoa muito obediente, já dei provas disso.

– É verdade.

Augusto percebeu que estava sobrando ali no meio dos dois.

– Se me dão licença, vou lavar as mãos.

Neusa realmente estava muito feliz, a cada dia que passava sentia que um novo horizonte se abria para ela e Mathias. E isso a deixava imensamente agradecida a Deus por estar lhe dando uma segunda chance em tão pouco tempo.

– Vamos, Mathias, o almoço já está servido.

– Obrigado, Neusa, mas já almocei antes de vir para cá.

– Não quer comer mais um pouco?

– Não mesmo, agradeço.

– Pois então vamos até lá e me faça companhia.

– Está bem, mas não posso me demorar; tenho pacientes ainda hoje, mas mesmo assim, minha querida, faço-lhe companhia.

Neusa, que não esperava tais palavras exultou de felicidade.

Depois do almoço, Augusto e Lopes recolheram-se para descansarem um pouco. O Coronel não se conformava com a falta de preparo dos dois, ao que o médico falou:

– Mas é assim mesmo, Coronel, o nosso corpo, apesar da aparência não mostrar, é muito mais frágil do que se possa imaginar. Errados somos nós que não sabemos ouvir as mensagens dadas por ele. Sim, porque ele nos envia sinais quando agredido, cansado, agitado, sonolento ou adoentado. Só que nós, na maioria das vezes, nem sequer damos atenção a estes sinais. Deus, quando nos criou, fez de nós a máquina mais perfeita que existe; o senhor já parou para pensar nisso alguma vez? – perguntou ele.

O Coronel, pensativo, respondeu:

– Sabe que não.

– Pois então pare para refletir um pouco sobre o assunto, e verá como é interessante. Se cada vez que nosso corpo nos diz: pare, descanse ou durma, é hora de repousar pois estou doente; se nesta hora fizéssemos exatamente o que está sendo pedido, evitaríamos muitos aborrecimentos e sofrimentos a ele próprio. Veja bem, quando o senhor vê, por exemplo, uma criação com alguns destes sinais: triste, sonolenta ou agitada, qual seria a sua primeira atitude?

O Coronel pensou um pouco antes de responder.

– Avalio o que está acontecendo e respeito o animal, pois sei que se ele está agindo daquela maneira é porque tem algum motivo.

– Pois volto-lhe a pergunta, só que desta vez invertida: se o mesmo acontece com o senhor, o que faz?

O Coronel balançou a cabeça afirmativamente, vendo onde ele queria chegar.

– É verdade, no que diz respeito pelo menos à minha pessoa, o senhor tem toda razão. Passo por cima destes sinais, e vou mais além. Agora, aqui, conversando sobre isso com o senhor, é que percebo que antes de ter tido o derrame, meu corpo me deu diversos sinais de que algo não ia bem.

“Mas o corre-corre do dia-a-dia, os problemas para serem resolvidos não podendo ficar para depois, enfim, a falta de tempo e de sensibilidade para lidar com algo que parece tão simples, mas que nós acabamos tornando complicado, nos faz não querer ver tais sinais e quando nos damos conta, muitas vezes, já é tarde demais. Eu mesmo se tivesse procurado o senhor aos primeiros sinais que tive, talvez hoje não estivesse assim como estou.

– É por isso, Coronel, que sempre digo aos meus pacientes: “não espere que o mal cresça para atacá-lo de frente, o quanto antes atacarmos a doença, mais chance teremos de sucesso.”

Neusa ouvia tudo com muita atenção, e ao mesmo tempo fascinada pela visão ampla que ele tinha; quanto mais o conhecia, mais crescia sua admiração por ele.

Ela que julgava que nunca mais amaria um homem, agora experimentava o sabor do que viria a ser um amor maduro e engrandecedor; sentia dentro do seu coração ter encontrado o homem certo, com quem no fundo sempre sonhara.

Agora, passado o tempo, via que não foi amor o que sentiu por

Pedro, e sim uma paixão desenfreada que fez dela uma pessoa sem idéias próprias, que cegou-a a ponto de não conseguir ver que ele só estava brincando e abusando da sua inexperiência e do amor que ela pensava sentir por ele.

– Que diferença entre ele e Mathias – pensava, e não era devido à classe social, pois ela não se detinha a este tipo de coisa.

Para ela isso não era o que contava, o importante era o que a pessoa tinha para lhe oferecer em termos de caráter, de lealdade, de honestidade e isso ela não encontrara em Pedro.

A princípio, até julgou ter ele estas qualidades, mas para sua triste surpresa e decepção, viu que não passava de um conquistador barato; mas também não podia criticá-lo, afinal foi ela quem se atirou em seus braços.

Já em Mathias via claramente o seu caráter firme, a sua integridade, com que coerência ele analisava as coisas, buscava sempre esclarecer as pessoas que estavam ao seu redor sem com isso parecer prepotente ou arrogante.

Muito pelo contrário, era humilde, conhecedor dos seus deveres, dedicado à sua profissão, que se via perfeitamente ser a sua maior causa.

Procurava, através do seu trabalho, aliviar e levar consolo aos que estavam sofrendo dos males da matéria.

– Bem, a conversa está muito boa – disse Mathias –, mas está na minha hora, Coronel; se me der licença, vou voltar para meu consultório onde tenho ainda algumas pessoas para atender por hoje.

– Está bem, doutor, volte quando quiser, aliás o senhor pode se considerar de casa – falou, piscando-lhe o olho.

Mathias entendeu o que ele queria dizer e sabia que devia conversar com a família de Neusa a respeito deles, mas aquele não era o momento, pois precisava mesmo ir.

– Coronel, gostaria muito de continuar nossa conversa, mas hoje realmente não vai ser possível. Gostaria, desde já, de deixar marcado, se amanhã poderíamos nos sentar para conversarmos sobre um assunto que sei, o senhor e dona Laurinda devem estar esperando.

Seu Felício assentiu com a cabeça, como era de costume, dizendo:

– Mas claro, doutor, quando o senhor achar oportuno.

– Pois então, amanhã, por volta das cinco aqui estarei. Está bom para o senhor?

– Perfeitamente.

Então, apertando-lhe a mão, Mathias despediu-se e Neusa o levou até lá fora.

Sozinhos na varanda, ele olhou nos olhos da jovem e viu que estavam úmidos.

– Você está chorando? – perguntou.

Neusa, que estava muito emocionada, pois sabia que era a respeito deles que ele iria conversar com seus pais, respondeu:

– Não, só estou emocionada – e, abraçando-o, deixou que as lágrimas descessem livremente.

Mathias, percebendo-lhe o choro, afastou-se dela e perguntou:

– Por que chora, Neusa? Será que fiz mal em marcar com seus pais?

Ela colocou sua mão nos lábios dele, dizendo:

– Claro que não, é que às vezes penso não ser merecedora de tanta felicidade. Quando me lembro que quase dei cabo da minha vida, porque julgava que tudo para mim estava acabado, morro de vergonha e remorsos por não ter confiado em Deus naquele momento de aflição; se não fosse por Augusto, hoje não estaria aqui falando com você.

Mathias abraçou-a e beijou-a com amor e ela deixou-se levar por aquele beijo, que lhe aquecia o coração e fazia com que ele batesse mais depressa.

– Oh! Mathias, a cada dia que passa sinto-me mais ligada a você. Pensei que nunca mais diria isso a alguém, mas sinto que o estou amando, não da maneira como achei que amava Pedro. Hoje vejo que o que senti por ele não foi amor e sim uma forte atração, mas com você é diferente. Você me transmite paz e harmonia, sinto-me segura ao seu lado; fez-me ver a vida por um outro ângulo, fez com que acreditasse novamente ser possível ser feliz e quero, do fundo do meu coração, poder compartilhar minha vida com você, se assim quiser.

As palavras de Neusa tocavam fundo seu coração, pois ele também estava experimentando as mesmas emoções.

– Pois quero que saiba que também estou apaixonado, e que tudo que me disse agora, eu também sinto. Quero poder dar, não só a você, mas a esse filho que carrega, todo o meu amor, carinho e dedicação, pois sinto como se ele fosse meu também. Quero poder lhe dar toda a felicidade possível. Eu a amo, Neusa!

Ficaram os dois ali por mais alguns momentos, envolvidos naquele clima de amor e carinho, trocando juras de amor.

Capítulo XXI

Em seu quarto, Lopes, deitado em sua cama, procurava uma maneira de falar com Vera; pensou em ir até sua casa, mas achou imprudente. Que pretexto iria dar?

Imaginou mandar-lhe um recado por escrito, mas descartou também essa possibilidade; era por demais arriscado e por mais que pensasse não encontrava um modo.

Resolveu, depois de muito pensar, que deveria deixar as coisas acontecerem naturalmente; se o destino o tinha colocado ali diante dela, certamente encontraria uma maneira de pô-los frente a frente, e assim decidiu que não mais pensaria no caso e colocária nas mãos de Deus; se Ele achasse por bem, certamente encontraria uma maneira.

Procurou relaxar e depois de entregar o que lhe atormentava nas mãos de Deus, dormiu profundamente, coisa que não fazia há algum tempo.

Quando acordou, sentiu-se mais disposto e com uma nova energia. Levantou-se e preparou-se para descer.

Lá embaixo estavam Dona Amélia e o coronel conversando, enquanto Neusa tricotava um sapatinho para o bebê.

– Sente-se aqui conosco – disse dona Amélia ao vê-lo. – Está melhor?

– Estou me sentindo ótimo, algumas horas de sono me fizeram um bem enorme; eu estava precisando, já havia algumas noites que não dormia como hoje.

– Que bom, Lopes, o ar do campo faz muito bem às pessoas. Eu mesma, nas poucas vezes que fui à Coimbra, não consegui conciliar o sono; não estou acostumada à cidade grande, ao barulho e não via a hora de voltar para o meu cantinho sossegado – comentou dona Amélia.

– Pois é – retrucou Lopes –, comigo acho que aconteceu o contrário; o silêncio e a calmaria deste lugar, com os quais não estou acostumado, fizeram-me estranhar um pouco.

– Que nada, Lopes, você dormiu feito pedra porque estava cansado do passeio de hoje – falou seu Felício.

– É, pode ser, Coronel, realmente deu para cansar. Não estou acostumado a cavalgar e, eu e Augusto nos excedemos um pouco – disse sorrindo da aventura que haviam feito. – Mas foi muito bom, deu para conhecer melhor o local que eu sempre tive curiosidade por Augusto falar bastante das belezas naturais da região. E realmente fiquei encantado com os lugares que conheci.

Neste instante entrou um empregado da casa pedindo licença e entregou à Neusa um envelope, que ela abriu e, ao ler o que estava escrito, abriu um sorriso.

– Obrigada, Bento, pode ir agora. Mamãe, acabo de receber um bilhete de Vera dizendo que virá passar o dia conosco amanhã.

Lopes sentiu-se paralisar, o coração disparou, sentiu que o seu rosto queimava, mas ninguém percebeu.

Dona Amélia exclamou feliz:

– Oh! que boa notícia, ela virá sozinha?

– Não, mamãe, Cínthia virá com ela.

Dona Laurinda levantou-se, dizendo:

– Bem, deixe-me ir até a cozinha ver com Ana o que teremos para o almoço de amanhã.

Dona Amélia era uma grande anfitriã, gostava de receber seus convidados com muita atenção e carinho, e prezava demais estes encontros; o que para uns podia parecer pequenos detalhes, para ela era a maneira de dizer às pessoas que os visitavam, como estava feliz em tê-las ali.

Tanto que, por aquelas redondezas, todos a admiravam por isso, dizendo-se até que ninguém recebia melhor que ela, o que lhe dava uma certa vaidade e satisfação, mas fazia-o por puro prazer e não por ostentação.

Lopes sentiu novamente aquela onda de emoções invadindo-lhe por dentro, a ansiedade de voltar a vê-la fazia-o sentir um frio na barriga, suas mãos estavam frias e suando; precisava conter-se, senão daqui a pouco as pessoas acabariam percebendo.

Aproveitou a saída de dona Amélia e também saiu, indo para a varanda tomar um pouco de ar fresco.

Neusa continuou com o seu tricô enquanto que o Coronel foi para o escritório a fim de concluir a leitura de um livro.

Lá fora, olhando para aquela imensidão de terra, o pensamento de Lopes ia longe; não podia deixar escapar a oportunidade que lhe vinha à porta, ficaria atento e na primeira chance que tivesse procuraria marcar um encontro para que pudessem conversar.

Augusto, ao descer, ficou muito feliz ao saber que Vera viria passar o dia com eles.

Só ficou um pouco chateado, pois ainda sentia muitas dores nas feridas que estavam abertas e isso estava lhe causando grande incômodo, pois não tinha posição para ficar; sentado era praticamente impossível, pois tinha que sentar-se de lado e de pé também doía bastante; e a melhor posição para ficar que não o incomodava tanto era deitado, portanto já sabia de antemão que pouco poderia desfrutar da companhia da noiva.

A bem da verdade, ela estava vindo mais para ficar com Neusa, que já havia bom tempo que as duas não se encontravam e certamente tinham muito assunto para conversar. Vera estava curiosa por saber das últimas novidades sobre ela e o médico.

Além do que, embora ela não quisesse admitir nem para si mesma, uma ansiedade incontida palpitava dentro do seu coração; iria ver e falar com Lopes, e isso lhe causava uma enorme sensação de prazer e alegria.

***

O dia amanheceu muito bonito, o Sol logo cedo despontou no

horizonte, trazendo com ele um calor gostoso, daqueles que dá vontade de sentar-se e ficar ali sem fazer nada, somente esquentando-se no seu calor e recebendo sua energia que é tão grande e poderosa.

Vera levantou-se bem cedo, alegre e bem disposta e, apesar de ter demorado para conciliar o sono na noite anterior, estava sentindo-se ótima; arrumou-se com esmero, olhou-se no espelho aprovando o que viu: ela estava realmente linda.

Dera uma leve cacheada nos cabelos, prendendo-os de um lado, o que tornou-a ainda mais sedutora. Colocou um conjunto de saia e blusa com um par de botas que lhe caíam muito bem, e que lhe permitiriam cavalgar um pouco, caso Augusto quisesse.

Ela adorava andar a cavalo e sabia que o noivo também e como ia passar o dia lá, teriam tempo para isso. O que não podia imaginar é que Augusto estava todo estropiado, sem a menor condição para isso.

Cínthia iria junto desta vez; o que Vera até agora não tinha entendido, era o porquê da irmã fazer tanta questão de acompanhá-la, afinal elas quase nunca saíam juntas para parte alguma, já que Cínthia tinha sempre uma desculpa para suas recusas.

Mas Vera não achou nada de mais em levá-la, assim quem sabe ela relacionasse um pouco mais com as pessoas e deixava de ser tão arredia.

Saíram por volta das nove horas, não demorando a chegar ao seu destino.

Lá, à sua espera, estavam Neusa e Augusto na varanda; Lopes achou melhor ficar no interior da casa; dona Amélia estava na cozinha dando instruções à Ana, e seu Felício já havia saído logo cedo para dar algumas ordens e olhar os serviços de perto, como gostava de fazer.

Assim que Vera desceu da carruagem, percebeu que Augusto andava com certa dificuldade até ela. Com certo ar de preocupação, cumprimentou-o, dando-lhe um abraço e perguntou:

– Mas o que houve com você? Doente não parece estar, pois não está nem abatido, mas o seu aspecto é de quem foi atropelado por uma carroça.

Neusa riu, aproximando-se de Vera para também cumprimentá-la, dizendo:

– Você quase que acertou.

Augusto estava sem jeito diante da zombaria que sabia ia haver de novo.

– Conte-me, Augusto, o que aconteceu?

– Saí ontem a cavalo para mostrar toda a vila e os lugarejos próximos daqui para Lopes, e acabei me machucando; já não estou acostumado a ficar tantas horas cavalgando e acabei por me esfolar todo.

Vera, com a mão na boca, continha o riso, pois sabia que o noivo estava envergonhado, mas Cínthia, que não tinha muita compostura, não fazia a menor questão de disfarçar. E como se isso não bastasse, perguntou de sopetão:

– E o seu amigo, também está deste jeito ou acamado mesmo?

Vera a repreendeu:

– Cínthia, tenha modos, menina! Isso é jeito de falar? Desculpe, Augusto, mas esta menina não tem modos mesmo.

– Deixe-a, Vera, eu bem que mereço a pilhéria, afinal o abuso foi meu. Tendo sido criado numa fazenda, eu sabia que isso poderia acontecer e, mesmo assim, não dei importância; agora estou pagando o preço de minha negligência.

Cínthia ficou irritada por ter levado uma repreensão da irmã e iria dar-lhe o troco.

– E agora, Vera? – Cínthia perguntou tentando usar um ar inocente. – Você se pôs toda à caráter para dar umas voltas a cavalo, e pelo que vejo hoje não vai dar.

Vera sentiu vontade de esganar Cínthia, neste momento, tendo-se arrependido por tê-la trazido.

– Mas o que deu em você hoje, Cínthia? Quer parar de dizer tantas tolices, ou coloco-a na carruagem e a mando de volta daqui mesmo – ameaçou Vera, que estava furiosa pela situação que a irmã criara.

Lopes havia saído na varanda neste instante, mas mesmo sem saber o que estava acontecendo pôde perceber o olhar rancoroso que Cínthia lançava sobre Vera.

Augusto, tentando contornar a situação entre as duas e vendo Lopes na varanda chamou-o:

– Venha até aqui, Lopes, pois creio que vou precisar de um favor seu, se for possível.

Lopes aproximou-se, cumprimentando-as, com ar sério.

Augusto, abraçando o amigo, perguntou-lhe:

– Como está você hoje?

– Bem, estou pronto para outra – respondeu, meio sem entender o que estava se passando.

– Pois, então, vou pedir-lhe que me faça um grande favor hoje. Acompanhe Vera para um passeio a cavalo, sei que ela adora e até veio preparada para isso; mas, infelizmente, eu não tenho condições mesmo e Neusa não convém abusar; acho que só sobrou você.

Vera tomou a frente da conversa, pois não imaginava que fosse tomar este rumo.

– Ora, Augusto, deixe de bobagens, não vim aqui para cavalgar e sim para fazer-lhes uma visita, aliás, a visita é muito mais para minha amiga do que para você, portanto deixe de dar ouvidos à Cínthia, que parece tirou o dia para me deixar em situações embaraçosas.

– Absolutamente, Vera, sei o quanto você gosta de dar uma volta pela fazenda e tenho certeza de que Lopes a acompanhará com imenso prazer, não é, Lopes?

Lopes não acreditava no que estava ouvindo; Augusto pedindo-lhe que a levasse para um passeio, até parecia coisa arranjada, pensara tantas vezes como iria ficar à sós com ela e não encontrara um jeito, e agora, veja, era o próprio amigo insistindo para que fosse.

Cínthia ria divertida por dentro, pois tinha conseguido o que queria.

Lopes olhou diretamente para ela e respondeu:

– Para mim não há nenhum problema, se minha companhia não lhe for desagradável, será um prazer acompanhá-la.

Vera não sabia nem o que dizer, estava toda embaraçada diante deles e resolveu acabar de vez com o assunto, dizendo:

– Está bem, depois do almoço iremos então dar uma volta pela fazenda.

Vera ainda tentou fazer a coisa de maneira que lhe parecia mais seguro:

– Cínthia, venha conosco.

– Eu não, Vera, você bem sabe que tenho horror a cavalos; vão vocês e divirtam-se – falando com certa malícia na voz.

Ninguém percebeu o cinismo de Cínthia, pois não estavam acostumados a dar-lhe muita atenção. Somente Lopes ficou observando a garota, que mais parecia estar possuída por algum Espírito mau. Se tivesse oportunidade conversaria com Vera a esse respeito.

– E agora que já combinaram tudo, me dêem licença, pois vou roubar Vera de vocês. Venha, amiga, temos muito a conversar – disse Neusa, pegando no braço de Vera, que se deixou conduzir por ela, feliz até em se ver livre daquele clima que fora criado pela irmã.

– Vocês querem comer ou beber algo? – perguntou Neusa.

– Não, obrigada – respondeu Vera.

Cínthia, vendo que iria sobrar ali, perguntou a Augusto onde ficava o curral, pois gostaria de ir até lá. Ele mostrou-lhe o caminho e dirigiu-se com Lopes para dentro da casa.

Vera havia subido para o quarto de Neusa; poderiam esquecer das duas pelas próximas horas, afinal Neusa tinha muito a contar à amiga; estava transbordando de felicidade, queria compartilhar com ela e pedir-lhe alguns conselhos, se possível.

Neusa começou a contar, com todos os detalhes, o seu namoro com Mathias.

Vera ouvia tudo emocionada, ora rindo, ora chorando, tocada pela emoção. Estava profundamente feliz por ver que, de uma forma que para uns poderia se dizer até meio trágica, Neusa estava conseguindo descobrir o amor verdadeiro. E ela desejava muito este final feliz; gostava de verdade da amiga, acreditava ter nela a verdadeira irmã que nunca conseguira ver em Cínthia.

Conversaram por horas seguidas, até que Neusa perguntou:

– O que é que deu em sua irmã hoje?

– Eu também não sei; quando disse que viria passar o dia aqui, ela mais que depressa se prontificou a vir comigo, o que me causou estranheza, pois sei muito bem que não gosta deste tipo de passeio. Além do que ela sabia que eu estaria praticamente o tempo todo com você conversando, e que ficaria meio deslocada, mesmo assim fez questão de vir.

– Pois tive a ligeira impressão de que ela tentava a todo custo tirar você fora do sério, como que a desafiá-la de alguma maneira.

Vera ficou pensativa por um instante.

– Pois saiba que eu tive a mesma impressão. Às vezes penso que Cínthia não gosta de mim, é como se ela sentisse aversão à minha pessoa. Desde pequena, muitas vezes, eu ia brincar com ela, que estava entretida com os seus brinquedos; quando percebia a minha aproximação, parava de brincar e olhava-me de uma maneira tão estranha que me fazia gelar por dentro.

– Credo, Vera!

– Juro-lhe por tudo que é mais sagrado.

– Sempre tive um pouco de medo dela. Muitas vezes diz coisas sem nexo, outras vezes tem atitudes, como as de hoje, que nos deixam em situações que não precisaríamos passar; parece que ela sente prazer em me colocar em xeque.

“Certa vez, mamãe estava ocupada com os afazeres domésticos e pediu-me que fosse até o quarto ver se ela já havia acordado; ela tinha cinco anos e eu estava com dez. Subi despreocupada para trazê-la caso estivesse acordada. Você não pode imaginar o que aconteceu. Ao chegar em seu quarto, vi que ela não estava em seu berço; olhei ao redor, assustada, procurando-a e vi que estava sentada atrás do berço conversando com alguém. Aquilo me causou espanto, pois não havia mais ninguém em casa.

– Ela poderia estar falando com alguém?

– Aproximei-me sem fazer barulho para que não percebesse que eu estava lá. Pois ela quase me matou de susto. Ao chegar mais perto dela, que estava virada de costas para mim, tão entretida, que não podia imaginar que seria aquela sua reação. Num gesto rápido e furioso, ela, com aquela mãozinha pequena de uma criança de cinco anos, me segurou pelo tornozelo com uma força que parecia ser um adulto me apertando e disse-me, olhando bem dentro dos meus olhos:

– Nunca mais entre no meu quarto dessa maneira, entendeu bem?

"Tentei me desvencilhar de suas mãos, que estavam me machucando, mas não consegui; foi só quando ela quis me soltar que consegui me desvencilhar dela. Fiquei apavorada e saí gritando por mamãe escada abaixo. Foi difícil para mamãe entender o que eu falava, pois estava tão assustada que trocava as palavras. A muito custo consegui dizer o que havia acontecido, e mamãe, meio sem entender o que estava se passando, pegou-me pela mão e, juntas, fomos ao quarto dela.

"Para meu espanto, quando mamãe abriu a porta, Cínthia estava dormindo tranqüilamente dentro do berço. Mamãe ficou muito aborrecida comigo, pois achou que eu havia inventado toda aquela história; mas juro-lhe que não foi imaginação minha, tinha alguém no quarto com ela e quando eu fugi, ele ou ela, não sei, colocou-a de volta no berço. Nunca mais tive coragem de tocar neste assunto com ninguém.

Neusa ouvia com muita atenção e quando Vera terminou, disse:

– Vera, pelas coisas que já me contou a respeito de Cínthia, juntando uma coisa aqui, outro fato ali, penso que estão ocorrendo fenômenos espirituais com sua irmã. Vocês nunca levaram essa menina num Centro Espírita para tentar saber o porquê destes fenômenos?

– Não, pois papai tem verdadeira ojeriza por este tipo de coisa, ele não acredita mesmo. Mamãe, acho que até iria, pois sinto que, apesar de ter medo, não desacredita, e Cínthia, por sua vez, ainda é muito novinha para opinar a respeito. Nas poucas vezes que tentei levantar este assunto em casa, fui literalmente proibida por papai de blasfemar, como diz ele. Para ele isto é coisa do demônio e não se deve nem pensar, que dirá falar no assunto. Ele jamais se convenceu. Por exemplo, naquele acidente que tivemos, quando ela havia dito, antes de sairmos de casa, que algo de grave iria acontecer, a seu ver, tudo não passou de uma grande coincidência.

"Eu só sei que ela muitas vezes me amedronta; já, em outras, é a criatura mais doce e sensível que já conheci. É capaz de arrancar-lhe lágrimas através de uma canção que você a ouça tocar, tamanha a paixão com que se entrega ao piano. Conversa com plantas e animais como se fossem seres humanos; ela é por demais estranha. Sinceramente, gostaria de poder entendê-la melhor, gostaria realmente de poder me aproximar dela, mas não sei como, é como se entre nós existisse uma cortina invisível que não nos deixa ter um vínculo de irmãs que somos.

Neusa, ainda pensativa, olhou para Vera e perguntou-lhe:

– Você nunca se interessou em ler a respeito dos ensinamentos espíritas, das reencarnações, enfim, de como nós todos um dia desencarnaremos e iremos para um outro plano?

– Em minha casa não se pode nem falar sobre o assunto, como já lhe disse.

– Pois se quiser posso emprestar-lhe alguns livros sobre o assunto; acredito que saberá tirar grande proveito deles.

– Vou achar ótimo, acho que já estou bem crescidinha para algumas coisas e penso ser esta uma delas. Esta maneira de papai e mamãe tratarem as questões que envolvem Cínthia sempre me intrigaram e eu tenho muitas dúvidas a respeito. Se você acha que vou encontrar respostas às minhas perguntas através do Espiritismo, vou adorar.

– Pois então vamos até o escritório selecionar alguns livros para você.

As duas desceram e dirigiram-se ao escritório, encontrando lá Lopes, que lia em uma poltrona.

O olhar de Vera cruzou-se com o dele que, mesmo sem nada dizer, falava muito mais do que ela gostaria de dizer ou ouvir.

Procurou desviar o olhar, indo atrás de Neusa que, com a atenção voltada ao que tinha ido fazer lá, nada percebeu.

Mesmo sem olhar para ele, Vera sentia que Lopes não parava de observá-la, aquele olhar penetrante que tinha, devassava sua alma, fazendo-a estremecer, pois tinha certeza que ele conseguia ler através dela o que se passava no seu íntimo, e isso a constrangia por demais.

Isso não acontecia com Augusto, que por vezes era tão desligado, que ela poderia pôr um sapato de cada cor nos pés que ele nem notaria. Não que ele fosse uma pessoa distante, em absoluto, só que este não era um ponto forte nele.

Neusa deu-lhe alguns livros para que ela folheasse enquanto procurava outros.

Lopes, notando que Neusa estava procurando livros espíritas, resolveu ajudar.

– Será que posso ajudar, Neusa, em alguma coisa?

– Pode, Lopes, e acho que melhor do que ninguém. Estou procurando alguns livros espíritas para dar a Vera para que leia a respeito. Se puder me ajudar ficarei grata.

Olhando para Vera com seriedade, perguntou:

– Você já leu algo a respeito, Vera?

– Não, nunca.

– Pois então é melhor começarmos por algo de fácil entendimento.

Foi até à prateleira e pegou alguns romances, juntamente com um livro que trazia perguntas e respostas sobre o assunto, intitulado *O Livro dos Espíritos*.

– Creio que estes aqui lhe serão de grande utilidade. Comecei por aqui – e entregou-lhe *O Livro dos Espíritos*, de Allan Kardec. Acredito que irá encontrar nestes livros respostas às suas perguntas, também de seus temores e aflições.

Vera apanhou os livros demonstrando interesse, agradeceu e saiu acompanhando Neusa, que falava entusiasmada sobre o assunto.

– Sabe, Vera, quando estamos perdidos em nosso mundo tão estreito e mesquinho, não encontrando um sentido verdadeiro às coisas que nos acontecem, ou mesmo aos fatos que chegam até nós por outros; quando estamos no fundo do poço, sem encontrar uma saída ou mesmo uma luz no fim do túnel, que nos possa guiar e dar sentido novamente em nossa vida, nesta hora é que encontramos na Doutrina Espírita o consolo para nossas desventuras e lamentações, respostas às nossas perguntas, fé para continuarmos seguindo em frente, por caminhos que nos façam crescer e progredir espiritualmente.

"Eu mesma sempre tive acesso a este tipo de leitura, porque mamãe é uma estudiosa do Espiritismo e sempre procurou passar-nos estes ensinamentos.

"Augusto, que sempre gostou muito de leitura em geral, já leu bastante a respeito, e apesar de quase não falar sobre o assunto diretamente, sempre aplicou, mesmo inconscientemente, tais ensinamentos. Acredito até que ele já tenha trazido de outras vidas estes conhecimentos e esta paz que consegue nos passar em suas palavras; tanto que, quando conversamos com ele a respeito de um problema, que por ventura estejamos enfrentando, tem sempre uma palavra amiga para nos dizer, transmitindo coisas boas, pensamentos positivos, acalmando-nos o Espírito, fazendo-nos ver que sempre há uma saída.

"Pode reparar que você nunca vê nele censura pelos nossos erros, ou mesmo omissão no socorro a quem quer que o procure buscando ajuda. Se não fosse ele, talvez hoje nem estivesse aqui conversando com você. Foi ele quem primeiro me amparou e me fez ver que nada justifica tentarmos contra a própria vida, por pior que ela possa parecer naquele momento, pois temos que seguir em frente, de cabeça erguida e, aconteça o que acontecer, precisamos ser fortes.

"Já eu, sempre fui muito preguiçosa neste sentido, apesar dos apelos de mamãe. Sempre achava uma boa desculpa para deixar para depois, e este depois nunca chegou, até o dia em que me vi num beco sem saída, desesperançada, desiludida, querendo morrer, enfim.

"Diante da dor a que fui submetida, com a doença de papai, tão inesperada e com a minha gravidez, recebi o auxílio de mamãe e de Augusto e até, porque não dizer, de Lopes, que também contribuiu de certa forma para que eu me voltasse para dentro de mim mesma, e buscasse ajuda e força para superar os meus obstáculos que, na verdade, hoje vejo, só serviram para me ajudar a crescer.

"Mas somente eu poderia dar o passo final e transpô-los, só assim eu poderia ter confiança em mim novamente, e acreditar ser possível ter uma vida digna e boa, perdoando aos que me fizeram mal, pedindo perdão aos que, de alguma forma fiz sofrer, buscando acertar mais do que errar, enfim, amadurecer e crescer para um futuro feliz.

"Reconheço que problemas sempre teremos, afinal estamos neste mundo para evoluirmos através de provas e de expiações de nossos carmas, mas quando encontramos a verdadeira luz que nos encaminha para o aprendizado seguro, acabamos vencedores, pois triunfamos no bem maior, que é a grandeza e a bondade infinitas de nosso Pai, que tudo faz para que seus filhos aprendam a viver de uma maneira que os torne homens bons para si e para os que os rodeiam.

"E tem sido através destes livros que venho descobrindo o quanto tenho a aprender para aplicar todos os dias, não só em meu benefício, mas também procurando beneficiar outras pessoas.

"Estou me reencontrando, entendendo que só tenho a ganhar com tais leituras, que nos fazem refletir mais sobre o que estamos fazendo para nós e para os outros , o quão útil podemos ser às outras pessoas, de como é bom ajudar a um irmão mais necessitado do que nós.

"Hoje sinto que perdi anos preciosos de minha vida na cegueira em que me encontrava e espero poder recuperar este tempo perdido.

Vera ouvia, extasiada, tudo que Neusa falava, pois suas palavras vinham ao encontro de muita coisa que ela estava passando.

– Você tem toda razão, Neusa, como somos tolos em julgarmos não precisarmos de nada, que já sabemos tudo, pobres de nós.

– Mas feliz daquele, Vera, que souber ouvir e compreender os ensinamentos que Jesus nos deixou, e fazer deles a luz que nos conduzirá em nosso destino. Penso que sempre é tempo para aprendermos.

– Interessante, sabe que eu e seu irmão nunca tivemos uma conversa como a que estamos tendo hoje?

– Não será porque você nunca deu oportunidade a ele para falar sobre o assunto?

Vera pensou um pouco e respondeu:

– É, pode ser. Como eu lhe disse no início de nossa conversa, em minha casa todos sempre foram avessos a este tipo de assunto, até eu mesma sempre tive receio por pura ignorância. Tenho que admitir que necessito buscar conhecer muito sobre o assunto.

– Mas não podemos nos fechar desta maneira, como faz sua família, pois, de alguma forma, somos seres privilegiados que temos, ao alcance de nossas mãos, as informações e o material para o estudo.

Vera ficou entusiasmadíssima com o assunto e não via a hora para dar início as suas leituras.

Sentiu que ali poderia encontrar respostas às coisas que estavam acontecendo em sua vida e, quem sabe, até entender o que se passava com a irmã e ajudá-la.

Se era da forma como Neusa falava, era muito provável que Cínthia precisasse de muita ajuda.

Dona Amélia chamou a todos, pois o almoço iria ser servido.

Comeram satisfeitos, conversaram sobre assuntos diversos.

Vera, como sempre, elogiou demais as comidas que foram servidas; ela realmente gostava e sabia que, quando vinha na casa do noivo, acabava sempre excedendo-se, principalmente nos doces.

Reuniram-se todos na outra sala para o café; enquanto isso, Augusto chamou um dos empregados e mandou que este providenciasse dois cavalos, para que mais tarde Vera e Lopes fossem cavalgar.

Cínthia, que não perdia a oportunidade para espetar quem quer que fosse, vendo Augusto mandar selar os cavalos, perguntou:

– Você não vai mesmo, Augusto?

Mas ele, com a educação que lhe era peculiar, respondeu:

– Não vai dar, Cínthia, desta vez eu não tenho mesmo condições.

Mas como se estivesse lendo os pensamentos dela, argumentou:

– Se está preocupada pelo fato de sua irmã estar indo sozinha com meu amigo, pode ficar tranqüila. Ele é pessoa de minha inteira e total confiança, e jamais faria qualquer coisa que pudesse magoar-nos.

Lopes sentiu as palavras de Augusto como se fosse um punhal a cravar-lhe no peito, já que pretendia justamente aproveitar aqueles momentos a sós com Vera para falar-lhe.

Cínthia ficou ruborizada com as palavras de Augusto.

– Ora, Augusto, deixe de ser maldoso comigo, eu não pensei nada disso – tentando dissimular sua real intenção. – Eu só pensei que você pudesse ter ciúmes de deixá-la sair sozinha com ele, mas vejo que não tem.

Augusto não se conteve e deu sonora gargalhada.

– Não precisa encabular-se, Cínthia, você está levando este passeio a sério demais, é só um passeio, nada mais, pare de fantasiar deste jeito, senão daqui a pouco terá material para escrever um romance.

Cínthia, vendo que estava levando a pior, deu de ombros, gesto característico dela quando sentia que havia perdido a parada, e resolveu encerrar o assunto, dizendo:

– Sendo assim, calo-me, não está mais aqui quem falou.

Vera, que ouvia a tudo calada, não acreditava no que estava vendo e ouvindo, mas preferiu não estender o assunto.

Já bastava o que acontecera pela manhã, quando quase pulou em cima da irmã e deu-lhe uns tapas. Mas quando retornassem para casa, teria uma conversa muito séria com ela.

Quem ela estava pensando que era para ficar metendo o bedelho onde não era chamada? Mas que menina insuportável, pensou ela, por que fazia isso?

Dona Amélia, vendo que a conversa estava começando a ficar pesada, veio em auxílio à Cínthia.

– Ora, meu filho, pare de falar deste modo com Cínthia, ela é ainda uma criança, é natural que pela sua cabecinha passe este tipo de preocupação; na verdade ela está, a seu modo, querendo proteger a irmã, não tendo maturidade suficiente ainda para separar as coisas. Para ela, com toda certeza, não tem sentido sua irmã, sendo sua noiva, sair passeando com outro rapaz.

– Mas mamãe, eu até entendo onde a senhora quer chegar, mas creio que é também nosso dever mostrar a ela a verdade com clareza, que não existe mal nenhum, que o desrespeito e a maldade estão na cabeça das pessoas.

– Eu sei, filho, mas veja, ela tem muito tempo para aprender tudo isso.

Augusto chegou mais perto de Cínthia e disse:

– Desculpe-me se fui grosseiro com você. Não foi esta a minha intenção, só quis mostrar-lhe que não há mal nenhum, está bem?

Cínthia, que até então sentira-se acuada, triunfou por dentro.

– Aceito suas desculpas pois não tive maldade em minhas palavras.

O Coronel, que a tudo assistia calado, comentou:

– Vocês já falaram tanto neste passeio, que se eu não estivesse tão enferrujado também iria dar uma volta.

– Pois então vamos, disse Vera, entusiasmada com a idéia.

– Não! Hoje não, Vera, quem sabe numa outra ocasião. Vão vocês e aproveitem o passeio, pois a vista que se tem daqui é um verdadeiro colírio para os olhos, faz bem para a alma.

Conversaram mais um pouco e Augusto já estava arrependido de ter pedido para Lopes acompanhar Vera em seu passeio, pelo fato de ter gerado tanta polêmica, uma coisa tão banal como esta. O que o amigo deveria estar pensando de tudo isso? Por certo, estava sentindo-se ofendido pelas palavras idiotas daquela menina. Depois que elas fossem embora, pedir-lhe-ia desculpas, por tê-lo colocado em situação tão embaraçosa.

O que Augusto não podia supor é que, com este seu gesto, acabou por colocá-los frente a frente. Os dois despediram-se dos demais, montaram e saíram.

Neusa e Augusto ficaram por ali na varanda, conversando, enquanto eles se afastavam.

Neusa mostrava-se preocupada com Cínthia e relatou ao irmão tudo o que ela e Vera tinham conversando sobre o assunto. Se Augusto já estava aborrecido, agora, então, ficara mais ainda.

– Por que Vera nunca me contou nada disso?

– Talvez pelo fato de ela nunca ter se preocupado realmente com este aspecto, que sempre julgou, até certo ponto, ser o jeito de ser da menina. Somente agora começa a olhar fatos que aconteceram no passado por outro ângulo. Acredito que ainda muito poderá orientar Cínthia, se assim ela o permitir, pois pelo que vejo, a menina é meio arredia, dona de uma forte personalidade.

– Acho muito difícil. Se é assim como você está falando, esta garota precisa de pessoas experientes no assunto que a orientem.

– Mas como, se a Vera me disse que este assunto é proibido em sua casa?

– É, assim fica mesmo difícil.

– Não sei se você já reparou que apesar da pouca idade que tem, ela não se deixa intimidar pelos mais velhos.

– É, eu já havia notado isso. Algumas vezes, em sua casa, pude presenciar como ela é voluntariosa, até mesmo com os pais.

– Você parece não gostar muito dela...

– Não morro de amores por ela mesmo; tem algo nela que me incomoda, não sei explicar o quê! Talvez seja justamente pelo fato de ser um tanto atrevida, prepotente, às vezes. Não sei se é só isso, ela me causa um certo mal-estar. Ao seu lado não me sinto à vontade; quando a olho sinto que não me inspira confiança.

– Nossa, Augusto, você tem realmente aversão à garota!

***

Enquanto isso, já um pouco distante dali, iam Lopes e Vera. A princípio os dois sentiram-se um tanto constrangidos, e buscavam assuntos diversos para preencher o silêncio que se fazia entre eles.

Falaram de Augusto não poder ter vindo, discorreram sobre o fato de Neusa e doutor Mathias estarem juntos, apesar de ainda não terem divulgado o que todos já sabiam. Fizeram comentários sobre o término da faculdade, enfim, devagar, a conversa foi se tornando agradável e espontânea entre eles.

Lopes esperava uma oportunidade para tocar no assunto que o fizera continuar na fazenda, e a oportunidade surgiu no momento em que Vera perguntou-lhe quanto tempo pretendia ainda ficar por lá. Não titubeou em responder-lhe com uma outra pergunta.

– Quer que me vá?

Vera parou o cavalo um tanto constrangida com a pergunta.

– Não quis dizer isso, só pensei que pelo fato do Coronel estar tão bem, você gostaria de ir ter com seus familiares.

– É bem verdade que esta foi minha intenção, mas Augusto me proibiu tocar neste assunto; disse-me que ficaria mortalmente ofendido se eu fosse embora sem ter descansado um pouco. Argumentou que, uma vez junto a meu pai, afundar-me-ia no serviço, e ele não deixa de ter certa razão.

Estavam perto da cachoeira e Lopes convidou-a para descerem um pouco para que os cavalos bebessem água.

Vera hesitou a princípio, mas depois ponderou que os animais deviam estar sedentos.

Desmontaram e, enquanto os cavalos bebiam água, Lopes pediu a Vera que segurasse as rédeas de seu animal, e foi também para perto do lago que se formava com a queda da cachoeira, molhou um pouco o rosto e a nuca a fim de refrescar-se; não que estivesse tão quente assim, mas talvez, pela proximidade dela, sentia queimar todo o corpo.

Enquanto isso, Vera amarrou os dois cavalos numa árvore próxima e sentou-se numa pedra, admirando a beleza daquele lugar. Poucas vezes estivera ali, mas agora, olhando aquela água límpida e fresca que caía com força formando um lago tão claro que dava para se ver o fundo, concluía que era convidativo banhar-se ali.

Como que a adivinhar seus pensamentos, Lopes sentou-se perto dela e comentou:

– Sabe, adoro este lugar; sempre que posso venho até aqui, ele me traz tranqüilidade e paz; outro dia não resisti e me entreguei a estas águas frias, mas restauradoras.

Vera sorriu.

– Do que está rindo?

– É que eu estava justamente meditando nisso, que a beleza deste lago em meio a esta vegetação, também faz pensar em como é convidativo banhar-se aqui.

– Sabe, Vera, há muito espero por um momento em que estivéssemos a sós para podermos conversar com tranqüilidade.

Vera fez menção de levantar-se, mas Lopes segurou-a pelos braços e, por um momento, estiveram tão próximos, que dava para sentir a respiração um do outro.

Vera procurou manter a calma e afastou-se dele, perturbada. Ela sabia que aquele dia iria chegar, mas por um momento não se sentia com forças para enfrentá-lo.

O que ela queria era poder fugir dali e buscar proteção nos braços do noivo, mas também ansiara demais por aquele encontro.

De que adiantaria continuar fugindo de si mesma?

Seria até melhor tentar conversar com Lopes a respeito do que se passava com ela; quem sabe assim não veria que tudo era fruto de uma fantasia que criara em sua imaginação.

– Por favor, não fuja, Vera; reconheço que o que tenho a dizer possa até ser considerado uma ofensa ou um insulto a você, mas creia, não é em absoluto a minha intenção. O que não posso mais é continuar sufocando os meus sentimentos. Por favor, dê-me a chance de lhe dizer o que estou sentindo e tudo o que tenho passado desde o dia em que a conheci. Se depois de me ouvir você achar que sou um canalha, irei embora e nunca mais ouvirá falar de mim.

Vera não conseguia desviar os olhos dele. Era com se estivesse hipnotizada com as suas palavras e por um instante não quis pensar nas conseqüências dos seus atos.

Ela também precisava falar, pôr para fora o que lhe devassava a alma. Era uma mulher inteligente, sabia onde tudo aquilo iria levar, mas não tinha forças e não queria lutar mais contra o que a arrastava para aquele homem.

Sentou-se novamente e falou:

– Está bem, Lopes, vou ouvi-lo, sei até o que pretende me dizer, mas a verdade é que quero saber o que vai dentro de si, pois também tenho vivido atormentada desde que o conheci. Portanto, apesar de saber que não é certo nem prudente estarmos aqui, sozinhos, conversando sobre nós, ao mesmo tempo me pergunto se está errado o que estamos fazendo. Por que então que o destino insiste em nos colocar frente a frente?

– Eu também já me fiz esta pergunta mais de mil vezes e não encontro uma resposta que não seja a de que estamos predestinados um para o outro. Senão que outra razão pode haver para tudo isso? Sou o melhor amigo de seu noivo, estimo-o como a um irmão, no entanto não consigo tirá-la do meu coração e do meu pensamento. Muito tenho lutado contra este amor que me arrebenta por dentro e dilacera o meu peito, fazendo-me sentir o mais vil dos homens; não encontro palavras que possam mostrar o quanto me sinto canalha e baixo diante de Augusto.

"Mas ao mesmo tempo fico me perguntando, se é justo eu continuar passando por tudo isso, sofrer tudo o que tenho sofrido e sufocar um sentimento que jamais senti por nenhuma mulher e que acredito nunca mais irei sentir por outra? Será que devo me calar e matar um sentimento tão forte e tão bonito que me faz sonhar, que me enche de esperança e felicidade? Quando penso na possibilidade de tê-la em meus braços e ser correspondido, todo o meu ser vibra de alegria.

Vera ouvia a tudo o que Lopes lhe dizia, com muita emoção. Sabia bem o que ele estava sentindo, pois era o mesmo que ela sentia, nas mesmas proporções.

Olhando ali para ele a lhe dizer com tanta sinceridade e pureza d'alma o que lhe ia no íntimo, não conseguia deixar de pensar que não era justo o que estava acontecendo a eles, pois nenhum dos dois havia premeditado nada, não havia por parte deles a vontade de trair ou apunhalar Augusto, nem tampouco magoá-lo, mas o que fazer em tal situação?

Nem ela nem ele eram mais crianças para brincar com sentimentos tão verdadeiros. Mas como resistir e negar o que de mais forte pulsava dentro deles, que era o amor?

Aquele amor chegou num momento de suas vidas em que nenhum dos dois esperava, foram pegos completamente de surpresa para enfrentar tal situação.

Vera não conseguia mais conter as lágrimas que lhe desciam pela face, pois ao mesmo tempo em que sofria por saber onde culminaria aquele encontro, ouvir o que Lopes falava fazia-a flutuar de êxtase e felicidade, pois que suas palavras continham um amor imenso, que jamais julgara podia um homem ter por ela.

Era um amor diferente do que ela sentia por Augusto; este era arrebatador, provocando-lhe forte emoção, com calafrios no abdômen, suor nas mãos e palpitações. Ela sabia que somente com Lopes poderia ser feliz, uma felicidade tão grande da qual ela nunca imaginou poder sentir por alguém, mas que ao mesmo tempo continha uma dor e um sofrimento que feria sem piedade aos dois, pelo que a união deles poderia acarretar principalmente a Augusto.

Era um amor proibido, por enquanto, pois sabiam das implicações funestas que isso teria se as pessoas descobrissem, principalmente para Augusto.

Ele nunca os perdoaria por esta traição. Mas como negar ou esconder um sentimento tão bonito e tão forte que os completava? Que dava a eles a certeza de que somente juntos seriam felizes?

Como fazer de conta que estava tudo bem, e que o que estavam sentindo era passageiro? Eles sabiam que não era, estavam conscientes que o amor os havia arrebatado, que dali por diante não daria mais para fingir que tudo não passava de uma mera ilusão. Era impossível negar um amor que era real.

Vera aproximou-se de Lopes, dizendo:

– Sei o que você está sentindo, pois tenho vivido neste mesmo tormento, nesta mesma angústia e aflição desde que o vi pela primeira vez. Parece até que eu, de alguma forma, estava pressentindo que algo fosse acontecer no dia de sua chegada, e nem podia supor o que estaria por vir.

“Levantei-me, naquela manhã, bastante agitada, coisa que não é comum em mim, pois minha natureza é de uma pessoa tranqüila e serena. Até mamãe, neste dia, percebendo o meu nervosismo, chegou a brincar comigo, se toda aquela ansiedade era porque Augusto estava chegando.

“Fiquei irritada com a observação de mamãe, porque eu sabia que não era por isso que estava me sentindo estranha, mas também não encontrava uma explicação plausível para o meu comportamento. A cada hora que passava aumentavam mais a minha impaciência e ansiedade.

"Quando vocês chegaram tive um sobressalto, mas procurei me controlar ao máximo para que ninguém notasse o meu embaraço. Ao olhar para você, meu coração quase parou de bater, tamanho foi o impacto que a sua presença me causou. A impressão que eu tive naquele instante foi a de já conhecê-lo há muito tempo e isso me deixou muito perturbada, pois o inesperado estava acontecendo. Eu sabia que isso só podia ser uma loucura, pois tinha convicção de não conhecê-lo.

Lopes interrompeu-a neste momento:

– Será mesmo que não nos conhecemos de outra vida, Vera? Então, como se explica tudo o que estamos sentindo um pelo outro?

"Muito tenho lido durante todos estes anos a este respeito; sei que, muitas vezes, o Espírito, pela própria lei cármica, retorna e reencontra aquele que foi seu companheiro ou companheira em outra vida, e que, mesmo com o esquecimento temporário na Terra, pode guardar vaga lembrança sobre aquela pessoa que tanto amou ou que foi tão querida.

"Sabe-se ainda que, muitas vezes, esse reencontro pode trazer a um deles ou até aos dois esta mesma sensação que agora sentimos. O Espírito, quando reencarna, já escolheu anteriormente, com quem e como quer viver, para que possa resgatar as dívidas contraídas em vidas passadas, cumprindo assim sua missão.

"Ele vem com o firme propósito de reparar todo o mal que eventualmente tenha feito e para corrigir todos os erros que cometeu. Mas é dado a ele o livre-arbítrio, juntamente com o esquecimento, para que possa, sem nenhuma interferência, conduzir sua nova vida como julgar melhor. Com isso, tanto poderá acertar como errar em suas resoluções.

– Então você acredita que já tenhamos vivido juntos em outra vida?

– Tenho convicção disso, por tudo que tenho lido e aprendido nos livros e visto em minha casa durante os trabalhos espirituais. E isto não é coisa rara; os Espíritos reencarnam muitas vezes juntos daqueles com quem têm afinidades, outros porque têm dívidas a resgatar, ou porque necessitam estar juntos para que, com suas diferenças, possam evoluir e crescer através do apoio que um dará ao outro.

– Eu sinto, assim como você, que estamos vivendo hoje um

sentimento que parece já vivemos anteriormente – disse chorando, sem mais forças para suportar e atirou-se nos braços de Lopes.

Aquele abraço há tanto tempo esperado e sonhado, enfim acontecera; ele expressava a saudade contida, o amor sincero que pulsava em seus corações; aquela troca de energia, de calor, de paixão, tornara-se vital para eles, não tinham mais como negar, isso era incontestável. Mesmo que quisessem, não conseguiriam mais fugir do que o destino estava, de certa forma, impondo a eles. Porque tinham consciência de tudo que enfrentariam, estando juntos; sabiam que muitos voltar-se-iam contra eles, mas mesmo assim o laço que os unia era mais forte que qualquer coisa que pudessem vir a passar; se estivessem juntos conseguiriam suportar.

– Oh! Vera, meu amor, minha adorada! – dizia Lopes beijando-a seguidas vezes, apertando-a contra si.

Era uma explosão de emoções e sentimentos e Vera entregou-se também a esse amor, que ela queria mais que qualquer coisa na vida.

Em meio aos beijos, abraços e carícias trocados por eles, choravam emocionados.

Lágrimas contidas durante tanto tempo corriam livremente em suas faces; era como se uma grande comporta, que há muito estivera fechada, agora fora aberta; e mesmo com a força das águas querendo romper as paredes que a mantiveram represadas por tanto tempo, estas continuavam firmes fazendo com que suas águas se desviassem e seguissem o seu curso normal.

Não havia necessidade de apressar o curso do rio, ele corria sozinho, porque havia chegado o momento certo para que tudo se desencadeasse.

***

Dona Zilá, Helena e seu Abreu, que sempre as acompanhava, assistiam a tudo, enternecidos e emocionados com o reencontro dos dois; eles sabiam que esse dia chegaria e que nada e ninguém conseguiria evitálo.

Helena perguntou:

– O que irá acontecer agora que eles finalmente se reencontraram?

O semblante de dona Zilá mostrava também preocupação, pois sabia de antemão que muitos dissabores e sofrimentos eles iriam passar dali por diante.

O preço daquele amor talvez fosse muito alto para poderem pagar, mas eles teriam que passar por tudo aquilo.

– Vamos confiar em Jesus e orarmos muito para que as coisas se desenrolem de maneira que ninguém se machuque demais.

***

Lopes e Vera tinham vivido um grande amor no passado, mas Lopes, cujo nome era Antônio, era um homem casado, pai de duas meninas, não podia e nem queria abandoná-las deixando-as desamparadas; mesmo sabendo que não poderia viver livremente aquele amor, não abria mão dele.

Viveram assim, escondidos, durante muitos anos, sem que ninguém tivesse descoberto.

Mas Vera, que se chamava Suzana, cansou-se daquela vida em que estava sempre a esconder-se, vivendo sempre na sombra.

Aquilo foi deixando-a muito deprimida, amargurada, já não encontrava mais alegria em viver, mas nada dizia a Antônio, pois não queria pressioná-lo. Era um homem bom, tinha grande senso de responsabilidade, nada faria que pudesse magoar a família; preferia sufocar o desejo de viver ao lado de Suzana, a trazer a dor e o sofrimento para dentro do lar.

Sua esposa era boa e dedicada, não lhe queria mal, mas não conseguia oferecer a ela o amor que sentia por Suzana, que por sua vez entristecia-se, mas conformava-se por entender que a situação era mesmo delicada e de difícil solução, mesmo porque ela não saberia viver sem ele, amava-o demais.

Um dia, ao chegar em casa de Suzana, estranhou por não encontrá-la esperando-o como de costume.

Entrou, chamando-a, mas não obteve resposta; sua apreensão aumentou e correu para o quarto e lá estava ela.

Suzana estava ali deitada, inerte, pálida e sem vida. Não queria acreditar no que estava vendo, aproximou-se dela aterrorizado, não mais contendo as lágrimas e o desespero; sua Suzana o havia deixado, tinha partido sem despedir-se dele.

A princípio pensou que ela pudesse ter tentado contra a própria vida, mas conhecia-a bem e sabia que não faria tal coisa.

Ela não estava doente, o que teria acontecido?

Chamou imediatamente um médico, que atestou a morte por infarto fulminante.

– Sua senhora nada sofreu – disse o médico ao sair –, quisera todas as mortes fossem assim!

Mas nada o consolava, queria ir com ela onde quer que estivesse; os poucos momentos que passavam juntos é que lhe davam forças para enfrentar as vicissitudes da vida.

Agora, sem ela do seu lado, a vida de repente perdeu o sentido; o abatimento tomou conta dele de tal maneira, que todos perceberam sua mudança e indagavam o que estava acontecendo.

Sua esposa, preocupada com seu estado, cobria-o de atenção e carinho, mas de nada adiantava; sua apatia pelos negócios e por todo o resto a deixava desesperada.

Ele nada dizia, sua dor era muito grande, nada e ninguém conseguia confortá-lo, e agora, longe dela, tudo era sombrio e triste.

Começou a beber cada vez mais para tentar esquecer, remoía dentro de si não ter dado a ela uma vida melhor.

Por que tinha sido tão covarde em não romper com um casamento que não lhe trazia felicidade e não fora viver ao lado dela?

Agora era tarde demais, não adiantava lamentar-se, ela tinha partido deixando somente o vazio, as lembranças e a solidão dentro do seu coração.

Será que um dia a encontraria novamente?

E ao pensar nessa possibilidade, uma esperança surgia em seu coração.

***

Lopes, segurando o rosto de Vera bem junto ao seu, deixava que todo o seu amor transparecesse através do seu olhar e Vera retribuía-lhe com a mesma intensidade; eles conseguiam comunicar-se através do olhar.

Palavras eram desnecessárias muitas vezes entre eles.

Abraçando-a novamente, Lopes falou:

– Desta vez eu não vou permitir que me deixe, aconteça o que acontecer ficaremos juntos, nem a morte irá nos separar.

Vera ficou um pouco assustada com as palavras dele.

– Não fale assim, que me deixa mais assustada do que já estou. Você bem sabe o que teremos de enfrentar e não me sinto com coragem para isso, Lopes.

Olhe a ironia do destino novamente brincando com eles; agora era Vera quem tinha um compromisso assumido e não tinha coragem para enfrentar o problema e romper com o noivo.

– Estou dizendo o que sinto, não vou perdê-la, nem que para isso eu tenha que enfrentar o mundo. Já pensei inúmeras vezes em tudo o que iremos passar. Não vejo outra saída que não seja sermos sinceros e contarmos a Augusto o que sentimos um pelo outro.

Vera sentiu uma pontada no coração ao ouvir as palavras de Lopes.

– Não podemos fazer isso, o que vai ser dele? Ele não vai nos perdoar nunca por isso.

– Temos que tentar assim mesmo, não saberei viver às escondidas com você. Somos jovens, temos uma vida pela frente, não é justo que tenhamos que viver nos escondendo e, a bem da verdade, até quando conseguiríamos esconder este amor? Quero ser feliz ao seu lado, construir um lar, ter filhos. O nosso amor nos salta aos olhos, qualquer um verá o que sentimos um pelo outro, a quem haveremos de enganar? E por quanto tempo?

– Mesmo assim ainda não estou preparada para enfrentar tal situação; dê-me um pouco mais de tempo para que eu vá preparando o espírito de Augusto; tenho esperança de que ele venha a compreender se eu for lhe falando com calma e aos poucos. Temo pela reação dele, acho que nunca irá nos perdoar, dirá que o apunhalamos pelas costas.

Lopes, depois de pensar um pouco, viu que Vera tinha razão; precipitar as coisas agora poderia ser por demais desastroso.

– Acho que tem razão, vamos aguardar um pouco, enquanto isso tem que encontrar um jeito de ir falando com ele.

Vera gelou só em pensar, mas iria conseguir, ela também não estava disposta a abrir mão do seu verdadeiro amor; sentia ter encontrado sua alma gêmea, sua outra metade.

Estar com ele fazia-a esquecer o resto do mundo, dava-lhe uma sensação de plenitude, paz e felicidade.

Combinaram o novo encontro para o dia seguinte. Iriam encontrar-se longe dali, havia uma fazenda perto da casa de Vera, onde os donos tinham ido embora e tudo estava abandonado, ninguém os encontraria lá. Só teriam que tomar cuidado para que ninguém percebesse nada.

Já havia passado um pouco da hora de retornar, despediram-se mais uma vez com ardor e voltaram a galope para ganhar um pouco de tempo.

Chegaram a tempo de ninguém notar o adiantado da hora.

Augusto, ao ouvir os cavalos chegando a galope, saiu para a varanda e viu que os dois vinham felizes e suados.

Ficou contente em ver que, finalmente, os dois pareciam estar se entendendo.

– Vejo que fizeram um bom passeio – comentou Augusto sorrindo ao vê-los.

Vera estava corada e vinha feliz, mas sabia que tinha que conter aquela felicidade; desmontou sozinha do cavalo, dizendo:

– O passeio foi maravilhoso, Augusto, e agora, por fim, resolvemos apostar uma corrida até aqui.

– Pelo que pude ver não houve nem vencidos nem vencedores, chegaram juntos, cabeça com cabeça.

Lopes, piscando para Augusto, tentando mexer com os brios de Vera, disse:

– Sabe como é, Augusto, dei-lhe uma chance, segurei o animal para não me julgar descortês.

Vera, percebendo a brincadeira, fez-se de ofendida:

– Ah! quer dizer que o senhor segurou o seu cavalo, pois sim! Desculpe-me, mas eu é que tive pena de deixá-lo para trás e não dei tudo o que podia, sabia que isso o deixaria envergonhado diante de todos.

Lopes, olhando bem para ela, respondeu mansamente:

– Tenho certeza que fez isso mesmo, monta muito bem e certamente teria ganho de mim se quisesse.

Dona Amélia, que também veio com Neusa esperá-los na varanda, convidou-os a subir, a fim de tomar um lanche que ela havia preparado com muito gosto.

– Sabe que estou faminta mesmo – respondeu Vera.

– Então venha comigo – disse Neusa –, vamos até meu quarto para que se lave um pouco.

– Está bem – concordou Vera.

– Vou também – disse Lopes –, não me demorarei.

Enquanto isso, num canto da sala, Cínthia observava tudo com atenção.

Ninguém notou nada, mas eles não iriam conseguir enganá-la. Ela percebeu o brilho no olhar da irmã; nunca vira aquele brilho antes, sabia que algo tinha acontecido entre eles e iria descobrir.

Cínthia sentia que um ódio muito grande se apoderava dela, uma mistura de revolta e desejo de vingança fazia com que sua cabeça latejasse; se pensavam que iriam enganá-la, estavam muito enganados.

Ela não descansaria enquanto não pusesse tudo em pratos limpos, ela os desmascararia, não iriam ser felizes porque não permitiria.

Dona Zilá ouvia os pensamentos de Cínthia bastante preocupada, sabia que ela seria capaz de fazer tudo o que estava pensando, tinha que tentar demover tais idéias de sua mente; procurou inspirar-lhe bons pensamentos de amor e harmonia; procurava, através de passes fluídicos, reequilibrar Cínthia, que parecia completamente transtornada e cega pelo ódio que tinha dentro do coração.

Dona Zilá via ao lado de Cínthia uma jovem que a instigava e lhe dava força e coragem para continuar com o seu plano.

Tentou aproximar-se da jovem, mas esta a repeliu quando a viu, tentando fugir.

– Não fuja, por favor, estou aqui em missão de paz. Por que está influenciando de forma tão negativa esta pobre criatura? – perguntou dona Zilá.

– Isso não é de sua conta, saia do nosso caminho e não se intrometa no que não é chamada.

– Vamos conversar um pouco, só quero ajudar.

– Não precisamos de sua ajuda, aliás sei muito bem o que você quer. Quer nos atrapalhar, mas não conseguirá o que pretende, esperamos muito tempo pelo dia em que eles se encontrariam, não será você agora, com essa conversa mole, que fará ir por terra nossa vingança.

– Mas por que tanto ódio? A vingança não leva a nada, tente perdoá-los, o tempo que você fica aí martirizando-se e criando junto a essa outra pobre e infeliz criatura este clima de horror, não seria melhor que se unissem no bem, no perdão, deixando que Deus faça o que for melhor para todos?

“Ele tudo vê e tudo sabe. Agindo desta maneira vocês só estão se prejudicando ainda mais, aumentando o peso de suas dívidas, atrasando sua evolução. Há tanto que se pode fazer em benefício dos outros, venha comigo, eu a ajudarei a encontrar um modo de compreender que pode e tem condições de superar este sentimento que a sufoca, e verá que perdoando sentir-se-á muito mais leve e feliz.

– Isso nunca! Vou ficar aqui mesmo, não adianta. Suas palavras são bonitas, mas tenho que fazer este acerto de contas.

Dona Zilá viu que de nada adiantaria tentar dissuadi-la. Sabia o porquê de tamanho ódio, mas não podia forçá-la a nada, tinha que esperar e rezar muito, para tentar, pelo menos, aliviar a carga que aquela pobre criatura emanava para Cínthia.

***

Todo aquele rancor vinha porque aquela jovem a quem Cínthia estava ligada, era Inês, filha de Antônio e Adélia.

Adélia tinha sido mulher de Antônio, sendo agora Cínthia; mãe e filha agora uniam-se, uma encarnada e a outra desencarnada, para vingar-se de Antônio e Suzana.

Quando Suzana morreu, Antônio, como já disse, quase enlouqueceu, passando a beber demais.

Deixou que seus negócios falissem, com dívidas enormes se acumulando para pagar; teve que vender tudo o que tinha para saldá-las, ficando assim numa situação muito difícil, onde só lhe restara a casa em que moravam.

Inês estava noiva na época com um rico comerciante de nome José Luís, cuja família tradicional e muito conservadora tinha muito apreço pela família de Inês.

Mas vendo que Antônio arruinara-se financeiramente, vivendo mais bêbado que sóbrio, e sabendo por que Antônio tinha posto tudo a perder, interferiram no noivado, fazendo com que o filho desistisse do casamento.

Inês e José Luís sofreram demais com esta separação, pois amavam-se, mas José Luís sabia que não poderia ir contra a família, na verdade ele era um fraco, e no fundo, seu amor por Inês não era tão grande assim, pois se assim fosse, nada o faria separar-se dela. Além do que, dependia totalmente da família, visto que trabalhava desde pequeno com o pai e não sabia fazer mais nada.

Assim o noivado foi rompido e cada qual foi viver sua vida.

Inês revoltou-se com o pai, insultava-o sempre que tinha oportunidade, atirando-lhe no rosto que ele era o causador da sua infelicidade.

Na verdade, ela não queria enxergar que o amor de José Luiz não era suficientemente grande para enfrentar a família, que no primeiro obstáculo surgido ele recuou.

Isso sem contar que Inês não se conformava com a nova condição que lhe estava sendo imposta, que era a de ter que viver modestamente; ela fora acostumada a viver com conforto, era vaidosa, gostava de fazer muitas compras, e agora, ter que se sujeitar a viver com simplicidade, fazia-a odiar ainda mais o pai.

Dona Adélia procurava conciliar pai e filha, dizendo:

– Você tem que compreender que seu pai não está bem, algo de muito grave aconteceu que ele não se sente à vontade para nos dizer, tenhamos paciência e vamos ajudá-lo, quem sabe ele não se sente forte e disposto novamente e reergue seus negócios... precisamos confiar em Deus, filha.

Mas o tempo passava e nada mudava, até um dia em que Antônio chegou em casa parecendo estar mais bêbado que de costume.

Adélia, não suportando mais viver daquela maneira, resolveu conversar com o marido, que mandou-a para o inferno assim que ela começou a falar; mesmo assim ela não parou, estava disposta a arrancar dele o que o fizera degradar-se daquele jeito.

Antônio, que também já não agüentava mais guardar para si o peso de sua dor, resolveu contar tudo à mulher, sem esconder-lhe nada, inclusive de que naquele dia estava completando um ano que Suzana o havia deixado.

Adélia, ouvindo a tudo calada, a princípio sentiu-se como que presa à cadeira em que estava sentada.

Uma grande apatia tomou conta dela, mas aos poucos foi tomando consciência do que havia acontecido e, revolta e ódio, misturados com a humilhação de ter sido traída por tanto tempo sem saber, tomaram conta do seu coração.

E o que era pior, o homem a quem ela tanto amava e dedicara toda a sua vida, não sentia por ela nada mais que gratidão. Ele ainda tinha o desplante de dizer que a respeitara todos estes anos.

Como, se a havia traído por tanto tempo? O fato de não ter ido embora não lhe dava nenhum consolo e não era para ela sinal de respeito, talvez até tivesse preferido que ele tivesse partido, pelo menos assim, quem sabe, Inês não tivesse sofrido a perda do noivo.

Ela jamais o perdoaria pelo que fez, não só a ela, mas à filha também.

Fez questão de pôr a par toda a família do que acabara de saber.

Inês ficou desesperada ao saber de tudo, e praticamente ordenou à mãe que o pusesse para fora de casa, se ele não fosse iria ela; já Irani, a outra filha mais nova de Antônio, nada disse; na verdade ela tinha pena de ver os pais e a irmã se digladiando daquela maneira.

Para evitar maiores dissabores, Antônio saiu de casa.

– Ah! Suzana, se eu soubesse que tudo iria acabar assim, teria contado há mais tempo, pelo menos teríamos ficado juntos – lamentava Antônio.

Nunca mais Inês dirigiu a palavra ao pai, nem mesmo quando este morreu foi ao seu enterro, não permitindo também que a mãe fosse.

– Espero que ele tenha ido para o inferno – dizia Inês com profundo ódio no coração –, que é o lugar que ele merece ficar, depois de tudo que nos fez.

Dona Adélia sentia-se forte ao lado da filha, desejando-lhe a mesma coisa.

***

Logo após o lanche, Vera e Cínthia despediram-se de todos e partiram.

Capítulo XXII

Cínthia tentou puxar assunto com Vera durante o caminho de volta, mas esta ainda estava muito irritada com ela, não querendo conversa.

Mas ela tudo faria para que Vera a perdoasse, precisava que a irmã confiasse nela, caso contrário, tudo ficaria mais difícil.

– Vera, não fique zangada comigo deste jeito, eu não falei aquelas coisas por mal, não tive intenção de deixá-la com raiva de mim.

E tomando ar de choro, continuou:

– Não sei o que acontece comigo, às vezes digo coisas que não quero dizer – e começou a chorar.

Vera, achando que a irmã estava sendo sincera, apiedou-se dela.

– Ora, pare de chorar, eu não estou mais zangada com você, está bem? Mas não quero que faça o que fez hoje, deixou-me em situação embaraçosa sem necessidade.

E abraçando-se a Vera, Cínthia triunfou.

Enquanto isso, Augusto e Lopes conversavam animadamente; Augusto queria saber se Vera havia falado alguma coisa a seu respeito.

Lopes, mentindo, disse que não, que haviam conversado sobre banalidades a princípio, e que depois, como Vera estava querendo saber um pouco mais sobre Espiritismo, ele tinha lhe dado algumas informações a este respeito.

Lopes já não conseguia encarar o amigo nos olhos, sentia um misto de remorso e vergonha ao mesmo tempo pelo seu procedimento.

– Augusto, você já tentou pressioná-la? Afinal estão juntos há quatro anos, ela tem que dar uma definição.

Lopes procurava com isso fazer com que Augusto falasse com Vera e ela, aos poucos, fosse conversando com ele sobre os dois.

– Prefiro esperar que ela se decida por si só.

***

Mathias chegou na hora combinada e o Coronel estava esperando-o.

Neusa veio recebê-lo e, segurando sua mão, atravessou a saleta e foi até o pai e a mãe que os aguardavam.

– Gostaria que Augusto também estivesse aqui, se possível – disse Mathias.

– Mas claro – respondeu Augusto que o escutou da outra saleta.

Lopes fez menção de retirar-se, mas Neusa trocou um olhar com Mathias, dizendo:

– Fique também, Lopes, você é um amigo muito querido de todos nós, gostaríamos que também compartilhasse de nossa felicidade.

– Está bem, ficarei com prazer e obrigado por me considerar um amigo.

– Senhor Felício e dona Amélia, acredito que os senhores já saibam o motivo que me traz aqui, na verdade sei que com as minhas repetidas visitas seria impossível não notar que me interessei por Neusa.

"A princípio vim, como todos sabem, como médico, tratar do senhor, depois dela, quando teve aquele princípio de aborto, mas com o passar do tempo fomos nos conhecendo melhor e descobrimos que temos muita coisa em comum e que estamos apaixonados um pelo outro.

"Sei que os senhores podem pensar: – Mas ele é bem mais velho que ela ou então ele bebe demais.

"Quero tranqüilizá-los quanto à bebida, pois não tenho mais motivo para beber, encontrei em Neusa o antídoto para ela.

"E quanto à diferença de idade, acredito não ser isso um problema, visto que Neusa é uma pessoa bastante amadurecida e sensível. Se foi capaz de chegar a um coração que tinha muitas trancas na porta e conseguiu retirá-las e adentrar nele como o fez, e fazer com que este mesmo coração, que era triste e amargurado, vibrasse de emoção e felicidade novamente, ela só pode ser a mulher mais digna e merecedora dele.

"Procurarei dar a ela toda a felicidade e amor que estiver ao meu alcance, tenho certeza de que, com a bênção dos senhores, seremos muito felizes.

Dona Amélia tinha os olhos molhados pela emoção; seu Felício, depois de tudo ouvir, pediu:

– Chegue mais perto, meu rapaz – e pegando na mão de Mathias, fez com que ele se abaixasse. E colocando a mão no ombro dele, disse:

– Pois vocês têm a nossa bênção, sei que está sendo sincero e que tudo fará por ela e pelo meu neto. Espero poder compartilhar também desta felicidade; gostaria muito que depois que se casassem viessem morar aqui conosco, a casa é muito grande e ficaremos imensamente felizes se aceitarem o meu pedido, que sei é o de Amélia também.

Mathias olhou para Neusa, que prontamente respondeu:

– Mas claro que aceitamos, papai, será maravilhoso vivermos aqui todos juntos.

E assim dona Amélia levantou-se, abraçando primeiro a filha e depois Mathias, desejando-lhes toda a felicidade do mundo.

Seu Felício também fez a mesma coisa e depois Augusto e Lopes.

Tanto seu Felício quanto dona Amélia sabiam, estavam ganhando mais um filho.

– Bem, vamos comemorar este acontecimento – disse o Coronel. E dona Amélia foi buscar o champanhe.

E neste clima de alegria e paz ficou acertado que o casamento seria para dali a vinte dias.

Mathias e Neusa não queriam esperar mais, sabiam o que queriam; esperar mais para quê, se tudo o que desejavam era estar juntos para sempre?

– Teremos que correr um bocado – falou Augusto – para que saia tudo a contento, mas eu estou de férias e posso ajudá-los no que for preciso, podem contar comigo.

Neusa abraçou o irmão com carinho, dizendo:

– Obrigado, meu irmão, sabia que podia contar com você.

– Faço-o com imenso prazer, minha irmã, você sabe o quanto me deixa feliz saber que encontrou a verdadeira felicidade.

Dona Amélia, já toda excitada, falava dos arranjos para a festa, do vestido de noiva, dos convidados; nesta hora Neusa interveio.

– Mamãe, faremos tudo o que a senhora quiser, sei o quanto esperou por este dia, só queria pedir-lhe que não convidasse muita gente, gostaria de uma recepção mais íntima.

– Está bem, filha, farei tudo como você desejar, afinal a festa é sua.

O clima era de festa na casa do Coronel, todos bastante envolvidos com o casamento de Neusa.

Com isso, Lopes entrava e saía da fazenda, quase sem ser notado, para encontrar-se com Vera todas as tardes.

Augusto, na correria, estava indo muito pouco à casa de Vera; quando ia era já ao anoitecer, mas Vera estava muito mudada, aborrecia-se com a presença do noivo, quando este vinha lhe fazer um carinho ou mesmo dar-lhe um beijo ela o repelia instintivamente.

Não tinha mais assunto como antes; Augusto começou a irritar-se com aquela postura de Vera, e quando perguntava o que estava acontecendo, ela dizia que agora não era o momento para conversarem, que depois do casamento de Neusa eles decidiriam seus destinos.

Vera não queria, de maneira alguma, causar qualquer motivo de tristeza a eles naquele momento; desejava de todo coração a felicidade da amiga e nada a faria falar agora com Augusto; depois do casamento sim, tudo seria devidamente esclarecido, estava decidida a contar-lhe tudo.

Enquanto isso, os encontros dela com Lopes eram cada vez mais felizes.

Eles descobriram nesta fazenda abandonada um local perfeito para seus encontros; mesmo que alguém chegasse de repente, teriam tempo de sair sem serem vistos.

Faziam planos para o futuro que julgavam não estava tão longe; queriam casar-se e ir para Coimbra, onde Lopes trabalharia advogando e cuidando dos negócios do pai simultaneamente; queriam ter quatro filhos.

Em bem pouco tempo um sabia tudo da vida do outro, dos seus gostos, seus desejos, seus sonhos, das suas qualidades e defeitos.

Em várias ocasiões em que estavam falando de si, exclamavam para o outro: "mas isto eu já sabia" ou mesmo "parece que já ouvi você dizer isso antes", ou então pensavam a mesma coisa no mesmo instante, tamanha era a sintonia que existia entre eles. Era como se já se conhecessem há muitos anos e que agora, neste reencontro, estivessem colocando a conversa em dia.

Passavam às vezes horas conversando e nem se davam conta do tempo que estavam ali, era como se quando estavam juntos as horas voassem, tamanha era a urgência que um tinha de estar com o outro.

Lopes esperava sinceramente que Augusto os entendesse e não colocasse obstáculos, apesar de saber que perderia o amigo tão querido e isso o fazia sofrer muito.

Mas entre a amizade e o amor, claro, o amor estava em primeiro plano.

– Quem sabe, passado o tempo, Augusto nos perdoe e volte ao nosso convívio – dizia Vera esperançosa.

Enquanto isso, entre quatro paredes, Vera e Lopes entregavam-se à louca paixão que os fazia esquecer de todo o resto.

Lopes sempre tomava os devidos cuidados para que Vera não engravidasse, pois aí as coisas poderiam complicar-se ainda mais para eles, queriam fazer tudo a seu tempo, casar-se-iam e depois deixariam que os filhos viessem.

Só não podiam imaginar que do lado de fora da casa estava Cínthia, que acompanhava os passos da irmã já havia algum tempo, e não foi difícil descobrir o que ela já no fundo sabia.

Ela tinha de fazer tudo direito para que eles fossem pegos em flagrante, tinha que pensar num plano que trouxesse Augusto até ali.

– Mas que desavergonhada – pensava Cínthia, vendo-os por uma fresta que ela mesma fizera, os dois se amando lá dentro despudoradamente.

Seu sangue fervia nesta hora, tinha vontade de entrar e acabar com eles.

Tinha ímpetos de desmascarar Vera diante de todos, mas Inês pedia-lhe calma, não havia chegado o momento certo, na hora certa a cortina se abriria para todos.

E aí então elas assistiriam a sua verdadeira derrocada, mostrando a todos quem eles eram de verdade.

Tudo fariam para vê-los rastejando.

Cínthia era completamente dominada por Inês, que fazia dela uma verdadeira marionete em suas mãos; não tinha vontade própria quando Inês se aproximava dela.

Inês fazia tudo com tanta sutileza que nem a própria Cínthia se dava conta de que estava sendo manipulada; ao mesmo tempo que instigava Cínthia em vingar-se, pedia calma pois ainda não era o momento.

E a menina obedecia fielmente, por ter uma afinidade muito grande com Inês e estar na mesma sintonia que ela.

Na casa de Neusa davam-se os últimos preparativos para a festa; apesar de ter sido bastante corrido, estava tudo maravilhoso, seu vestido era lindo; não querendo casar-se de branco, escolheu um tecido pérola e mandou confeccioná-lo.

A princípio, Neusa ficou um tanto preocupada, imaginando se as pessoas viriam ao seu casamento; temia represálias pelo fato de estar grávida, mas os primeiros presentes começavam a chegar com lindas mensagens de muitas felicidades aos noivos.

Ninguém mais comentava sobre sua gravidez, era como se ela não existisse; esta hipocrisia infelizmente faz parte do mundo com bastante freqüência.

Na verdade, não era que as pessoas tivessem esquecido tudo o que já haviam falado, mas agora as coisas tinham tomado um outro rumo. Ela estava se casando com o médico da cidade, que era muito conceituado e respeitado no local, assim como o coronel Felício.

Além do que, não ficava bem não aceitarem o convite para o casamento seguido de farta recepção; todos conheciam as festas que dona Amélia proporcionava e ninguém queria perder o grande acontecimento.

Neusa e Mathias estavam muito felizes, dona Amélia mandou reformar um quarto grande, deixando que Neusa e o noivo decorassem a seu gosto.

A viagem de lua-de-mel já estava programada, não seria longa.

Mathias não poderia ausentar-se por muito tempo da vila; iriam até Lisboa, onde ficariam por uma semana, retornando em seguida; também havia a gravidez de Neusa, e Mathias não achava prudente ficar abusando.

A família de Mathias recebeu a notícia do seu casamento com muita emoção e alegria.

Viriam todos para o casamento, quando conheceriam Neusa e sua família; Mathias não escondeu deles a gravidez dela, o que também não causou nenhum constrangimento em seus pais ou irmãs.

O que disseram foi: "estamos felizes por você ter reencontrado o amor, e é isso que importa, que seja feliz ao lado dela."

Ele não levou Neusa para conhecê-los por achar imprudente tantas horas de viagem pelo seu estado, pois já iriam ter que viajar várias horas em sua lua-de-mel.

Mas dona Amélia fez questão de hospedá-los em sua casa, o que a princípio os deixou um pouco envergonhados, mas depois acabaram aceitando.

Estava tudo pronto um dia antes, eles nem acreditavam que tinham conseguido organizar tudo de forma tão rápida, até os proclamas tiveram que ser acelerados para que desse tempo.

A cerimônia seria na própria fazenda e estava marcada para as dez horas da manhã.

De início tinham pensado em enfeitar a capela para a cerimônia religiosa, mas não daria para que todos os convidados se acomodassem; preferiram então montar uma capela ao ar livre, o tempo estava firme, não havia sinais de chuvas, portanto, acreditavam que não teriam problemas.

A capela foi montada e, toda enfeitada com flores do campo e de laranjeira, ficou belíssima.

Em toda a extensão onde os convidados iriam ficar, também havia enfeites com vasos de plantas ornamentais.

Foi feita uma passarela com um tapete amarelo-ouro, exatamente no tom dos arranjos de flores, que por sua vez eram iguais aos que Neusa levaria na mão e teria na cabeça; era tudo muito bonito e de bom gosto.

As mesas para a recepção foram dispostas para que todos os convidados estivessem confortavelmente acomodados, onde seriam servidos pelos garçons, impecavelmente uniformizados, que dona Amélia havia contratado.

Seu Felício não poupou gastos, queria que a filha se sentisse uma verdadeira princesa neste dia tão importante de sua vida.

Um dia antes do casamento chegou a família de Mathias; eles estavam tão felizes que nem sabiam como expressar isso.

Todos tinham sofrido demais com a morte repentina e trágica de Helena.

Mas muitos anos tinham se passado e agora uma nova etapa surgia para ele, e todos desejavam que desta vez tudo terminasse bem.

Tinha sido marcado um almoço em casa de Neusa para que todos se conhecessem, e tudo correu muito bem.

A família de Mathias era formada de pessoas muito simples, mas via-se claramente tratar-se de pessoas de bem.

Assim que começaram a conversar com Neusa, viram que o filho havia demorado para encontrar alguém que o completasse, mas sentiam que ele encontrara a pessoa certa. Ela era uma criatura doce e encantadora, sem pose ou orgulho, apesar de possuir grande fortuna.

Depois de longa conversa, seu Onofre e dona Luzia, pais de Mathias, discretamente trouxeram Neusa para perto deles e foi seu Onofre quem falou:

– Estamos muito comovidos e felizes pela sua união com nosso filho, pedimos a Deus que os abençoe e que o amor entre vocês possa florescer cada dia mais, gerando filhos que saberão como educá-los, com grande sabedoria. E que este que já se encontra dentro de você possa nos ver como seus verdadeiros avós. O que mais queremos é que faça do nosso filho um homem feliz e completo novamente.

Neusa ficou com os olhos molhados pela emoção, de ver que com palavras tão simples, eles expressavam com sabedoria os mais sinceros votos de felicidade para ela e Mathias.

– Pois eu lhes prometo que tudo farei para fazê-lo feliz, pois eu o amo muito, respeito-o e tenho orgulho por estar me tornando sua mulher e agradeço muito a Deus por me julgar merecedora de estar ao seu lado.

Augusto e Vera, assim como seu Felício e dona Amélia, foram convidados para serem os padrinhos de Neusa, assim como os pais de Mathias e sua irmã mais velha com o marido.

***

Os convidados começavam a chegar, o dia estava com uma temperatura agradável, todos muito alinhados.

Os pais de Mathias viriam com ele e já estavam a caminho; dona Amélia corria tudo para ver se todos os detalhes tinham sido concluídos. Havia uma certa tensão natural no ar.

Não demorou para que Mathias chegasse com sua família; todos foram se acomodando e em seguida chegou a família de Prudêncio.

Quando Vera desceu da carruagem, Augusto ficou extasiado com o que viu: sua noiva era a mulher mais linda que ele já vira.

Foi recebê-los com grande entusiasmo; sentia-se orgulhoso de poder andar de braço dado com uma mulher como Vera, todos os olhavam, admirando; de fato, faziam um belo casal.

Mais afastado, porém sem perder um só movimento, estava Lopes, coração apertado, vendo sua amada nos braços de outro; seria por pouco tempo, pensava ele. Procurou recompor-se e foi ao encontro deles.

Ao aproximar-se, Lopes tomou a mão de Vera, beijando-a e dizendo baixinho para que só ela ouvisse:

– Ainda não vi a noiva, mas por enquanto você é a mulher mais linda da festa.

Augusto, enlevado também pela sua beleza, comentou:

– Diga a verdade, Lopes, sou um homem de sorte, você não acha?

– Sem sombra de dúvida é, tenho certeza que não há aqui um homem sequer que não esteja com inveja de você neste momento.

Augusto, neste momento, viu um lampejo diferente nos olhos de Lopes, do qual não gostou. Pela primeira vez passava-lhe pela cabeça algo que jamais poderia supor:

– Lopes estaria galanteando minha noiva? Não pode ser, devo estar vendo coisas onde não há. Imagine que coisa ridícula, eu estar com ciúmes do meu melhor amigo!

Mas neste instante Inês, que estava bem junto de Augusto, tentava instigar-lhe, dizendo ao seu ouvido:

– É isso mesmo, seu estúpido. Será que ainda não percebeu o que está acontecendo? Ele não só está fazendo-lhe galanteios, como ela também queima de prazer ao ouvir suas palavras.

Augusto olhou para Vera, que sorria para Lopes, como que a deliciar-se com suas palavras e pensou:

– Não pode ser verdade, devo estar ficando louco, acho que a correria dos últimos dias me fez ficar de miolo mole.

Procurou afastar aqueles pensamentos de sua cabeça e dando uma desculpa qualquer a Lopes, pegou Vera e a levou onde deveriam ficar no altar, lá permanecendo com ela.

Ali em silêncio começou a meditar.

Vera andava fria e distante dele, sentia às vezes que ela o repelia.

Disfarçando o olhar como quem está olhando o todo, ele localizou Lopes, que estava num canto discreto, como sempre, mas com os olhos voltados para Vera, que por sua vez, também o olhava.

Aquela cena deixou-o gelado por dentro, estariam os dois flertando um com o outro?

– Meu Deus, o que se passa comigo, será que tenho feito papel de estúpido este tempo todo? – pensou.

A mudança de comportamento de Vera tinha se dado na mesma época em que ela conhecera Lopes.

De repente ele começou a juntar as coisas, era como se um grande quebra-cabeça estivesse sendo montado, parecia que intuitivamente ele estava sendo conduzido a pensar e enxergar o óbvio.

– Não pode ser verdade, não quero nem pensar numa coisa tão sórdida e asquerosa como esta, devo estar fazendo mal juízo deles.

Se bem que agora, pensando melhor, com a correria do casamento de Neusa, ele bem pouco tempo passou com Lopes, que saía todos os dias, não se sabe para onde.

Algumas vezes em que ele foi visitar Vera um pouco mais cedo, viu que ela estava chegando toda esbaforida de sua costumeira volta a cavalo, não lhe dando nem ao menos um beijo.

Ia logo desculpando-se e subia para banhar-se, ficando sempre muito tempo no quarto para depois descer.

Ele nunca, até então, havia desconfiado de nada, mas agora tudo parecia vir de uma só vez em sua cabeça.

A música nupcial tirou-o do pesadelo que estava vivenciando acordado, respirou fundo e olhou para Neusa que adentrava com seu pai.

– Que linda! – exclamou Vera.

De fato Neusa estava muito bonita, pensou ele; quando ela passava, ouviam-se as exclamações dos convidados e ela sorria como forma de agradecimento.

O casamento, juntamente com a recepção, foram um sucesso total, tirando de todos grandes elogios; foi uma festa alegre e animada, onde todos divertiram-se.

Augusto procurou não mais pensar em coisas que o estavam perturbando e resolveu brincar com os demais, mas de vez em quando, mesmo sem querer, observava o comportamento de Vera e Lopes.

Uma das piores coisas que podem acontecer na vida de uma pessoa, é quando ela, de repente, sente a dúvida entrar em seu coração.

Tenha fundamento ou não, até que se prove o contrário, a dúvida e a desconfiança martirizando-a, acabam por fazer de sua vida um verdadeiro inferno.

É nesta hora, em que as energias negativas estão imperando naquela pessoa, que se torna propício para que Espíritos mal intencionados aproximem-se e comecem a vampirizá-la, inspirando-lhe maus pensamentos, que muitas vezes chegam a ser sórdidos.

Usam a pessoa, que de certa forma está fragilizada e enfraquecida, sugando sua energia, tornando sua aura escurecida e falha.

Neste momento, aquele Espírito que quer fazer o mal, muitas vezes acaba direcionando o encarnado a agir desta ou daquela maneira através do pensamento.

Vemos muitas vezes uma pessoa que está obsediada chegar ao ponto de matar outra, sem saber ao certo o que está fazendo; é como se fosse teleguiada pelo Espírito que toma conta da sua mente fazendo-a cometer atos bárbaros.

Por isso é que se tem que estar sempre vigilante, não deixando terreno propício a estes que se comprazem no mal.

A prudência nos faz estar atentos e vigilantes para afastá-los, seja com orações, com o coração embebido no amor e na verdade, em ter sentimentos elevados, pensamentos positivos e otimistas, olhando até mesmo para um problema que nos parece odioso, com olhos de quem vai usar de sabedoria, maturidade e serenidade para resolvê-lo com grandeza de espírito e clareza.

Pode parecer muito difícil e outros poderão achar impossível agir com tamanha grandeza de espírito, quando se está vivendo na pele um problema de difícil solução.

Pois digo que as nossas horas mais difíceis e amargas são provações, que com toda certeza um dia pedimos para passar, para corrigirmos erros do passado.

Quando nos deixamos levar pelo ódio que nos cega, pelo orgulho ferido que torce nossa clareza de pensamento, pela vaidade que embrutece nossos sentidos, permitimos que ajam por nós, aqueles que por ventura nos odeiam e queiram vingar-se de alguma forma, pois estamos criando a oportunidade ideal e favorável para que possam agir livremente.

É nesta hora que mais precisamos nos recolher para dentro de nós mesmos, buscando o equilíbrio, a fé, a força que nos anima a seguir em frente, mesmo diante da dor que estamos sofrendo.

Os grandes sábios jamais se exasperam diante do infortúnio, pois sabem que é na sua fraqueza que os inimigos irão agir.

Capítulo XXIII

Na manhã seguinte, quando o dia começava a clarear, Mathias e Neusa viajaram.

Todos levantaram-se bem cedo para despedirem-se deles, que saíram felizes como duas crianças, levando consigo a alegria de terem encontrado a felicidade.

Logo depois do café o Coronel saiu, como de costume e dona Amélia foi junto com alguns empregados acabar de organizar o jardim onde ocorreu a festa.

Lopes estava conversando com Augusto quando sentiu uma enorme vontade de abrir-se com ele, mas conteve seu impulso ao ver que o amigo estava cabisbaixo e triste.

– O que foi, Augusto, não me vá dizer que já está com saudades de Neusa...

– Estava aqui pensando justamente neles, para você ver como são as coisas, é incrível como de repente os rumos de nossa vida tomam uma direção completamente inesperada, da qual não conseguimos nos esquivar, nem deter sua trajetória.

"Alguns meses atrás eu estava todo feliz, pois pensava que em pouco tempo iria estar casado com a mulher que amo e que tudo aconteceria como eu havia planejado durante muito tempo, no entanto, veja você em que situação hoje me encontro. Vivo pelos cantos da casa me remoendo amargurado, tentando entender o que foi que mudou e não consigo encontrar uma resposta que me satisfaça.

"Vera já não é mais a mesma comigo desde que voltei, vive um dilema, eu sinto isso, mas por mais que me esforce em aproximar-me para juntos solucionarmos esta questão, ela sempre se esquiva, alegando não ter chegado o momento para falarmos no assunto, ou então me pede mais tempo.

"Estou vendo que, no máximo, daqui a mais duas semanas, terei que retornar a Coimbra e não posso regressar com esta pendência. Você me conhece, Lopes, sabe que nunca fui homem de rodeios, e esta espera está afetando meus nervos, já comecei até pensar besteiras.

– Que tipo de besteiras?

Augusto, olhando bem nos olhos de Lopes, como se quisesse ler a verdade escondida por trás daquele olhar, calou-se por um instante e pensou: – Seria mesmo possível, meu Deus, que o meu melhor amigo tivesse a coragem de estar cortejando minha noiva?

– Nossa, Augusto, por que me olha deste jeito? Parece até que está tentando ler a minha alma...

– Talvez seja isso mesmo, Lopes, você tem andado muito calado ultimamente, quase não o vi nos últimos dias. Reconheço que estive bastante ocupado com o casamento de Neusa e pouca atenção pude lhe dar, mas notei que saiu todos os dias a cavalo. Será que arrumou alguma namorada na vila e não quer me contar? Conheço-o bem. Sei quando você está mantendo algo em segredo. Não quer me contar quem é ela?

Lopes empertigou-se na cadeira, como que a procurar uma boa desculpa para suas escapadas.

Ele bem que gostaria de contar toda a verdade ao amigo, abrir o coração, mas Vera o havia proibido de tocar neste assunto com Augusto.

Este era um assunto que ela teria que tratar na hora certa, isso também o estava incomodando, mas sabia que Vera tinha razão, ele não deveria interferir a menos que ela quisesse.

Inês, que não o perdia a oportunidade para lançar mais desconfiança em Augusto, sussurrava ao seu ouvido:

– Veja como ele é um traidor sem escrúpulos, nem acanhado fica em ser tão dissimulado, o miserável.

Augusto começou a passar mal, o suor lhe brotava na testa escorrendo pelo rosto.

Lopes, notando que Augusto perdera a cor, aproximou-se dele, perguntando:

– O que aconteceu? Você está pálido! Está sentindo alguma coisa? Vou buscar-lhe um pouco de água.

O mal-estar súbito de Augusto começava a passar. Bebeu a água que Lopes trouxera, desabotoou um pouco a camisa, procurando refazer-se.

– Nossa, o que foi que me deu? Não costumo ter este tipo de mal-estar. Será que foi algo que comi ontem na festa?

Lopes estava apreensivo, pois teve a impressão de ter sentido que havia mais alguém com eles ali na sala, mas não quis fazer nenhum comentário, até porque não era o momento, afinal Augusto estava passando mal.

Procurou elevar o pensamento em Deus neste momento, e pediu que se estivesse algum Espírito sofredor ao lado de Augusto, que fosse envolvido pela luz dos bons Espíritos e levado dali.

***

Dona Zilá e seus companheiros vieram imediatamente, mas Inês, ao vê-los, fugiu correndo.

Seu Abreu, que integrava o grupo, fez menção de ir atrás dela, mas dona Zilá com um gesto o interpelou, dizendo:

– Deixe-a ir, nada poderemos fazer no momento, a não ser rezarmos por ela.

– Inês está tão obcecada pelo ódio, que só consegue enxergar na sua frente a destruição de Suzana e Antônio, hoje Lopes e Vera; nada do que falarmos ou fizermos para ela agora adiantará.

– Mas ela está prestes a conseguir o que deseja, dona Zilá! – disse Helena.

– Sei disso, também, mas todos nós temos o direito de fazermos o que bem quisermos, Helena, usamos nosso livre – arbítrio como julgamos melhor.

– Será que se falarmos com ela não nos ouvirá?

– É o que temos feito, tentado chegar mais perto dela e orientá-la, mas nem sempre conseguimos nosso intento; às vezes o Espírito se torna tão rancoroso e endurecido que dificilmente conseguimos penetrar em seu coração. Mas mesmo assim não perderemos a fé e a esperança de trazê-la de volta à luz e à verdade. Haveremos de conseguir modificar-lhe os sentimentos, sensibilizando-a para o bem.

"Mas será com muita paciência, oração e muito amor no coração, e com o consentimento de Jesus que nos uniremos a ela, envolvendo-a e conduzindo-a à prática do perdão sincero.

"No momento ela é como se fosse um animal selvagem acuado, quanto mais perto tentarmos chegar, mais ela nos mostrará sua ira e fugirá de nós. Portanto, chegaremos bem devagar, mostrando-lhe que somos amigos e só queremos ajudá-la, que não gostamos de vê-la sofrer e que nos é muito penoso deixá-la ao sabor da própria sorte. Tenho esperança que um dia ela nos ouvirá, e nos acompanhará.

***

Augusto, já mais refeito, buscou um pouco de ar puro na varanda; por um momento até se esquecera do que estava falando com Lopes.

Procurando encontrar humor no que dizia, Augusto comentou:

– A que ponto cheguei; só de falar no que me aflige, passo mal. Estou perdendo meu autocontrole e isso é mau!

Lopes sentiu um calafrio na espinha, também estava constrangido e era inegável que o amigo parecia meio desconfiado de algo.

Ele não sabia precisar onde estava a desconfiança de Augusto, mas a pressentia; tinha que conversar com Vera, pô-la a par dos acontecimentos, não poderiam mais adiar este caso.

Capítulo XXIV

Enquanto isso, na casa de Vera, tudo transcorria normalmente, exceto que Cínthia, tendo conhecimento do que estava acontecendo entre a irmã e Lopes, armava em sua mente um plano para desmascará-los perante Augusto, que apesar de julgá-lo um tolo, não achava justo o que estavam fazendo com ele.

Depois de muito pensar resolveu que uma carta anônima seria a solução; ela descreveria tudo o que sabia, dando inclusive o local e horário em que se encontravam, bastando para ele somente conferir as informações.

Ninguém jamais saberia que tais informações teriam partido dela, seria bastante prudente e não deixaria nenhuma pista que levasse a ela.

Pensava que somente uma pessoa burra como Vera, não se dava conta que a seguia todos os dias.

Parecia até que a paixão a tinha cegado a ponto de ser imprudente quanto aos seus encontros secretos, que afinal não eram tão secretos assim.

Pôs-se a escrever a carta, que pagaria muito bem a uma pessoa de sua confiança para entregar a ele.

Leu por diversas vezes, para ver se não faltava nenhum detalhe sequer, juntando ao conteúdo escrito um pouco mais de veneno, instigando Augusto para que fosse ver com seus próprios olhos e desse a eles o fim merecido.

***

Lopes preparava-se para sair ao encontro de Vera como fazia todos os dias, quando Augusto o interpelou dizendo:

– Vai sair, Lopes?

– Sim, vou dar um passeio pelas redondezas.

Augusto, intrigado com as saídas do amigo, convidou-se:

– Se não se importar irei com você, também estou com vontade de sair um pouco hoje.

Lopes agitou-se com aquela inesperada comunicação e respondeu:

– Não seria melhor esperar um pouco mais? Afinal faz pouco tempo que você se feriu todo com o cavalo.

– Será que você está mesmo assim tão preocupado comigo, ou não está querendo que eu lhe acompanhe?

Lopes irritou-se com o ar irônico que Augusto estava dando à conversa.

– Ora, Augusto, por que isso agora? Se quer vir comigo não há problema, só que pensei...

Augusto o interrompeu:

– Não pense, meu amigo, parece até que está escondendo algo de mim! Logo nós que nunca tivemos segredos um para o outro, no entanto ultimamente tenho-o sentido tão distante de mim que estamos parecendo dois desconhecidos.

Lopes tentou dar outro rumo à conversa, desculpando-se com Augusto pelo fato de ter estado afastado.

– Eu só não quis atrapalhá-lo durante estes dias, em que esteve tão ocupado com os preparativos do casamento de Neusa.

Augusto ponderou, dizendo:

– Acho que tem razão, Lopes, devo estar sendo exigente demais com você, queira me desculpar. É que não tenho andado muito bem de uns dias para cá. Coisas horríveis têm me passado pela cabeça, agora dei para ter este mal-estar, que vem de repente e já estou ficando preocupado. No mesmo instante em que estou bem, pensamentos confusos invadem minha mente e vão me deixando aflito, nervoso, e quando me dou conta já estou passando mal.

– Isto tem acontecido com freqüência?

– Tem sim, de alguns dias para cá tem sido uma constante.

– Você não quer conversar sobre o assunto?

– Deixe prá lá, são tantas asneiras, que nem vale a pena comentar. Vamos passear um pouco; tenho certeza que me fará bem o ar puro da fazenda, irá refrescar um pouco minha mente.

Lopes viu que não tinha outra saída a não ser aceitar o convite; por um lado seria bom, eles poderiam conversar mais a respeito do que estava acontecendo a Augusto.

– Ao invés de sairmos a cavalo, por que não caminhamos a pé? – sugeriu Lopes.

– Está bem para mim, vamos então.

Saíram pela fazenda. Era um começo de tarde bastante agradável e Lopes quis voltar ao assunto que falavam há pouco:

– Augusto, sei que você é meio reticente quanto ao Espiritismo, mas sei também que já leu bastante a respeito e que compreende o que vou falar. Não quero impingir-lhe nada, mas gostaria que refletisse sobre o que vou dizer.

"Pelo que tenho observado e você mesmo tem falado, por tudo que já li a respeito e pelas sessões de desobsessão que assisti, penso que possa estar com algum Espírito sofredor ao seu lado. Você me disse que tem tido pensamentos horríveis dos quais não quer me contar e eu até respeito sua posição.

"Mas deixe-me esclarecer alguns fatos que conheço, para que possa estar mais vigilante e atento e tentar perceber se sente que tem mais alguém consigo quando fica indisposto. Isso é muito comum acontecer, de nós estarmos com sentimentos em uma faixa negativa e Espíritos obsessores, ou mesmo inimigos de outras vidas venham nos perturbar e nos vampirizar, fazendo com que fiquemos frágeis e suscetíveis às suas idéias. Eles têm muita facilidade de aproximação desde que encontrem campo favorável.

"Hoje pela manhã, quando você passou mal, tive a nítida impressão de que havia alguém junto de si. Não sou clarividente, mas tenho uma intuição bastante aguçada, tanto que imediatamente recolhi-me interiormente e fiz uma prece pedindo que, se houvesse alguém junto a você, Espíritos bons viessem envolvê-lo em luz e o levassem. Em seguida você melhorou, daí eu pensar que não estou errado no que estou dizendo.

– Pode até ser, Lopes, que você tenha razão no que diz, de fato já li a respeito, mas prefiro não enveredar-me por este caminho, não me sinto preparado ainda para aceitar plenamente estes fatos. Prefiro pensar que este mal-estar não passe de algum pequeno distúrbio alimentar ou mesmo emocional por que venho passando; deixemos este assunto de lado, irá passar.

Lopes viu com pesar que não conseguiria mudar a opinião de Augusto, e ficou triste por isso, sentia que este mal-estar nada tinha a ver com distúrbio alimentar como ele havia dito.

Pressentia que algo de ruim estava por acontecer; talvez se Augusto aceitasse ajuda pudesse ser amparado e orientado pelo Plano Espiritual, e se seu pressentimento estivesse certo, certamente as coisas pudessem tomar um outro rumo.

Mais uma vez pensou em sua mãe e desejou, de todo coração, que estivesse ali com eles, pois ela tinha muita facilidade, juntamente com o mentor que a acompanhava, em demover das pessoas decisões como a que Augusto acabara de tomar.

– E você não vai me contar por quem está apaixonado?

Lopes teve um sobressalto.

– Por que de repente você cismou que eu estou apaixonado, que estou lhe escondendo algo?

– Porque sinto que está.

– Sabe, Augusto, eu até poderia contar-lhe o que está acontecendo, mas prefiro aguardar um pouco mais.

– Ah! então você confessa que está mesmo encontrando-se com alguém.

Lopes não iria mentir mais, só não iria contar-lhe tudo agora, pois sabia que Vera o odiaria por isso, mas se Augusto fizesse mais perguntas ele começaria a preparar-lhe o terreno.

– Sim, estou me encontrando com uma pessoa pela qual me apaixonei perdidamente desde o primeiro instante que a vi. Só lhe peço um pouco mais de paciência, que brevemente tudo se esclarecerá e você ficará a par de tudo.

– Eu conheço a moça?

Lopes gelou diante da pergunta e pensou: – Que direi agora, meu Deus?! Ilumine-me! – e a seguir, respondeu:

– Prefiro pedir que aguarde mais um pouco, não estou querendo ser enigmático, mas este é um assunto por demais delicado do qual não estou autorizado a falar ainda.

– Nossa, Lopes, assim você me deixa assustado, será que não está se metendo em alguma encrenca, não?

– Talvez esteja, mas não dá mais para voltar atrás, e nem quero isso. Aconteça o que acontecer, vou até o fim com esta história.

Inês, que ouvia tudo com muita atenção, preferiu não interferir nesta hora; sabia da existência da carta e de seu conteúdo, pois ajudara Cínthia a escrevê-la e tinha certeza de que quando esta chegasse às mãos de Augusto, ele acabaria com os dois.

Enquanto isso, Vera esperava por Lopes, como de costume, e Cínthia vigiava do lado de fora.

– O que teria acontecido para ele não ter vindo? – pensava Vera, imaginando várias hipóteses.

Começou a ficar ansiosa e nervosa pela ausência de Lopes. Esperou por mais de uma hora.

Só de pensar na possibilidade de Augusto ter notado algo entre eles, sentiu as pernas bambearem.

– Santo Deus, se só de pensar fico assim, onde encontrarei forças para enfrentar Augusto e contar-lhe toda a verdade?

“Mas não posso mais adiar esta questão, a cada dia que passa torna-se tudo mais difícil, além do que restam poucos dias para eles retornarem, tenho que resolver tudo o quanto antes.

"Não permitirei que Augusto vá embora com a esperança de que irá se casar comigo um dia. Agora sei que isso não mais será possível, tenho convicção dos meus sentimentos por Lopes, não saberei mais viver sem ele.

"Sinto que somos uma pessoa só, ansiamos pelas mesmas coisas, o nosso amor é o que de mais bonito poderia ter-nos acontecido, sei que enfrentaremos muitas condenações e dissabores, mas suportaremos tudo em nome desse amor. Não abrirei mão de Lopes, mesmo sabendo do quanto irei magoar e ferir Augusto.

"Meu Deus – suplicou em sentida prece –, faça com que ele entenda como tudo aconteceu, e não nos odeie pelo resto da vida.

Ficou por ali mais alguns minutos e vendo que Lopes não mais viria, saiu pensativa e triste.

Os momentos vividos por eles passaram a ser os melhores de sua vida; contava as horas e os minutos até que estivessem juntos novamente.

Mas sabia que, para ele não ter vindo, foi porque algo o impedira; logo saberia o que aconteceu e assim voltou para casa.

Cínthia também ficou intrigada pela ausência de Lopes, mas deu de ombros e, cortando caminho, chegou antes de Vera em casa.

Dona Laurinda entretia-se com seus bordados.

Quando Vera chegou, percebeu em seu semblante um certo ar de preocupação e tristeza.

– O que houve, filha? O passeio de hoje não foi agradável?

– Foi sim, mamãe, está tudo bem, creio que estou meio indisposta hoje. Vou descansar um pouco e logo estarei bem.

Dona Laurinda, pessoa muito observadora, a princípio intrigou-se um pouco com as saídas diárias da filha e chegou mesmo a indagar sobre isso com Vera, que já estava esperando pela pergunta.

Procurou ser o mais natural possível quando disse à mãe que, desde que fizera aquele passeio na fazenda de Augusto, sentira-se tão bem que resolveu dar continuidade a ele.

A mãe, que confiava totalmente na filha, nem de longe pôde supor que não fosse bem assim a história. Vera sempre fora uma filha exemplar, não tendo ela motivo para desconfianças.

Cínthia, que ouvia por trás da porta o que as duas falavam, pensou:

– É, mamãe, você terá uma grande surpresa em breve, está chegando a hora de saber quem é a verdadeira Vera e do que ela é capaz de fazer. Tenho certeza que nem a senhora nem papai, conseguirão ser os mesmos depois que esta tempestade desabar.

Inês, unida ao pensamento de Cínthia, não via a hora para que o confronto se desse entre eles.

Cínthia decidiu que no dia seguinte, pela manhã, enviaria a carta a Augusto, pois já tinha esperado demais.

Levantou-se bem cedo e foi atrás de uma ex-empregada de sua casa, que Augusto não conhecia, mas que por alguns trocados entregaria sem perguntas a carta ao seu destinatário.

Mas para sua surpresa, chegando à casa onde a moça trabalhava, foi informada de que esta havia ido embora dali alguns meses atrás.

Cínthia ficou aturdida com tal informação; como faria agora?

Ficou ali pela vila, andando sem rumo certo, até que lhe veio uma idéia à cabeça.

Seria arriscado, mas não via outro jeito, senão ir ela mesma levar a tal carta. Teria que ser bastante hábil para que ninguém a viesse, pois caso contrário estaria em grandes apuros.

Procurou recordar-se bem da casa grande; iria a cavalo até bem perto da fazenda, deixaria o cavalo amarrado em local seguro, longe do olhar das pessoas e faria o término do trajeto a pé.

Esperaria pela hora do almoço, em que tanto os empregados quanto os patrões estariam ocupados e distraídos e então agiria.

Lembrou-se de que no escritório havia um janelão que fazia fundos para a casa e ninguém a veria por ali; neste momento Inês interferiu no pensamento de Cínthia, sugerindo-lhe que colocasse a carta dentro do livro que Augusto estava lendo; ali, com toda certeza, ninguém além dele mexeria.

Cínthia estalou os dedos diante de tal idéia, falando para si mesma:
– Como não pensei nisso antes? Meu plano está perfeito, não irá falhar.

Dona Zilá procurava a todo custo trazer Inês à razão e ao mesmo tempo inspirar a Cínthia coisas boas, sem muito sucesso.

Às vezes até conseguia aproximar-se o bastante das duas, mas quando sentia que começava a fazer com que Cínthia refletisse melhor no mal que estava por fazer, imediatamente a outra unia-se a ela, afastando-a assim dos conselhos bons e do amor que emanava de dona Zilá.

Cínthia voltou para casa, mandou selar um cavalo, pediu autorização à mãe para dar um passeio e saiu em seguida, colocando seu plano em ação.

Sentia-se feliz, parecia ter esperado uma vida toda por aquele momento, em nenhum instante sequer parou para pensar se estaria agindo certo ou não.

Movida por um ódio que nem ela percebia de onde vinha, dava vazão aos seus impulsos, sem se importar com as conseqüências dos seus atos.

Ao aproximar-se da fazenda saiu por um atalho para não correr o risco de encontrar algum empregado do lugar; de fato, ela pensava em tudo; orgulhava-se de si própria, pela capacidade que tinha em ser tão esperta, julgando estar fazendo tudo sozinha.

Andou mais um pouco, amarrou bem o animal numa baixada, e mesmo que alguém passasse por ali não o veria, despertando assim a atenção.

Fez o resto do caminho a pé, logo avistando a casa grande.

Deu a volta com todo cuidado, chegando assim ao janelão do escritório; ficou um pouco ali abaixada, escondida por trás de um arbusto, observando se não havia ninguém por ali.

Verificou que estavam todos ocupados, como imaginara, uns almoçando em suas próprias casas, outros trabalhando na roça e os que ficavam na casa grande estavam atarefados servindo o almoço aos patrões.

Parou um instante antes de pular.

Como iria saber onde se encontrava o livro que Augusto estava lendo? Ela até se lembrava bem dele, assim que o visse reconheceria. Era bem grosso, de capa preta com letras douradas, não sabia dizer o título, mas naquela tarde em que esperava Vera chegar do tal passeio com Lopes pode ver que se tratava de uma obra sobre Direito Penal ou coisa parecida.

Mas este não era o problema e sim onde encontrá-lo, havendo tantos livros naquele escritório.

Inês procurou dar-lhe, intuitivamente, a posição em que o livro se encontrava. Cínthia, neste momento, fechou os olhos como que a buscar na memória o local onde poderia estar. Sentia vivamente agora a presença de alguém junto dela, sabia não estar sozinha nesta empreitada.

– Quem poderia ser? – pensou, procurando confiar em sua intuição, pois não poderia cometer erros, sabia ser fatal.

Teria que ser rápida e, num gesto de felino pulou para dentro do escritório, escondendo-se atrás da pesada cortina; olhou ao redor e não pôde acreditar no que seus olhos viam.

O livro estava sobre uma mesinha ao lado de uma poltrona onde provavelmente Augusto estivera lendo até há pouco.

Tirou a carta de dentro da roupa e colocou-a com todo cuidado dentro do livro.

– Aqui está, Augusto, tudo o que você necessita saber – pensou Cínthia, que tinha junto dela Inês, saindo do mesmo modo que entrou.

Não teve o menor problema para chegar ao seu cavalo e retornar triunfante para casa.

No caminho de volta exultava de prazer, orgulhosa pelo que tinha feito.

Agora era só esperar que Augusto lesse a carta e acompanhasse os passos da irmã; já tinha feito sua parte e, por sinal, muito bem feita.

***

– Meu Deus, quanta maldade há no coração desta criatura, dona Zilá, – comentou Helena, perplexa com tudo o que estava vendo. – Será que não existe um modo de parar com tudo isso?

– Infelizmente não, Helena, não podemos e nem temos permissão para interferir.

– Mas Inês não está, de certa forma, interferindo?

– Sim e não, porque ela consegue dar forma ao seu objetivo de vingança através de Cínthia, sugerindo-lhe pensamentos e idéias. Mas se Cínthia assim não quisesse ou até se não estivesse na mesma sintonia que Inês, esta nada conseguiria em termos de realizar seu plano. Acontece que, como você sabe, as duas têm sede de vingança, sendo que Inês tem consciência dos fatos e Cínthia não.

"Mas não tenha dúvida de que se Cínthia tivesse sido conduzida e orientada desde a mais tenra idade a canalizar para o bem sua mediunidade, hoje certamente não seria envolvida por Inês da forma como é, e tenho absoluta certeza de que se assim fosse ela estaria nos ajudando a trazer Inês de volta ao caminho do bem, do perdão e do amor.

"Se seus pais tivessem dado a devida atenção aos fatos que aconteciam volta e meia em sua casa, e mesmo em muitas coisas que ela falava antevendo o que iria acontecer, muita coisa ruim poderia ter sido evitada.

"Acontece que seus pais nunca acreditaram em reencarnação, na existência dos Espíritos, nem sobre qualquer coisa que dissesse respeito à Doutrina Espírita. Nem ao menos tomavam conhecimento, pois julgavam ser tudo isso uma grande tolice, coisa de gente ignorante e atrasada.

"Muitas vezes, dona Mariazinha, a empregada da casa, pedira autorização para levar Cínthia com ela, numa casa onde uma vez por semana realizava-se um encontro de diversas pessoas com os mesmos dons que Cínthia apresentava, para o estudo de *O Evangelho Segundo o Espiritismo*, dando em seguida passagem para que os Espíritos transmitissem suas mensagens a fim de esclarecerem melhor aquelas pessoas ali reunidas com tão boa vontade. Outros Espíritos vinham em busca de algum conforto e ajuda para si próprios, e também eram ajudados pelos encarnados que ali estavam.

“Mas seu Prudêncio foi sempre literalmente contra, não permitindo nem que se falasse no assunto dentro de casa e dona Laurinda acabava concordando com o marido, achando que ele estava certo, que estas reuniões eram um verdadeiro sacrilégio. Acabavam sempre achando uma boa desculpa pelo fato de Cínthia ser como era.

“Quando se nega as evidências dos fatos, muitas vezes incorremos no erro de não buscar conhecer e entender melhor, assuntos que poderiam ser de grande valia para todos.

“Assim sendo, uma dádiva maravilhosa de Deus que foi dada para que Cínthia evoluísse e se desenvolvesse espiritualmente, e assim muito contribuísse para o engrandecimento espiritual dos que a rodeavam, e ainda o laborioso trabalho que poderia ter sido feito através dela, perderam-se por despreparo e falta de conhecimento, e o que é pior, pela descrença e ceticismo de seus pais, e por que não dizer, dela própria.

“Seus pais, além de não buscarem conhecer melhor o que se apresentava com a filha, também não permitiam que outros a levassem, fechando assim um canal que estava pronto para servir de intermediário no auxílio de tantos; ela, por sua vez, também não manifestava nenhum interesse em procurar saber o porquê dos tais fatos que lhe aconteciam.

“Estando Cínthia sem nenhum preparo, sem nenhum conhecimento do que lhe acontecia, sem saber o porquê de muitas coisas que dizia ou fazia, passou a ser um excelente canal para que Espíritos não esclarecidos, ou mesmo Espíritos como o de Inês chegassem até ela com facilidade, usando-a, muitas vezes, para a prática de suas maldades ou torpezas.

E dona Zilá prosseguiu, concluindo:

– Continuemos unidos em nossas preces, vibrando muito amor e pedindo ao Plano Maior que nos ajude a salvaguardar a integridade física e moral destas pessoas, que estão unidas por laços do passado.

***

Cínthia chegou em casa toda esbaforida, em seu semblante podia-se notar a satisfação do dever cumprido; estavam todos esperando-a para o almoço que, por sua demora, já estava bastante atrasado.

Vendo o olhar de censura da mãe foi logo desculpando-se:

– Atrasei-me, mamãe, queria me desculpar, não acontecerá novamente, prometo!

– Acho bom, você bem sabe que seu pai detesta estes atrasos na hora da refeição. Sabe que horas são, mocinha? Por onde andou desde cedo para estar chegando só agora?

– Distraí-me pelos campos e não me dei conta da hora, mamãe. Juro, não faço mais.

Quem visse Cínthia agora, não acreditaria ser ela capaz de atitude tão vil.

Vera pouco falou durante o almoço, assim como quase nem mexeu na comida; sentia-se angustiada, uma aflição crescia dentro do seu peito, deixando-a incomodada.

Subiu tão logo acabou o almoço, alegando estar com dor de cabeça; fechou-se em seu quarto e pegou um dos livros que Neusa emprestara-lhe.

Aquela leitura estava fazendo-lhe muito bem.

Sentia-se mais calma e começava a meditar sobre assuntos que jamais havia pensado existir; isso foi lhe dando uma nova visão de muitas questões pelas quais já havia passado, muitas delas com a própria irmã.

A cada novo capítulo que lia em *O Livro dos Espíritos*, mais entusiasmava-se e via crescer dentro de si uma vontade imensa de aprofundar-se no assunto.

– Meu Deus! Quanto tempo já perdi, quanta coisa que já poderia ter feito para ajudar minha irmã e só agora vejo o quanto somos omissos e mesquinhos dentro da pequenez do nosso mundinho particular, achando que só os nossos problemas são importantes. Como o estudo pode nos enriquecer e abrir nossos olhos para o que realmente é importante e qual é o verdadeiro significado de nossa vida – meditava.

Olhando para o relógio, viu que estava em cima da hora para ir ao encontro de Lopes; arrumou-se apressadamente e saiu.

Dona Laurinda, que estava bastante zangada com Cínthia, fez com que ela subisse para o seu quarto, de lá só saindo para a hora do jantar.

Ela até que não achava ruim quando a mãe lhe aplicava tais castigos, pois adorava ficar em seu quarto sozinha.

Mas, especialmente hoje, precisava ir atrás da irmã.

Tinha que dar um jeito; foi para o quarto e de lá viu quando Vera saiu apressada.

Mais que depressa amarrou vários lençóis que encontrou no armário e por eles desceu, indo para o seu esconderijo.

Já na casa de Augusto, cada um foi fazer o que estava habituado após o almoço, e Lopes, vendo que Augusto entrou no escritório depois de rápido descanso, tratou de sair sem ser visto.

Quando chegou no lugar onde se encontrava com Vera, encontrou-a esperando por ele.

– Oh! meu amor, quantas saudades – correu Vera para seus braços. – O que houve para você não ter vindo ontem? Fiquei preocupada.

– Não tive como avisá-la, na hora que me preparava para vir, Augusto interpelou-me e acabou convidando-se para sair comigo. Fez-me uma série de perguntas, está desconfiado de alguma coisa, não podemos mais adiar o que temos que fazer; se você está sem coragem de contar-lhe a verdade, deixe-me falar com ele.

"Se ele descobre de outra forma que estamos nos encontrando às escondidas, aí sim, estaremos encrencados. Se contarmos a verdade a ele, sei que no início irá nos odiar, quererá nos ver pelas costas, mas pelo menos estaremos agindo com dignidade. Do jeito que estamos fazendo tenho me sentido o pior dos homens.

– Sei que está certo, meu amor, haveremos de encontrar um meio de contarmos tudo a ele, prometo-lhe. Creio que amanhã ele virá até minha casa e tentarei explicar-lhe o que está acontecendo.

– Você quer que eu vá também? Poderemos falar com ele juntos, talvez seja mais fácil.

– Não, isso não! Esta conversa tem que ser entre mim e ele somente, mas esteja preparado para quando ele retornar para casa, não sei qual pode ser a sua reação. Augusto é um homem muito ponderado e calmo, mas confesso que estou com receio de sua reação.

– Então ficamos assim, amanhã virei vê-la como de costume.

– Está certo – respondeu Vera beijando Lopes com muito amor; apesar de nervosa diante da situação em que se encontrava, sentia-se feliz por estar ali nos braços do homem que amava.

***

Augusto, a princípio ficou surpreso ao encontrar uma carta endereçada a ele dentro do livro que estava lendo; tentou identificar a letra, mas não conseguiu saber de quem poderia ser.

Procurou saber quem era o remetente; não o encontrando, sentiu-se intrigado, abriu a carta, empalidecendo tão logo começou a ler as primeiras linhas.

Nela estava contida, com grande riqueza de detalhes, toda a história de um grande e envolvente amor que Lopes e Vera estavam vivendo.

Seus olhos corriam rapidamente pelo papel, à medida que o suor começava a brotar-lhe no rosto, sentiu as pernas fraquejarem, o corpo inteiro formigava, tamanho o seu nervosismo, uma névoa encobria seus olhos, mal conseguindo acabar de ler palavras tão infames quanto aquelas.

Sua cabeça latejava, um ódio muito grande apoderou-se dele, não podia ser verdade tudo que ali estava escrito.

Quem teria sido tão cruel a ponto de lhe mandar tal carta?

De repente, tudo começou a girar com muita rapidez em sua cabeça, cenas vividas voltavam-lhe à mente, conversas que tinha tido com Vera e mesmo com Lopes.

Ao terminar de ler a carta, Augusto estava com o rosto molhado de suor e lágrimas, suas mãos tremiam muito, não tinha forças para levantar-se da cadeira, sua cabeça agora doía terrivelmente, tendo ele dificuldade de raciocionar sobre tudo.

Colocou a cabeça entre as mãos e chorou sentidamente durante muito tempo; se alguém entrasse ali naquele momento, veria um homem liqüidado em seus mais nobres sentimentos.

Augusto, que sempre fora um homem ponderado e muito sensato, dono de uma calma pouco vista, depois de lavar a alma com suas próprias lágrimas, foi possuído por sentimentos de revolta e decepção.

Um misto de ódio e humilhação crescia em seu peito, fazendo-o doer como se fosse ser acometido por um enfarte.

– Como pude ser tão tolo a ponto de não perceber o que era óbvio? Vera e Lopes amantes, enganando-me este tempo todo, apunhalando-me pelas costas. Certamente os dois têm rido muito do quão estúpido e idiota tenho sido. Como Lopes, meu melhor amigo, a quem sempre tive como um irmão, pôde ter comigo tamanha deslealdade, me trair com minha própria noiva? Então era por isso que ela andava tendo tais comportamentos com ele, a sua recusa pelo casamento, a frieza nos últimos tempos, agora tudo se encaixa perfeitamente. Vagabunda! – pensou Augusto, desferindo violento golpe sobre a mesa. – Vocês dois não perdem por esperar, hão de me pagar muito caro tudo o que me fizeram.

Ele estava transtornado, sua dor era insuportável, não tinha condições nem sequer para sair do escritório.

A única precaução que tomou foi trancar a porta para que ninguém o visse naquele estado deplorável em que se encontrava.

Inês, impiedosa e má, estava ali junto dele, não se importando com o que aquele pobre homem estava sentindo; sua cegueira era tanta, que só enxergava o que lhe convinha.

E no meio do tumulto dos pensamentos contraditórios que vinham em sua mente, Inês o estimulava ainda mais, a pôr em prática sua vingança, soprando-lhe pensamentos odiosos.

Na verdade, tudo o que ela gostaria de fazer com suas próprias mãos mas não podia, pelo fato de estar desencarnada, a não ser usar Augusto como sua maior arma, e isso ela sabia fazer muito bem.

Estava satisfeita com o desenrolar das coisas, tudo estava saindo como havia planejado; a ajuda de Cínthia foi fundamental para o sucesso do seu diabólico plano, que era acabar com aqueles dois desavergonhados, que lhe roubaram o direito à felicidade e ao amor.

Teriam finalmente o fim que mereciam.

Augusto, que já passava mal por tudo aquilo, viu voltar o mal-estar que ultimamente vinha-lhe acometendo; deixou-se prostrar numa poltrona, ficando ali por muito tempo, tentando refazer-se e pôr em ordem seus pensamentos.

– Tenho que me acalmar – dizia para si mesmo –, preciso agir com todo cuidado para que eles nada percebam.

Na carta dizia o local e a hora em que os tórridos encontros amorosos aconteciam.

Olhou no relógio que trazia preso à calça e deduziu que Lopes deveria estar retornando.

– Meu Deus, dai-me forças para não fazer nada precipitado, preciso de toda a serenidade e calma neste momento – meditou.

Augusto não tinha a menor dúvida da veracidade daquela carta, era um homem inteligente e tudo levava a crer que os dois estavam encontrando-se mesmo.

Mas se queria ter certeza de tudo, tinha que aparentar calma por hora, sem despertar em Lopes qualquer suspeita, por mais leve que fosse.

– Tenho que me refazer, não posso deixar que me vejam desse jeito.

Uma força que nem ele mesmo sabia de onde vinha, fez com que se levantasse e saísse do escritório sem que ninguém o visse, indo para o seu quarto.

Olhou-se no espelho, lavou o rosto que estava vermelho e inchado pelo choro; sua imagem refletida no espelho era de um homem que em poucas horas parecia ter envelhecido vinte anos.

Seus olhos estavam inexpressivos e uma geleira se fizera dentro do coração.

Só conseguia pensar no dia seguinte em que os pegaria em flagrante, mas não queria pensar nisso agora; providenciou ele mesmo um banho de imersão para tentar relaxar um pouco os músculos e nervos que doíam terrivelmente.

Ali ficou dentro daquela água morna, procurando esquecer por enquanto tudo o que tinha vivido nas últimas horas, mas por mais que se esforçasse não conseguia deixar de pôr em prática mentalmente como iria agir no dia seguinte.

Perdeu a noção do tempo, enquanto agora, ali, mais calmo, voltou a ler a carta com toda atenção e, como esta trazia pormenores do que acontecia no interior daquela velha fazenda abandonada, ele deixou-se levar reconstruindo as cenas descritas.

Passos no corredor tiraram-no do seu devaneio que mais parecia um terrível pesadelo, daqueles que se tenta acordar mas não se consegue; era Lopes que chegara.

Augusto teve ímpetos de ir até ele e agredi-lo, enxotá-lo de sua casa com as palavras: – Miserável, como ousa ainda estar vivendo debaixo do mesmo teto que eu, desrespeitando não só a mim, mas a todos de minha família que o acolheram com tanto amor e carinho. Como pude enganar-me tanto!

– Contenha-se, Augusto, – uma voz dentro de si falou – agora não é o momento certo para se tirar satisfação, você tem que estar bem preparado e estudar muito bem como deverá fazer para pegá-los na hora certa.

– É verdade – respondeu Augusto para si mesmo –, tenho que ter prudência para apanhar estes dois ratos juntos.

Se neste exato momento Augusto estivesse vigilante, perceberia claramente que havia alguém instigando-o e interagindo com ele, dizendo-lhe o que deveria fazer.

Se nesta hora ele se recolhesse interiormente com muita fé, pedisse proteção divina e ajuda espiritual, certamente a receberia, mudando assim o curso de sua história, visto que Inês detinha com ela o controle tanto de Augusto quanto de Cínthia.

Ao invés disso revoltou-se até mesmo contra Deus, abrindo assim espaço para que Inês atuasse sobre ele.

Sem esperar mais, voltou a olhar-se no espelho e sua aparência já estava recomposta.

Guardou a carta em lugar seguro e desceu novamente para o escritório, trancando a porta atrás de si.

Pegou uma chave que estava guardada em uma das gavetas da mesa e encaminhou-se para um armário ao lado da estante, abriu a porta que permanecia sempre fechada e retirou dali um revólver, o mesmo que quase havia matado Neusa.

Augusto tinha verdadeiro horror a armas, mas agora pouca importância isso tinha, em sua mente somente martelava que ele tinha que lavar a sua honra e vingar-se daqueles que tiraram dele o que de mais precioso possuía, que era o amor que sentia por Vera e a estima enorme que dedicara por tantos anos a Lopes.

Eles tinham-lhe tirando a crença nos homens e até mesmo em Deus, que permitira que tais fatos acontecessem.

Não tinha mais no que se apegar ou em que acreditar, os fatos relatados na carta fizeram com que Augusto, que sempre fora terno e meigo, leal e confiante, agora se transformasse numa pessoa fria.

Seu coração, que sempre fora bondoso e generoso, agora só guardava mágoa e rancor, misturados à repulsa e asco que sentia ao pensar nos dois juntos.

Ele que jamais ousara, nestes quatro anos de namoro com Vera, tocar-lhe mais intimamente, pois respeitava-a mais que tudo e sabia que ela se ofenderia, via que em tão pouco tempo havia se entregado a Lopes; o ciúme o corroía por dentro.

Limpou minuciosamente a arma, carregou-a e voltou a colocá-la no mesmo lugar, pensando consigo mesmo: – Amanhã saberei fazer bom uso dela.

Jantaram como de costume, Augusto por diversas vezes sustentou o olhar em Lopes, mas este não conseguia olhá-lo de frente como sempre fora de costume.

Tão logo acabaram o jantar, Augusto teve uma idéia, levantou-se rapidamente e resolveu ir até à casa de Vera.

Tanto dona Amélia como o Coronel, e até mesmo Lopes, surpreenderam-se com a atitude dele, afinal já passava das sete horas.

– Nossa, filho, você não acha que já está um pouco tarde para ir até lá? – perguntou a mãe.

Procurando manter a voz tranqüila, respondeu:

– Creio que não, mamãe, conheço bem estes caminhos e não me demorarei, é que de repente me bateu uma enorme vontade de estar com minha noiva, tenho ido pouco lá – disse isso olhando para Lopes, que não levantou os olhos para olhá-lo de frente.

Saiu galopando, pois não queria chegar lá e encontrar Vera já repousando, afinal, depois de tantas horas passadas ao lado do amante deveria estar bem cansada.

Foi com espanto que Vera o recebeu, perguntando-lhe assim que o viu:

– Aconteceu alguma coisa, Augusto?

– Aconteceu sim – disse com ar de ironia, procurando encará-la bem de frente. – Estava com muitas saudades de você e vim vê-la. Parece que não está muito satisfeita com a minha visita, meu amor?

Vera sentiu que tinha acontecido alguma coisa, conhecia muito bem o noivo.

Não era do seu feitio ter estes arroubos e falar-lhe naquele tom irônico, mas também não quis parecer grosseira dando a entender que não ficava mais feliz em sua companhia.

– Vamos dar uma volta pelo jardim – convidou Augusto –, está uma noite tão bonita e faz tanto tempo que não namoramos um pouco – piscou malicioso para ela, que sentiu um calafrio quando Augusto abraçou-a tentando beijar-lhe.

– Augusto, tenha modos, se mamãe ou papai saem, ficarei envergonhada, você sabe que eles não gostam de nos ver agarrados por aí.

– É por isso mesmo que estou querendo dar uma volta com você, ou será que não gosta mais dos meus beijos e carinhos?

– Não se trata disso, só me causou estranheza sua presença aqui a esta hora – e Vera ia dizer mais alguma coisa, mas Augusto, com certa violência puxou-a para si, beijando-a com mais ardor ainda.

Ela, que não estava entendendo muito bem, deixou-se levar por ele, que praticamente a arrastou para o jardim, escolhendo um lugar bem escuro para ficarem.

Intrigada, Vera perguntou:

– É aqui que iremos ficar?

– E por que não? Você não acha que já estamos bastante crescidinhos para ficarmos no escuro, além do que, dia mais dia menos, estaremos casados, não vejo mais motivo para não termos certas intimidades.

Vera quis ir embora ao ouvir tais palavras, mas Augusto a segurou firmemente pelo braço.

– O que foi que eu disse de errado desta vez, Vera? Estamos juntos há quatro anos. Você não acha que até hoje mais parecemos dois adolescentes namorando?

– Eu não estou entendendo onde você quer chegar, Augusto.

Mas isso não era verdade, ela sabia muito bem onde ele queria chegar, o que lhe causava espanto é que Augusto era um homem por demais respeitador, nunca havia falado com ela daquela maneira, que até a ofendia de certa forma.

Algo estava muito errado, mas o que seria?

Se não estivesse tão escuro onde estavam e Vera pudesse olhar nos olhos de Augusto, certamente sairia correndo dali, pois eles faiscavam de tanto ódio, mas ao invés disso tentou entender o que ele queria dizer-lhe e procurou recostar-se numa pedra grande que havia ali.

Augusto, sem dizer uma palavra, investiu sobre ela, beijando-a avidamente, apertando seu corpo contra o dele, suas carícias começaram a ficar fortes demais, ele buscava abrir-lhe o vestido, parecendo enlouquecido, quando ela o empurrou.

– Pare com isso imediatamente, Augusto, você parece que enlouqueceu!

Augusto, com a respiração bastante acelerada, novamente veio por cima dela, e com uma violência que fez Vera sentir muito medo dele.

Com dificuldade conseguiu livrar-se do peso de seu corpo e com agilidade correu de volta para dentro de sua casa, deixando-o onde estava.

Ele ficou ali espumando de raiva. – Então era assim, para o outro não havia limites, para ele sim, você vai me pagar muito caro, Vera, tudo o que me fez, não tinha o direito de brincar comigo desta forma – pensou.

Recompôs-se, pegou seu cavalo e voltou para casa; não sabe como chegou de volta, tão cego estava de ódio, com seu orgulho de homem ferido, e ainda por cima rechaçado por ela.

Apesar de que tudo o que fizera com ela agora, não foi movido pelo amor e sim pelo ódio, pois queria saber se ela conseguiria levar adiante aquela farsa.

– Mas ela foi esperta, livrou-se de mim como se estivesse por demais ofendida. Ordinária e hipócrita, era isso que ela era, uma mentirosa enganadora, pior até que muitas mulheres que conheci, que vendiam seu corpo por dinheiro, estas pelo menos se mostravam tal qual eram, sem disfarces, eram autênticas – meditava.

Passou a noite em claro compondo cada pedaço de tudo o que iria fazer no dia seguinte.

Enquanto isso, Vera, em sua casa, estava bastante assustada com a atitude de Augusto.

Cínthia, vendo-a agitada, procurou chegar mais perto, demonstrando-lhe carinho e atenção.

– Posso ajudar em alguma coisa, Vera? Você me parece bastante nervosa, não gosto de vê-la assim, converse comigo, já não sou uma criança, quem sabe não posso ajudá-la de alguma forma.

Vera, que até então havia contido o choro, abraçou a irmã e desabafou:

– Não sei o que houve com Augusto, ele veio ver-me, mas estava tão estranho, dizendo coisas sem nexo, tive tanto medo dele que acabei fugindo e agora estou me sentindo muito mal com tudo isso.

– Ora, Vera, deixe isso para lá, logo passa, talvez ele estivesse nervoso e acabou passando isso a você, verá que logo estará aqui com um lindo ramalhete de rosas pedindo-lhe desculpas.

Vera abraçou com carinho a irmã que na sua meninice tentava ajudá-la.

– Obrigada, Cínthia, por suas palavras, devo estar fazendo um cavalo de batalha sem necessidade mesmo. Vamos deixar isso de lado, acho que você tem razão – e foram abraçadas, cada uma para o seu quarto.

O dia amanheceu cinzento e todos já estavam de pé quando Augusto desceu para tomar café.

Encontrou todos à mesa, fazendo seu desjejum.

– Bom dia a todos – falou com tom mal humorado.

Dona Amélia, percebendo que seu filho estava tristonho e abatido, retrucou:

– Você está bem, filho? Está sentindo alguma coisa?

– Não, mamãe, só acordei indisposto hoje, logo passa.

– Quer jogar uma partida de gamão depois do café, Augusto? – perguntou Lopes.

– Obrigado, Lopes, mas não estou disposto, realmente, além do que tenho alguns afazeres para acabar.

– Está bem, então fica para a próxima.

O Coronel, como sempre, ouvia a tudo calado, mas observava atento, conhecia muito bem o filho, sentia que alguma coisa não ia bem, mas sabia que de nada adiantaria ficar insistindo para saber, ele não falaria mesmo.

Augusto já tinha tudo esquematizado na mente, daria um tempo por ali e, alegando algumas providências a serem tomadas na Vila, não viria para o almoço; ao invés disso, seguiria direto para o local onde se daria o encontro, e ali ficaria à espera dos dois.

Foi até o escritório, apanhou a arma e colocou-a no bolso de dentro do casaco que vestia, subiu até seu quarto e pegou a carta que havia guardado; lera-a tantas vezes que já sabia de cor; foi até a escrivaninha e, olhando mais uma vez a carta, queimou-a, saindo em seguida sem levantar suspeitas.

Já do lado de fora da porteira, voltou seu cavalo para trás, olhando para a fazenda como que a despedir-se de tudo. Dependendo de como tudo acontecesse, talvez ele levasse muito tempo para voltar ali.

Neste momento viu que sua mãe o estava observando da varanda, fez-lhe um aceno mandando-lhe um beijo e gritou:

– Amo vocês!

Dona Amélia sorriu ao ver a atitude do filho, sempre tão amoroso e disse em voz alta:

– Nós também o amamos muito, filho, vá com Deus!

Dona Amélia levantara-se naquele dia com o coração oprimido, chegou até a comentar com o marido que se sentia triste e deprimida, mas ele logo respondeu-lhe que devia ser de saudades de Neusa, afinal ela nunca havia se ausentado antes.

– Você tem razão, meu velho, deve ser isto mesmo – e foi para seus afazeres, pensativa, orando para que tudo estivesse correndo bem entre Neusa e Mathias.

Cínthia também teve uma noite cheia de sobressaltos, com pesadelos horríveis, viu-se num lugar muito escuro e úmido, com muita lama malcheirosa.

Havia gente deitada naquela lama, tentando agarrar-se a ela quando passava por eles; sentiu muito medo, depois viu-se cair num precipício onde não se via o fim; acordou aflita, dando graças a Deus por tudo não ter passado de um pesadelo, mas instintivamente indagou-se: – Será que é assim o inferno e o purgatório que o padre sempre comenta em suas missas?

Ela tinha que dar um jeito de ir para a fazenda abandonada um pouco mais cedo do que de costume; estava certa de que Augusto tinha lido sua carta, daí a razão de ter vindo de noite em sua casa e ter tido tais reações.

Vera não sabia, mas Cínthia tinha ouvido tudo o que eles falavam, pois quando Augusto chegou, escondeu-se, e assim que saíram para o jardim ela deu a volta pelos fundos da casa, ficando por detrás dos arbustos, vendo tudo.

Teria que ficar em outro lugar hoje, pois no seu esconderijo, certamente, estaria Augusto; ela fora tão detalhista na carta, que descreveu o local que ele deveria ficar para vê-los; tão logo ele entrasse, ela viria para o seu posto de vigia.

Lopes, como de costume, arrumou-se para sair e Vera, em sua casa também; nem por um instante passou pela cabeça de Vera que Augusto havia descoberto tudo; ela não associou os fatos da noite passada.

Augusto, que chegou bem antes à fazenda abandonada, olhou para os lados para certificar-se de que ninguém mais estava por ali; mesmo sabendo o que iria encontrar e presenciar, sentia-se impaciente e angustiado; pelo que dizia a carta, Vera chegava sempre antes para arrumar o ninho de amor dos dois.

Bem antes que ela chegasse ele entrou dentro do cômodo que os acolhia, sentiu náuseas ao ver a cama em desalinho, lençol de um lado, travesseiros do outro, saiu correndo para não vomitar ali dentro.

Por mais que se esforçasse para acalmar-se, sentia dificuldade em dominar-se, o mal-estar voltara, mas agora algo o impulsionava a seguir em frente no seu plano; sentou-se no local descrito na carta e certificou-se de que dali poderia ver o que necessitava saber.

Não tardou muito para que Vera, com um semblante de completa felicidade, entrasse na casa.

Ele havia tido o cuidado de destrancar uma porta que dava para uma pequena varanda e acreditava que ali eles não mexeriam, pois ele deixou a porta bem encostada e fechou a cortina pesada que havia ali.

Vera tinha trazido algumas frutas e vinho que ela arrumou com carinho por sobre uma mesinha de cabeceira, ajeitou a cama e trocou de roupa para esperar Lopes.

Augusto não queria acreditar no que via: Vera, numa linda camisola de renda branca que lhe marcava todo o corpo, foi admirar-se no espelho; queria fazer uma surpresa a Lopes, comprando aquela camisola que achara linda e sabia que ele iria gostar de vê-la vestida assim.

Passados mais uns vinte minutos chegou Lopes, sempre tendo o cuidado de esconder o cavalo e olhar ao redor, entrando rapidamente na casa.

Vera, que o escutara chegando, ficou esperando por ele no meio do quarto. Ao abrir a porta Lopes deparou-se com ela.

Seus olhos brilharam de alegria e prazer, ao vê-la ali tão linda com os braços abertos esperando-o.

Ele foi se achegando devagar, admirando toda a sua beleza. Vera atirou-se nos seus braços beijando-o com paixão arrebatadora.

Do lado de fora, Augusto assistia a tudo impassível; tinha-se preparado emocionalmente para tais cenas, na hora certa entraria e aí seria a sua vez de tomar conta da situação.

– Como ela pôde ter sido tão fria a vida toda comigo e hoje entregar-se assim de corpo e alma a um quase desconhecido? Irei matá-los aos poucos – meditava.

Tinha trazido munição a mais em seu bolso, pois pretendia ser cruel com eles, fá-los-ia sofrer na carne a dor que ele estava sentindo nas entranhas.

Lopes e Vera, ainda de pé, ficaram a trocar longas carícias, até que em certo momento os dois jogaram-se na cama.

E Augusto, num movimento rápido, pulou dentro do quarto de arma na mão e foi logo dizendo:

– Quer dizer que é aqui que os pombinhos se acasalam?

Lopes e Vera, aturdidos pelo flagrante, não esperando por aquilo, aterrorizados com o que estava por acontecer, pediam a Augusto que tivesse calma.

– Você está transtornado, Augusto, não sabe o que está fazendo. Vamos nos sentar e conversarmos, largue esta arma, por favor – implorou Lopes.

– Vocês me pedem calma! Seus traidores desavergonhados, vocês não podiam ter sido mais baixos do que foram e ainda se acham no direito de me pedir alguma coisa? Pois preparem-se para morrer, pois é este o fim que os espera.

Lopes jogou o lençol para que Vera se cobrisse e procurou ver se conseguia conversar civilizadamente com ele, que estava fora de si.

– Vamos nos sentar, Augusto, e conversar, sabemos o que está sentindo.

– Se sabem o que estou sentindo, por que não me procuraram antes, não era interessante, não é mesmo? Certamente eu não compreenderia e o enxotaria de minha casa como a um cão vadio. Mas talvez tivesse sido melhor, pois vocês me poupariam de me tornar hoje um assassino.

– Mas sei que se nos ouvir acabará entendendo nossa situação. Augusto, não queríamos lhe fazer mal ou magoá-lo, mas aconteceu. Nós nos apaixonamos, eu até tentei ir embora, lembra-se? e você não me deixou partir.

"Tentei evitar toda esta situação, mas os laços que me prendem a Vera foram maiores e mais fortes que nós. Tentamos sufocar este sentimento dentro de nós, eu muito tenho sofrido e Vera também com esta situação. Só não lhe contamos antes pois sua irmã estava para se casar e isso abalaria a todos e não queríamos estragar a alegria deles.

– Como foram gentis, sabem que chegam a me comover com tais palavras – disse com sarcasmo. – Vocês me causam nojo, você, Lopes, a quem sempre tive como um irmão, sempre o respeitei, e você, sua vagabunda, a quem dei o que de melhor eu tinha, como pôde me enlamear desta maneira? Como pôde me trair com ele, que era o meu melhor amigo?

"Jamais perdoarei o que me fizeram, vocês destruíram tudo de bom que havia dentro de mim, hoje sou um homem morto, nada tenho mais a esperar desta vida. Mas também não serão felizes juntos, você não será minha, mas não será dele tampouco. E vocês acham que sabem o que vai dentro de mim? Ora, como são pretensiosos, ninguém pode avaliar o que estou sentindo desde ontem, quando descobri toda a verdade.

Vera ia dizer algo, mas Augusto gritou:

– Cale a boca, sua ordinária, que eu não quero nem mais ouvir a sua voz! Agora entendo o porquê de sua frieza comigo, de querer um tempo para pensar, o que queria mesmo era enganar-me. Como pude enganar-me tanto assim com você, sua traidora desavergonhada? Como pôde cometer tamanha deslealdade para comigo, que só fiz respeitá-la desde que a conheci?

Vera chorava desesperadamente, antevendo o que iria acontecer; ela não queria morrer ali daquele jeito, era jovem, Lopes também.

Amavam-se, não era justo tudo acabar daquela maneira; e vendo que Augusto engatilhara a arma em sua direção, Vera correu até ele numa tentativa de segurá-lo e impedir tal loucura.

Mas Augusto estava com os olhos vidrados de tanto ódio, ódio esse que se misturava ao de Inês e à sua sede de vingança.

Naquele momento, os sentimentos de Inês e Augusto fundiram-se num só, e assim Augusto disparou o primeiro tiro em Vera, acertando-lhe um pouco acima do coração, fazendo-a cair.

Lopes, neste instante, vendo que Vera iria ser acertada novamente, pulou por cima dela, tentando protegê-la, levando ele os três tiros seguintes.

Augusto, num segundo de lucidez, diante de tanto horror – vendo Vera caída, aparentemente morta, e Lopes, por cima dela, todo ensangüentado e presumidamente morto também – não suportando o que tinha feito, voltou a arma contra sua própria cabeça e atirou.

Cínthia e Inês, que a tudo assistiam, sentiam-se vingadas; finalmente eles tiveram o fim que mereciam, só ficaram um tanto abaladas pelo fim triste de Augusto, porque isto elas não haviam premeditado.

Inês estava tão extasiada com a execução de sua vingança, que nem se deu conta de que dona Zilá e seus companheiros ali estavam, tentando auxiliar aquelas pobres criaturas envolvidas em dolorosa tragédia.

Augusto, que tivera morte instantânea, debatia-se por não conseguir desprender-se do corpo físico.

Dona Zilá, que já conhecia muito bem o destino daqueles que, como Augusto, tiram sua própria vida, procurou interceder junto aos seus superiores para que o ajudassem e que ele pudesse ser levado para um Posto de Socorro próximo para receber os primeiros socorros. Diante da maneira como tudo aconteceu, seu pedido poderia ser atendido em parte.

Ela muito pouco ou quase nada poderia fazer pelo neto tão querido; tanto tentou evitar toda aquela tragédia, mas a força do mal desta vez tinha sido mais forte e vencido.

Restava-lhe agora acompanhar de longe a trajetória do neto e, através de muitas preces, enviar-lhe bons fluidos para que pudesse ser amparado e devidamente ajudado e assistido. Tudo que estivesse a seu alcance faria por ele.

– Oh! meu Deus – pensou dona Zilá –, quanto sofrimento e dor estas famílias irão passar daqui por diante!

Os Assistentes Espirituais que ali se encontravam tentavam ajudar Augusto, que se debatia muito, gritando horrorizado, olhando para si mesmo todo ensangüentado, com o rosto mutilado, deformado pelo tiro que estourou seus miolos, fazendo saltar-lhe os olhos para fora.

Seu pavor era tanto que chorava convulsivamente, não só por ele, mas também por julgar ter matado Vera e Lopes, que estavam ali estendidos inconscientes.

Forte crise nervosa o acometeu neste momento, sendo difícil para os assistentes que ali estavam conseguir acalmá-lo.

Outros dois assistentes ajudavam Vera, que não parecia estar tão mal; apesar de o tiro ter-lhe acertado em cheio o peito e a hemorragia ser grande, ela parecia ter todos os seus sinais vitais em ordem.

Já Lopes, este sim, estava muito mal, os três tiros o atingiram, um na altura do pulmão direito, e os outros dois na coluna vertebral.

Pelo que puderam observar, ele estava em coma, e a hemorragia era tão intensa que somente com muita sorte sobreviveria.

Cínthia estava atônita, chorando sem saber o que fazer. Dona Zilá vendo-a em estado de choque, ao ver o que tinha feito com seu ato irresponsável, achegou-se mais perto dela e disse-lhe ao ouvido:

– Vá buscar ajuda, filha, e rápido.

Ela saiu correndo em busca de socorro, gritando feito louca desesperada, falando coisas desconexas.

Encontrou um colono que ia pela estradinha de terra que levava à vila e disse-lhe:

– Moço, pelo amor de Deus, aconteceu uma desgraça na fazenda abandonada. Sou filha do seu Prudêncio, por favor, vá até lá e diga-lhe para que venha depressa, pois minha irmã precisa de cuidados médicos. Depois vá à casa do coronel Felício e peça-lhe que mande ajuda imediata, pois tem gente sua muito ferida lá dentro. Vá, moço, rápido!

– Mas meu burro não corre, menina.

– Pois eu lhe empresto o cavalo – e na maior aflição, viu o rapaz disparar com o seu cavalo em direção à vila.

Correu de volta para dentro da casa, precisava fazer alguma coisa até o socorro chegar.

Inês, vendo a agonia de Cínthia, começou a xingá-la, pois não queria que eles fossem socorridos.

Dona Zilá e seus companheiros, vendo que Inês novamente tentava agir sobre Cínthia, indo longe demais, resolveram interferir.

– Inês, – falou dona Zilá amorosamente, porém com muita energia – já não basta tudo o que fez? Você ainda não se deu por satisfeita?

– Ainda não, pois quem deveria estar morto não está, e este idiota aqui acabou com a vida de graça.

– Como ousa dizer tal coisa, Inês? Como de graça? Tudo o que aconteceu aqui, hoje, eles devem em grande parte a você. Será que não se dá conta do mal que está fazendo a si mesma? De quem acha que vai ser cobrada toda esta infelicidade? Pare com isso, já não basta todo mal que causou, já parou para pensar em quantos irão sofrer pela sua inconseqüência e vingança baratas?

– Ora, não me venha com essa, agora, a senhora sabe muito bem que tudo o que fiz foi justo e necessário, eles me destruíram, nada mais justo que eu os destrua agora.

– Mas você não vê que nada vai ganhar com tanta maldade, que só está se atrasando com tudo isso, que seus débitos muito cresceram e que vai sair muito caro o preço a ser pago por tudo o que fez?

– Nada disso me importa! Desde que eles não sejam felizes juntos, já me dou por satisfeita.

– Pobre criatura – falou Helena, que acompanhava dona Zilá. – Tenho muita pena dela. Será que, se ao invés de ter tanta revolta e rancor no coração, tivesse perdoado Antônio e Suzana, tudo não teria sido diferente para ela? E o pior é que ela acabou envolvendo Cínthia de tal forma, que a menina, pode-se dizer, foi co-autora de tudo.

– Pois é, Helena, quando deixamos que o ódio fale mais alto em nosso coração, as conseqüências são sempre trágicas e funestas, alguém sempre acaba sofrendo punições que poderiam ter sido evitadas.

"Mas Deus, que tudo sabe e tudo vê, que conhece o interior de cada filho seu melhor do que ninguém, se deixa que tais coisas aconteçam, é porque assim tem que ser.

"Nada somos para julgarmos as deficiências ou fraquezas dos outros, e muito menos o que está traçado por Deus; Sua justiça nunca falha.

"O que podemos fazer, estamos fazendo da melhor maneira possível. No mais, confiemos em Deus Todo Poderoso, Nosso Pai, que tenha piedade destas criaturas que tanto estão sofrendo agora aqui, e de seus familiares que estão por receber a tão triste notícia.

"Fiquem aqui que vou para a casa de meu neto, vão precisar de minha ajuda lá. Continuem em oração, vibrando pensamentos de fé e coragem a eles.

Dona Zilá sabia como seria difícil para a filha e o genro, receberem a notícia do suicídio de Augusto e de tudo o mais. Sabia também que nada mais seria como era antes para aquelas pessoas.

Havia ainda Neusa, que já tivera problemas com sua gestação; teriam que ter muito cuidado para dar-lhe a notícia, seria um duro golpe para todos.

***

Quando o colono chegou à casa de seu Prudêncio, encontrou-o de saída; correndo esbaforido, procurou dar a notícia como ele havia entendido.

Seu Prudêncio, sem entender o que estava acontecendo, pediu ao rapaz que se acalmasse para falar, e depois de alguns engasgos, conseguiu dizer que sua filha estava ferida perto dali e precisava de socorro urgente.

Ficou sem saber o que fazer, pois o único médico da Vila era o Dr. Mathias e este estava em lua-de-mel, longe dali.

Não falou nada à mulher para não assustá-la, pegou a carruagem e foi até a fazenda abandonada com o rapaz, seguindo-o atrás.

Tão logo ali chegaram, Cínthia veio até o pai, chorando desesperada.

– Papai, ainda bem que chegou.

– Mas o que houve aqui, Cínthia?

Cínthia, com medo, mentiu:

– Também não sei, estava passando por perto, quando ouvi tiros saindo daqui e ao chegar encontrei-os assim.

Guiou o pai até o quarto e este, diante do que viu, soltou um grito de horror.

– Meu Deus, o que aconteceu aqui?

Correu até Vera e, tomando-lhe o pulso, viu que estava com vida; a seguir retirou Lopes de cima dela.

Foi tudo tão rápido que seu Prudêncio nem teve tempo para analisar o que havia acontecido; também o que isso importava agora? O mais importante era salvar a vida de sua filha, que se esvaía em sangue.

Pegou em Lopes e viu que este ainda respirava, olhou mais à frente e viu Augusto, já sem vida, com arma próxima de sua mão.

Colocaram Vera dentro da carruagem com a ajuda do rapaz, que nada perguntou.

Voltaram para transportar Lopes e puseram-no no chão da carruagem, pois este não cabia deitado no banco e com os solavancos poderia cair.

– Meu rapaz, – disse seu Prudêncio, tentando manter a calma – vá até a casa do coronel Felício e conte-lhe o que viu. Tenha cuidado para dar a notícia, pois ele já teve um derrame que quase o matou. Diga-lhe que Lopes precisa de cuidados urgentes, pois está à beira da morte e que eu o levei para o hospital, e que seu filho está morto. Acho melhor falar primeiro com Raimundo que é o capataz da fazenda. Deixe que ele dê a notícia como achar melhor. Agora vá.

– Sim, senhor, sem demora, depois devolvo o cavalo.

– Não precisa devolvê-lo, fique com ele de presente pela ajuda que nos deu.

– Obrigado, senhor, e saiu em disparada rumo à fazenda do Coronel.

Conhecia Raimundo e falaria com ele.

Cínthia ia segurando Vera desacordada e a carruagem seguia o mais depressa que podia, com seu Prudêncio gritando muito e chicoteando os cavalos a fim de que andassem mais rápido.

Seu Prudêncio sabia que havia um pequeno hospital numa cidadezinha a uma hora e pouco dali, teria que arriscar. Ficar ali na Vila era deixar que os dois morressem à mingua.

Agora, levando a carruagem, começou a formar em sua mente o que teria acontecido.

Pela cena que encontrou, não era difícil deduzir que Augusto surpreendera a filha e seu amigo na cama, atirando neles e pondo fim à própria vida em seguida.

Para seu Prudêncio nada podia feri-lo mais que isso. Sua filha, deitada com um homem que mal conhecia, traindo o noivo que sempre fora tão dedicado e bom para ela.

– Oh! Deus, que mal fiz eu para merecer tal castigo? Quanta vergonha e humilhação haveremos de passar com tudo isso? – pensava ele.

Assim que chegaram ao hospital, foram prontamente atendidos pelos enfermeiros; ninguém fez nenhuma pergunta, a princípio, diante do estado grave dos dois feridos.

Foram levados para dentro, ficando seu Prudêncio e Cínthia na sala de espera.

Nenhum dos dois queria tocar no assunto, também nem era preciso, estava tudo tão claro.

Passados alguns minutos, surgiu um médico perguntando se eram parentes dos dois.

Seu Prudêncio identificou-se:

– Sou o pai da jovem, doutor, como ela está?

– Perdeu muito sangue, a bala está alojada logo acima do coração e teremos que operá-la imediatamente.

– Mas claro, doutor, faça o que for preciso, mas salve-a, por favor, eu lhe peço.

– Faremos tudo o que estiver ao nosso alcance. Agora o rapaz está em estado bastante crítico, não sei se poderemos salvá-lo. Levou três tiros, um dos quais está alojado em seu pulmão direito, e os outros dois atingiram diretamente sua coluna vertebral. Mesmo que venha a se salvar, ficará paralítico pelo resto da vida.

Cínthia levou a mão na boca, não estava mais agüentando ver tudo aquilo. Sentia-se culpada e assim foi prostrando-se, calada num canto da sala, recriminando-se, acusando-se.

Na verdade não era isso que ela imaginava que fosse acontecer; pensou em dar um corretivo em Vera, sempre sentindo-se tão superior, tão certinha, iludindo aos pais que era uma pessoa, quando na verdade era outra bem diferente.

Nunca imaginou que as coisas tomassem os rumos que tomaram e acabassem nesta grande tragédia.

Inês, vendo a fraqueza de Cínthia, pôs-se a blasfemar contra ela, chamando-a de fraca e covarde; estava enfurecida, pois não havia conseguido impedir que os dois fossem socorridos.

Enquanto isso, na casa do Coronel, o colono conversava com Raimundo, pondo-o mais ou menos ao par do que tinha acontecido, pois ele não sabia ao certo como tudo sucedera.

Raimundo, que vira praticamente Augusto nascer, ficou muito chocado. Não sabia como dar notícia tão triste à família e, intimamente, suplicou:

– Minha Virgem Maria, dai-me uma luz, como vou dizer o que

houve para o Coronel?; ele não vai agüentar, acabou de sair de séria doença e agora essa desgraça toda.

Achou melhor ir ter com dona Amélia, ela era mais calma, apesar de que, numa hora dessas, ninguém se mantém calmo, mas pelo menos teria melhores condições que ele para contar ao patrão.

Dirigiu-se para a casa grande limpando as lágrimas que teimavam em descer de seus olhos, e foi direto à cozinha onde encontrou dona Ana preparando seus quitutes, toda feliz.

Vendo Raimundo entrar cabisbaixo, dona Ana indagou:

– Minha nossa, Raimundo, que cara é essa, parece até que viu assombração, homem!

– Antes fosse isso, dona Ana, nunca tive medo de assombração, mas confesso que estou com muito medo e tudo daria para não ter que dar a notícia que tenho que dar ao patrãozinho.

Dona Ana parou de mexer o doce que fazia e aproximou-se de Raimundo; nunca o vira tão abatido daquele jeito em muitos anos que juntos ali trabalhavam.

– Diga o que aconteceu, deste jeito você está me assustando!

– É o doutor Augusto – gaguejou Raimundo. – Aconteceu uma desgraça! Um colono acabou de vir me avisar, que encontraram doutor Augusto morto, numa fazenda abandonada perto da Vila. Parece que ele se matou, depois de ter atirado na noiva e no doutor Lopes.

Dona Ana sentiu as pernas bambearem e, se não fosse Raimundo socorrê-la, teria caído ali mesmo.

– Preciso dar a notícia aos pais dele e não sei como.

Neste instante Raimundo virou-se e viu que dona Amélia havia entrado pela outra porta e, pela sua expressão de dor, ele já não mais precisaria dizer nada, ela havia ouvido tudo; no fundo, Raimundo deu graças a Deus por não ter que olhar nos olhos daquela mãe e dizer que seu filho estava irremediavelmente morto.

Dona Ana chorava desconsolada e dona Amélia aproximou-se, demonstrando tanta dor e sofrimento que cortou o coração de Raimundo.

Dona Amélia procurou apoiar-se na grande mesa que havia na cozinha, dizendo:

– Diga o que aconteceu com meu filho, Raimundo. Quem foi que veio até aqui avisar o quê?

– Pois é, patroa, eu nem sei o que aconteceu direito. Só o que o moço disse, é que levaram dona Vera e seu doutor Lopes para o hospital mais próximo, porque os dois estavam por demais feridos. Ele até achou que eles não vão agüentar, e o patrãozinho doutor Augusto está morto, patroa, parece que ele se matou.

Dona Amélia, com as duas mãos no peito, como que a segurar o coração destroçado, dava vazão agora às lágrimas sentidas.

Sua mãe, dona Zilá, não conseguiu conter a emoção ao ver a filha naquele estado. Como gostaria de estar ali presente fisicamente, poder compartilhar com ela daquele momento tão doído, como gostaria de poder dizer e ser ouvida:

– Estou aqui, filha, solidária à sua dor – mas sabia que não tinha permissão para isso, o que podia e estava fazendo era ampará-la, sustentá-la neste momento tão difícil, dando-lhe força e coragem para poder suportar tanto sofrimento, procurando transmitir-lhe a serenidade tão necessária quando se perde um ente tão querido.

– Mas o que terá acontecido, meu Deus? – exclamou dona Amélia. – Eu o vi sair não faz muito tempo, ele ainda virou-se para trás e gritou que nos amava, parecia que sabia que não voltaria. Santo Deus, como vou dar uma notícia como esta a Felício, e a Neusa, que está tão longe?

Dona Amélia ao mesmo tempo que tendia ao desespero, sabia que precisaria ser muito forte agora, para segurar e ajudar tanto o marido quanto a filha grávida, que tinha verdadeira adoração pelo irmão.

Se ela se deixasse levar pelo desespero, não haveria ninguém mais em condições para raciocinar.

Neste instante saiu da cozinha, foi até a imagem da Virgem Santíssima e deixou que as lágrimas caíssem livremente pelo seu rosto; precisava extravasar.

De que adiantaria segurar toda aquela terrível dor que tinha dentro de si? Parecia que ia explodir.

Pediu sentidamente à Virgem que lhe desse forças naquela hora tão difícil para não sucumbir, lembrou-se de sua mãe, sempre tão bondosa e amorosa, e rogou a Deus que ela, onde estivesse, pudesse vir em seu auxílio.

Dona Zilá estava ali do seu lado, abraçada a ela, transmitindo-lhe equilíbrio e paz.

Dona Amélia fez uma prece em favor do filho querido, pedindo a Jesus que o amparasse.

Sentiu-se melhor depois disso e pensou:

– Tenho que ter coragem para falar com Felício.

Saiu da sala bastante abatida, o que não poderia ser de outra forma, e foi ter com o marido.

Encontrou-o no escritório olhando uns papéis; assim que a viu endireitou-se na cadeira, olhando-a de frente; jamais tinha visto a mulher tão alquebrada, olhos vermelhos, rosto contorcido, parecia estar carregando o mundo nas costas.

– Nossa, Amélia, o que foi?

– Ah, meu velho, tenho que lhe contar algo tão terrível que nem sei por onde começar.

– Pois comece pelo fim se achar mais fácil.

– Oh! meu velho! – dona Amélia abraçou o marido, chorando sem parar; por mais que quisesse estava muito difícil de segurar tudo sozinha – nosso filho, houve uma tragédia com nosso Augusto.

Seu Felício sobressaltou-se, pressentindo que algo de muito ruim tinha acontecido.

– Diga, Amélia, pelo amor de Deus, fale o que houve!

– Augusto está morto, Felício, acabaram de vir trazer a notícia.

Seu Felício, como que atingido por um raio, soltou um grito de dor.

– Nããããão! Não pode ser verdade, deve haver algum engano, ainda há pouco ele estava aqui, Amélia.

Dona Amélia, abraçada ao marido, disse-lhe:

– Chore, meu velho, chore tudo que tem para chorar, eu também já fiz isto, temos que ser fortes, Felício. Nem eu mesma sei como vou suportar tanta dor, mas sinto que precisamos ter coragem e enfrentar esta fatalidade de frente.

O Coronel chorava e lamentava a morte do filho, esmurrando a mesa, revoltando-se contra Deus que permitiu que tal coisa acontecesse.

– Por que, Deus, por que o Senhor deixou que meu filho ainda tão jovem, cheio de vida e saúde, partisse assim? Por que permitiu? – gritava o Coronel toda a sua revolta.

Dona Amélia deixou que ele se acalmasse um pouco e depois, quando ele estava mais sereno, falou:

– Felício, temos que tomar uma série de providências, precisamos pedir a Raimundo que vá até lá para trazê-lo para cá.

– Antes preciso saber o que aconteceu, você sabe?

– Somente por cima – e narrou o que sabia.

O Coronel não quis acreditar no que ouvia da mulher, era infame demais.

– Mas é a verdade, velho, não poderemos fugir dela, parece que ele os pegou juntos, na certa já estava desconfiado, pois levava consigo um revólver, e você sabe o horror que Augusto sempre teve de armas.

– Mas por que ele foi cometer esta loucura? Se os dois estavam juntos, que largasse isso para lá, ele tinha uma vida inteira pela frente para ser vivida. Era um garoto ainda, tinha tantos planos, tantos projetos. Será que não pensou o quanto nos faria sofrer com tudo isso? Eu não posso me conformar com isso, Amélia – e o Coronel voltou a soluçar feito uma criança.

– Quem somos nós, Felício, para julgá-lo? Sabe Deus o que se passou na cabeça dele, o que sentiu ao ver-se traído de forma tão cruel?

Dona Zilá apiedou-se dele e, através de passes fluídicos, tentou acalmar um pouco o genro.

Passados alguns minutos, seu Felício, mais calmo, levantou-se e falou:

– Vou até lá com Raimundo e mais um homem para providenciar

tudo; vou mandar avisar Mathias e Neusa para que venham imediatamente. Você fique aqui que assim que eu puder estarei de volta.

– Sei que é difícil, meu velho, mas acho melhor mandar avisar os pais de Lopes.

– Está bem, mandarei avisar.

Deu um longo abraço na esposa e saiu carregando consigo toda sua tristeza e pesar.

Seu Felício ia calado ao lado de Raimundo. Em sua mente vinham-lhe as recordações de quando Augusto ainda era bem pequeno e corria feliz por aquelas campinas.

Depois, já um rapazinho, convenceu ao pai que queria cursar uma faculdade, tinha o dom da palavra, sempre conciliador com as pessoas.

Sabia impor-se quando tinha alguma idéia na mente, defendendo com unhas e dentes os seus princípios.

Quantas discussões acaloradas tiveram, pois ele tentava incutir naquela velha cabeça, mudanças e novas idéias que vira na cidade grande, mas era difícil mudar valores que já se tem enraizados dentro de si.

– Ele às vezes ficava meio aborrecido comigo, mas depois acabava por compreender-me – e assim foi se lembrando de várias passagens, e nem se deu conta quando chegaram à fazenda abandonada.

Raimundo, vendo que o patrão estava absorto em seus pensamentos, falou:

– É aqui, patrão – trazendo o Coronel à dura realidade.

O Coronel, com certa dificuldade, desceu da carruagem e, sem dizer uma única palavra, dirigiu-se para dentro da casa.

Foi um momento de grande comoção. A cena que se seguiu foi por demais comovente e triste.

O Coronel, ao chegar na porta do quarto onde tudo acontecera, parou um instante como que a tomar coragem e, neste momento, em silenciosa prece, pediu a Deus que lhe desse forças para o que teria que enfrentar e entrou.

Ao deparar-se com o filho estendido no chão, foi até ele e com dificuldade ajoelhou-se, coração oprimido pela dor.

Ali, abraçado ao filho como se estivesse a niná-lo, chorou toda a sua tristeza, toda a sua amargura.

– Filho, por que não se abriu comigo, talvez eu pudesse ajudá-lo de alguma forma... o que faremos sem você a nos alegrar como o seu doce sorriso... com seus gestos ternos a nos engrandecer... onde iremos buscar, filho, aquela palavra sempre amiga e conciliadora que você sempre teve com todos! Oh! filho amado, por que se entregou assim dessa maneira! Lutasse, batesse, esbravejasse, mas permanecesse entre nós, Augusto.

Raimundo, que assistia a tudo, não conteve as lágrimas que rolavam em seu rosto, pensando em como o destino estava sendo duro com aquela família; em tão curto espaço de tempo, quanta coisa ruim e amarga já tinha acontecido a eles.

Quando sentiu-se mais calmo o Coronel pediu a Raimundo que o ajudasse a levantar-se.

Raimundo, solícito, ajudou-o e em seguida foi chamar o outro empregado, que havia ficado do lado de fora, para que pudessem levar Augusto para a carruagem. Na volta o Coronel orientou-os:

– Vamos até a Vila providenciar tudo para o féretro; deixe o rapaz aqui e venha comigo, Raimundo. Não estou com cabeça para nada, vou precisar de sua ajuda.

– Claro, patrão, tudo o que for preciso, estou a seu dispor.

– Obrigado, Raimundo.

Na Vila, ninguém ainda sabia do acontecido. Foi um grande choque para todos.

O Coronel foi até a funerária, escolheu tudo o que era necessário e pediu que levassem para a velha fazenda abandonada. Ele queria que Augusto saísse dali já com tudo em ordem. Chegaria à sua casa pelo menos num cortejo digno.

Não tardou para que a notícia se espalhasse e chegasse aos ouvidos de dona Laurinda, que ficou desesperada, sem saber ao certo o que tinha acontecido.

As notícias eram desencontradas, cada um falava uma coisa; a única coisa que se sabia com certeza era da morte de Augusto.

Dona Laurinda chorava e pedia a Deus pela filha, sem saber o que se passava; a angústia tomou conta do seu coração.

Dona Mariazinha, sempre muito temente a Deus, procurou acalmá-la, dizendo-lhe palavras de conforto e consolo.

– Dona Laurinda, vamos elevar nosso pensamento a Nosso Senhor Jesus Cristo e pedir em oração que salve dona Vera e esse pobre moço.

– Mariazinha, como pude ser tão cega a ponto de não ver o que estava debaixo do meu nariz? Vera vinha saindo todas as tardes, passava horas fora e nem por um momento me passou pela cabeça que ela estivesse fazendo algo errado. Como nos enganamos com os filhos! Enxergamos em nossos filhos sempre crianças incapazes de cometer uma atitude desleal, logo Vera, tão ajuizada! Como pôde cometer tal deslize?

– Não vamos falar nisso agora, dona Laurinda, nem devemos julgar este ou aquele, somente eles sabem como tudo aconteceu. Tenhamos fé em Deus, para que eles consigam escapar desta armadilha que o destino lhes preparou, e esperemos confiantes que possam nos contar tudo depois.

"Aprendi, ao longo da vida, a não fazer pré-julgamento das pessoas, pois todos têm a sua dose de razão em tudo o que fazem. Se dona Vera agiu como agiu, deve ter tido seus motivos e razões. O coração, às vezes, nos prega peças, com as quais muitas vezes não sabemos como lidar, e acabamos por entrar em caminhos dos quais nem sempre se tem volta.

Dona Laurinda ouvia as sábias palavras de dona Mariazinha e tentava compreender a filha, mas era-lhe muito difícil aceitar o que se falava de boca em boca por toda a Vila.

Ainda mais numa vila como aquela, onde as pessoas pareciam se comprazer da desgraça alheia.

Capítulo XXV

No hospital em que se encontravam Vera e Lopes, ainda não havia notícias concretas de nenhum dos dois.

Só se sabia que estavam sendo operados e que o estado de Lopes era muito crítico.

O vaivém no corredor do hospital era grande e percebia-se no rosto das enfermeiras que entravam e saíam, apenas a apreensão natural da rotina de trabalho.

Quando questionadas, balançavam a cabeça negativamente, dizendo ainda não se ter nenhuma notícia.

Depois de algumas horas de agonia e ansiosa espera, finalmente o médico que operara Vera veio até eles.

– Acabamos agora a cirurgia de sua filha; tecnicamente falando, ela reagiu bem. Seus sinais vitais ainda estão sob controle; esperamos que daqui mais algumas horas ela recobre a consciência e aí, então, teremos melhores condições para avaliar o caso.

Era difícil para seu Prudêncio fazer aquela pergunta, mas era necessária.

– Doutor, ela corre risco de vida?

– Ela perdeu muito sangue, está bem debilitada, a bala por muito pouco não lhe atingiu o coração; agora, o mais sensato é aguardarmos que ela reaja favoravelmente à cirurgia.

– E o rapaz, doutor, como está? – perguntou Cínthia com voz sumida.

– Ele ainda está na mesa de cirurgia; seu caso inspira maiores cuidados, não vou enganá-los, será um verdadeiro milagre se ele se salvar. Agora me dêem licença, tenho que voltar.

Cínthia sentou-se num banco e em sua mente só vinha a cena em que vira Lopes atirar-se sobre a irmã para salvá-la da morte.

Sua depressão foi aumentando. Inês, por sua vez, ficou a atormentá-la, dizendo-lhe que ela era medíocre, que não fazia nada direito, que era uma incompetente; culpava-a pela morte de Augusto, para deixá-la ainda pior.

Inês não se conformava; depois de tanto esforço, ver que Vera tinha grandes chances de sobreviver e perguntava-se, com muita raiva: – Será que depois de tudo eles iriam se salvar?

Mas pelo que pôde observar pelas palavras do médico, com muita sorte, veria pelo menos parte do seu plano concretizado, caso Lopes viesse mesmo a falecer. Pelo menos, se assim fosse, já lhe serviria de consolo saber que Vera não ficaria com Lopes, e ainda carregaria para o resto da vida o remorso e o peso de ter sido a causadora da morte de Augusto também.

Mas ela estava furiosa mesmo era com Cínthia que, influenciada por dona Zilá, correu em busca de socorro.

– Se esta estúpida não tivesse ido atrás de socorro, certamente, uma hora dessa, tanto Vera quanto Lopes estariam seguramente mortos – e todo o seu ódio voltou-se para Cínthia.

Ela, então, dava socos e pontapés na menina que, sentindo grande desconforto, procurava ajeitar-se melhor no banco.

Não satisfeita com isso, começou a vampirizá-la de tal forma e transmitir-lhe em pensamento tantas frases confusas e desconexas, que a menina começou a ficar perturbada, falando e agindo de maneira estranha, ali no corredor do hospital.

O pai vendo a filha bastante agitada, resmungando sozinha, aproximou-se dela dizendo:

– Filha, aquiete-se aqui comigo, sei que deve estar cansada, mas temos que esperar por mais notícias.

A menina, olhando para o pai sem entender o que ele estava dizendo, coçou a cabeça e fez um gesto vago com uma das mãos.

Toda aquela situação poderia ter levado Cínthia a um estado de choque, pensava o pai preocupado, talvez ela estivesse à beira de um ataque nervoso pelo que viu nas últimas horas.

– Pobre criança – pensou seu Prudêncio –, deve estar muito assustada com tudo isso.

Procurou aproximar-se mais da filha, dizendo que tudo ficaria bem; o que ele não podia imaginar e nem ver era a presença de Inês unida a ela, maltratando-a e pondo-lhe na mente a culpa de tudo.

– Agora ela vai ver só, – falava Inês – eu não vou mais dar sossego a ela, este vai ser o preço que terá que pagar por ter falhado.

Quando o médico saiu novamente para o corredor, seu Prudêncio, bastante preocupado, chamou-o de lado e conversou a respeito de Cínthia; ao chegar perto da menina, esta assustou-se.

– Você se sente bem? – perguntou o médico em tom conciliador. – Sente alguma coisa, algum mal-estar ou mesmo alguma dor?

Cínthia balançou a cabeça negativamente e encolheu-se toda no banco em que se encontrava.

O médico, olhando com ar preocupado para seu Prudêncio, fez sinal para que fossem conversar um pouco mais adiante.

– Sua filha já apresentou outras vezes este tipo de reação?

– Não, doutor, ela sempre foi uma menina diferente das outras, sempre calada e reservada, nunca gostou de misturar-se muito com outras pessoas, mas é temperamento dela. O que estou achando é que foi demais para ela ter vivido esta tragédia das últimas horas.

– Sobre isso também gostaria de conversar com o senhor; diante da gravidade dos dois pacientes quando chegaram, nem tivemos tempo de saber como tudo aconteceu. Precisamos preencher um boletim do hospital, se não se importar, mas isso fica para depois; vamos primeiramente examinar sua filha e ver se encontramos algo.

O médico chamou uma enfermeira e pediu que esta conduzisse Cínthia até seu consultório, e encaminhou-se para lá.

Depois de realizar os exames de praxe, e não encontrando nada de errado, sentou-se perto da menina e começou a conversar com ela:

– Sei que tudo o que passou nestas últimas horas; deve ter sido muito difícil para você, mas quero que saiba que tudo já está sob controle. Sua irmã está bem melhor e vai recuperar-se.

– E o doutor Lopes, também vai se recuperar?

– Ah! que bom! – falou o médico. – Assim fico mais tranqüilo, sabendo que quando quer, você fala! Gostaria de saber se quer falar sobre o que aconteceu com sua irmã, talvez isso a ajude a sentir-se melhor.

Cínthia, com os olhos a faiscar, pois estava sob a ação de Inês, tornou a perguntar:

– O senhor não me respondeu. O doutor Lopes vai ficar bom?

– Ainda não sabemos, a cirurgia foi muito demorada e delicada. Seu estado é grave e inspira muitos cuidados, mas temos muita esperança de que ele seja forte o suficiente para sobreviver.

– Pelo que ouvi o senhor dizer horas atrás, se ele conseguir sobreviver vai ficar inválido, é verdade?

– Sim, é. Duas balas atingiram a coluna vertebral irremediavelmente; ele não mais terá os movimentos da cintura para baixo.

Inês pensou rápido:

– Bem, se for assim, mesmo que ele sobreviva, nunca mais terá o prazer de ter Vera nos braços como antes. Ele não terá mais nada a lhe oferecer. Afinal, para quem tinha visto os arroubos dos dois entre quatro paredes... seria muito difícil para qualquer um dos dois querer dar continuidade a um romance tão fogoso como o deles.

O médico, vendo que a expressão de Cínthia tinha se modificado, ficou a observá-la um pouco mais e logo concluiu que realmente a menina estava perturbada. Tanto poderia ser uma crise passageira, levando-se em conta o esgotamento nervoso que ela teria passado, como poderia ser coisa mais séria.

Saiu da sala e voltou a chamar por seu Prudêncio.

– O senhor tem razão em preocupar-se. Ela não está no seu estado normal, mesmo; pelo que pude observar ela está tendo alteração de comportamento, passando do estado depressivo para a excitação. O pouco que conversamos deu para perceber a mudança claramente. Acho prudente observarmos um pouco mais antes de entrarmos com qualquer tipo de medicamento, está bem?

– Claro, doutor! O senhor faça o que achar melhor.

– Procure ficar atento daqui para frente e qualquer anormalidade procure-me.

Seu Prudêncio agradeceu a atenção do médico e este, pedindo licença, retirou-se.

Capítulo XXVI

O coronel Felício ajudou a arrumar o filho no caixão.

Com muito cuidado, empurrou os olhos de Augusto para dentro, fechando-os como pôde; tinham trazido roupa limpa para trocá-lo e o serviço funerário completou o trabalho.

Arrumaram muitas flores sobre ele, misturando pequenas e grandes em volta de sua cabeça, para procurar esconder ao máximo o local do tiro.

Mas mesmo assim, quem o olhasse, veria que seu rosto estava bastante deformado; para o rapaz bonito que fora, era doloroso vê-lo de tal forma.

Saíram dali já com ele de volta para a fazenda, onde todos aguardavam com profunda tristeza sua chegada.

Não demoraram a chegar, e dona Amélia, junto com alguns empregados, já haviam removido parte dos móveis da sala e colocado cadeiras para as pessoas se sentarem.

Quando dona Amélia viu a carruagem fúnebre chegando seu coração apertou-se ainda mais.

Rezou para que tivesse forças naquela hora, e sua mãe, dona Zilá, junto de seus companheiros, vibravam em fervorosa prece por ela, aplicando-lhe passes calmantes.

O pessoal da funerária cumprimentou-a, olhando onde ficaria o caixão e voltaram para pegá-lo.

Seu Felício, chegando perto da mulher, abraçou-a comovido, dizendo-lhe:

– Coragem, Amélia!

Dona Amélia parecia nem ter mais lágrimas para chorar; no seu coração havia um grande vazio; ela que sempre fora uma grande admiradora da Doutrina Espírita, pensou:

– Meu Deus, mesmo já tendo lido tanto a respeito de que a vida não acaba com a morte física, como é difícil enfrentar isso tão de perto, como não estamos preparados para perder um ente querido. Peço aos bons Espíritos que neste momento me dêem apoio e sustentação. Sei o quanto meu filho irá precisar do equilíbrio de todos nós, para que possamos ajudá-lo de alguma maneira.

E com uma serenidade que nem ela mesma sabia de onde vinha, aproximou-se do caixão para ver o filho, colocando as duas mãos em seu rosto, acariciando-o como fazia quando ele ainda era pequenino.

Recolheu-se dentro de si e fez sentida prece, pedindo a Deus que tivesse piedade e misericórdia do filho por ter ele atentado contra a vida daquele jeito.

Pediu também que ele próprio tivesse condições para redimir-se do gesto que teve; procurou imaginar um lindo campo todo florido a esperar por ele, com Espíritos iluminados ajudando-o.

Sabia que o destino de um suicida era um dos piores, pois já lera sobre o assunto.

Mas, mesmo assim, rogou fervorosamente a Deus por ele, do fundo do coração sofrido de mãe, que nada podia fazer para ter seu filho de volta a seu lado. Nada lhe doía mais, que saber que Augusto teria que pagar o preço do seu desatino.

Aos poucos os empregados foram chegando; estavam todos por demais sofridos com tudo aquilo, viam no doutor Augusto uma criatura boa e sem maldade, que não merecia passar por tudo aquilo; tudo era tristeza e pesar na fazenda Santa Rita, que sempre tivera alegria.

* * *

A notícia chegou tal qual uma bomba às mãos de Mathias, que a recebeu no quarto do hotel onde estavam hospedados.

Por uma grande sorte, Neusa, naquele instante estava tomando banho, pois pretendiam sair para jantar.

Mas do banheiro ela ouviu baterem na porta e, assim que saiu, perguntou ao marido:

– Foi impressão ou ouvi baterem na porta enquanto estava no banho?

Mathias sabia que não poderia esconder a dolorosa notícia, pois tinham que correr contra o tempo para chegarem a tempo para o enterro.

Ele gaguejou, sem saber ao certo o que dizer a ela; sabia o que era ter que ouvir uma notícia como esta, pois já sentira na própria pele esta dor.

Procurou fazer com que Neusa se sentasse perto dele e, mesmo tentando encontrar as palavras certas para o momento, não conseguia pensar em nada que não fosse por demais doloroso.

– Não foi impressão não, querida, trouxeram-me agora uma notícia muito triste, que nem sei como vou dizê-la a você.

Neusa olhou-o assustada, sobressaltando-se.

– Diga-me de uma vez, você está me deixando nervosa. É alguma coisa com papai? Ele teve outro derrame?

– Não, Neusa, seu pai está bem.

– Então, me diga, por favor, o que houve?

– Aconteceu uma tragédia, você tem que ser forte, pensar no nosso filho, acima de tudo, e procurar manter a calma. Seu irmão sofreu um acidente e não resistiu aos ferimentos.

Na carta que Mathias recebeu, seu Prudêncio contou a verdade sobre o suicídio e tudo o mais, mas ele não teve coragem de dar toda a notícia de uma só vez.

Como médico, sabia que, no caso de Neusa, doses homeopáticas seriam melhores, teria tempo suficiente no caminho de volta para contar-lhe toda a verdade.

Neusa abraçou-se ao marido, chorando, a princípio baixinho, mas depois foi soltando o choro e soluçava convulsivamente, dizendo:

– Não pode ser, Mathias, logo agora que tudo estava indo tão bem, ele iria se casar, estava tão feliz com o futuro emprego, como isso foi acontecer?

Mathias não gostava da idéia de sedá-la, mas viu que seria mais prudente fazê-lo antes que ela piorasse e não tivesse condições para retornarem.

Deu-lhe um sedativo leve, assegurou-se de que ela ficaria bem até que ele voltasse, desceu à portaria para providenciar o fechamento da conta e já mandou que trouxessem a carruagem, pois teriam que partir imediatamente.

Partiram em seguida, deixando para trás toda a alegria que estavam vivendo até aquele momento.

Mathias ia pensativo:

– Como esta vida é mesmo estranha, no mesmo instante em que estamos felizes e radiantes, vem uma notícia como esta e acaba nos levando a um túnel escuro. Faz-nos pensar em como somos frágeis e despreparados para a vida, como não sabemos lidar com as nossas emoções, não temos sequer capacidade para entender o que leva um homem a cometer um ato tão cruel consigo mesmo.

Ficou a imaginar o que ele faria se estivesse no lugar de Augusto. Será que teria estrutura para passar por cima de uma traição como esta?

Era bem difícil de responder, somente quem está vivendo o problema é que sabe o que é enfrentar um drama como este.

Já na carruagem, a caminho de volta, Neusa estava mais calma e quis saber se o pai tinha mandado algum detalhe de como tinha acontecido o acidente.

– Na verdade, não foi bem um acidente.

– Como, não foi? Mathias, você está me escondendo o quê?

– Escondendo não, somente omiti fatos que julguei em primeira instância, só iriam lhe fazer mal; agora, que está mais calma vou lhe contar tudo.

– Não quero ouvir de você, desculpe-me, prefiro ler a carta que papai enviou; vou me sentir melhor, creia.

Mathias olhou-a comovido e muito pesaroso, pois sabia do quanto ela prezava Vera e mesmo Lopes; seria um duro golpe para ela, mas não tinha outro jeito, senão concordar em dar a carta para que lesse e tirasse suas próprias conclusões.

– Está aqui, Neusa – retirando a carta do bolso e lhe entregando.

Com a carta nas mãos, seus olhos, ávidos por saber toda a verdade, corriam rapidamente, marejados pelas lágrimas; ao terminar de ler, braços caídos ao longo do corpo, olhou para o marido, dizendo:

– Meu Deus, como eles puderam chegar a este ponto? Por que, Mathias? Será que não pensaram nem por um minuto, que meu irmão não conseguiria segurar tanta deslealdade e traição juntas?

"Logo Vera, a quem aprendi a estimar como uma irmã, como poderei olhar para ela depois do que fez a Augusto? Sei que não tenho o direito de julgá-los, mas para mim é muito difícil não recriminá-los. Eles não tinham o direito de agir desta maneira, se queriam ficar juntos; se estavam apaixonados, por que não usaram de honestidade? Como será que ele descobriu tudo?

– Não faço a menor idéia, talvez os tenha seguido.

– Por que não chamaram meu irmão para uma conversa honesta e sincera? Tenho absoluta certeza de que Augusto sofreria muito, mas conhecia muito bem meu irmão; com o tempo ele superaria.

– Acredito que sim, Neusa, pelo pouco que sei dele, também penso assim, mas agora de nada adianta nós ficarmos conjeturando, ele partiu.

Neusa voltou a chorar, abraçada ao marido.

– Chore, minha menina, faz bem, extravase sua dor, estou do seu lado para ampará-la no que for preciso; sei que nestas horas pouco podemos dizer ou fazer, a não ser dizer que estou aqui solidário e unido a você.

– O que seria de mim se não tivesse você, Mathias, a meu lado?

Capítulo XXVII

Seu Prudêncio pegou Cínthia e foram para casa; ali no hospital, por hora, nada teriam a fazer, e certamente dona Laurinda deveria estar aflita por notícias.

Ao chegarem em casa encontraram dona Laurinda à espera deles.

– Prudêncio, graças a Deus que chegou. Diga-me, por favor, como está Vera?

– Agora está melhor, ela escapou por pouco, já está fora de perigo.

Dona Laurinda correu aos pés da Santa, para agradecer-lhe a bênção:

– Obrigada, Virgem Maria, por ter ouvido minhas preces.

Seu Prudêncio chegou perto da mulher e disse:

– Agora acho melhor fazer um chá calmante para Cínthia, ela não está nada bem.

– Como assim?

– Ela passou pelo clínico do hospital. Foi ela quem os encontrou e está muito abalada.

– Como os encontrou? O que ela fazia por aqueles lados se eu a tinha posto de castigo em seu quarto horas antes?

Seu Prudêncio ficou pensativo com o que a mulher estava dizendo; ele nem tinha pensado nisso, fora pego tão de surpresa que nem sequer questionou Cínthia quanto a isso.

– Acho que agora não é hora para fazermos perguntas a ela. Vá cuidar dela e depois falaremos.

Dona Laurinda foi até a filha, que tinha o olhar perdido.

– Venha, filha, vamos tomar um chá bem quentinho, comer alguma coisa e depois você irá descansar um pouco, está bem?

Cínthia assentiu com a cabeça, sem qualquer objeção.

Dona Mariazinha veio até a sala e ajudou Cínthia, dizendo:

– Vamos comer um pouco, fiz aquele bolo de chocolate que você tanto gosta.

Cínthia não teve nenhuma reação, apenas seguiu-as.

As duas entreolharam-se preocupadas, porém nada disseram.

A menina estava com bastante fome, comeu três fatias de bolo e tomou o chá calmante que a mãe preparou-lhe.

Dona Laurinda, depois de colocar Cínthia na cama, voltou bastante apreensiva para falar com o marido.

– Sente-se, Laurinda, vou lhe pôr a par de tudo o que aconteceu, ou pelo menos até onde eu sei. Penso que, depois que você souber de toda a verdade assim como eu soube, verá que não teremos condições de ficarmos morando mais aqui – e após narrar todos os fatos de seu conhecimento, continuou:

"Será muito difícil ter que encarar as pessoas daqui por diante; sei que, quando toda a verdade vier à tona, seremos severamente julgados, sem contar com a vergonha que estou sentindo. Nunca pensei que fosse viver para ver uma filha minha cometer um ato tão vergonhoso quanto este.

"Isso sem contar que, depois da dor e sofrimento que a família do coronel Felício está passando neste momento for superada, teremos contra nós sua ira e revolta, e certamente acusações sobre tudo isso, o que eu não tiro sua razão. Penso que, assim que Vera tenha condições para viajar, nos mudaremos para Lisboa; estive pensando isso nas últimas horas.

Dona Laurinda concordou, pois sabia que não havia outra saída, o marido estava coberto de razão.

– Prudêncio, e como você vai fazer com seus negócios?

– Já pensei nisto também. A princípio sei que teremos algumas dificuldades, pois é como se começar tudo de novo, mas tenho alguns contatos em Lisboa, acredito que poderemos nos instalar sem maiores problemas. Depois de toda a vergonha e constrangimento em que Vera nos colocou diante de todos, não dá mais para ficar aqui.

– Você está certo, Prudêncio, sinto-me culpada também por tudo isso, descuidei-me de Vera, nunca pude sequer pensar que ela pudesse cometer ato tão leviano – disse toda chorosa.

"Eu que sempre tive Augusto como a um filho, que pessoa maravilhosa ele era. O que deu em Vera para deixar-se levar assim por um rapaz que ela mal conhecia? Ela tinha tudo para ser feliz ao lado de Augusto que a amava perdidamente.

– Isso pode-se dizer que sim, a ponto de cometer tamanha loucura. Agora dá para entender o porquê daquela cena toda no dia em que o pobre moço quis marcar a data do casamento, certamente os dois já estavam se encontrando às escondidas.

– Isso não pode ser, pois ela só o conheceu dias antes, quando ele esteve aqui em casa.

– Então eu não sei quando essa pouca-vergonha começou, só sei que Augusto, um moço bom, honesto, e que tinha tudo para fazê-la feliz, agora está morto. E o outro, que por pouco eu não deixo morrer à mingua naquela fazenda, está moribundo no leito do hospital.

– Santo Deus, Prudêncio, nem fale uma coisa dessa!

– Você não pode imaginar o que senti, Laurinda, vendo nossa filha estendida no chão, tendo em cima dela este rapaz, e do outro lado Augusto morto, como os olhos saltados para fora. Foi horrível, Laurinda!

E seu Prudêncio, não contendo mais a emoção de tudo o que tinha passado nas últimas horas, mãos a esconder o rosto, chorou até esvaziar de seu peito aquela dor.

Depois, mais refeito, falou:

– O médico disse que, se ele escapar, será por puro milagre e mesmo assim ficará inválido para o resto da vida.

– Oh! Deus! Que destino triste e cruel para todos nós. Quando poderei ir ver minha filha?

– Amanhã bem cedo iremos até lá, hoje de nada adiantará, pois ela encontra-se ainda sem comunicação; somente amanhã é que poderemos vê-la. Estou aqui a pensar em como faremos com o enterro de Augusto.

– Provavelmente, a esta hora, já estão velando seu corpo.

– O que pensará de nós, a família, se não formos até lá prestar nossa solidariedade? Por outro lado, se comparecermos, como é que nos receberão? Afinal, eles têm todos os motivos do mundo para estarem nos odiando.

– Mas, Prudêncio, não temos culpa pelo que aconteceu, está certo, Vera é nossa filha, o pivô de tudo, mas não podem nos responsabilizar.

– Será que, se fosse o inverso, se fosse Vera e não Augusto a estar morto agora, qual seria a nossa reação com relação à família? Será que nós não os hostilizaríamos? Será que nossa presença lá, não fará com que vejam em nós a extensão de Vera e acabaremos por tornar pior as coisas?

– Pois então fiquemos por aqui, apesar de que gostaria tanto de poder dar um último adeus a ele. Deus sabe o quanto está sendo duro tudo isso para mim também – falou dona Laurinda, extremamente sentida e sofrendo pela perda de Augusto, pois ela queria-lhe muito bem, como a um filho.

– Acho melhor não irmos até lá; mandarei uma coroa de flores com o nosso pedido de desculpas e de consternação; acredito que o coronel Felício e dona Amélia compreenderão nosso gesto.

***

Neste momento, chegava à casa de dona Margarida e seu Felipe a notícia tão pesarosa.

Sua irmã Glorinha, bastante abalada, queria acompanhar os pais, mas estes não permitiram.

– Fique aqui, que nós resolveremos tudo lá. Cuide de tudo até que possamos retornar, e assim que tivermos notícias, as mandaremos, fique sossegada.

Imediatamente puseram-me a caminho do hospital. Os pais de Lopes estavam por demais chocados para fazer qualquer comentário, a aflição e a angústia tomaram conta também de seus corações.

A carta não trazia maiores detalhes, só dizia o essencial sobre a morte de Augusto e que Lopes estava gravemente ferido, o que os deixou mais angustiados ainda.

La chegando, foram informados da real situação do filho; o médico colocou-os a par da gravidade dos ferimentos de Lopes e de como seria caso ele sobrevivesse.

Dona Margarida não continha as lágrimas e o sofrimento estava estampado nos olhos daqueles pais que também foram apanhados tão de surpresa.

Sabiam que Lopes estava bem até dias atrás, pois ele tinha mandado notícias, inclusive na última carta dizia que nunca sentira-se tão feliz, pois havia encontrado o grande amor de sua vida. Só não mencionara quem era a moça.

Tentaram saber mais alguma coisa sobre o assunto, mas o hospital restringiu-se a dar somente notícias do paciente, reservando-se o direito de não tecer qualquer comentário sobre o episódio.

A única coisa que disseram é que, junto com ele, havia chegado uma jovem também baleada, e que na manhã seguinte, seus pais estariam lá e aí eles teriam maiores informações.

Também para eles não foi difícil deduzir o que tinha acontecido, estava tudo muito evidente.

Para os pais de Lopes também não era nada fácil defrontar-se com aquela situação tão dolorosa; eles, assim como os pais de Augusto, tinham feito planos e sonhado com um futuro brilhante, cheio de alegrias e sucesso para seu filho.

Vê-los agora, um morto e o outro sem quase nenhuma perspectiva de vida, tornava-os muito infelizes.

Passaram a noite toda ali, na ante-sala do hospital, aguardando e orando em silêncio pelo pronto restabelecimento de Lopes e da jovem que ali estava. Também fizeram muitas preces, pedindo assistência e socorro para o Espírito de Augusto.

Ali mesmo, na sala do hospital, foram assistidos pelo mentor que trabalhava com dona Margarida em seu Centro Espírita, que procurou tranqüilizá-la quanto à saúde do filho, dizendo que tudo estava sendo feito para o seu restabelecimento, haja vista que não havia chegado sua hora para partir.

Porém alertou de que havia o Espírito de uma jovem que, durante todo o tempo em que Lopes se encontrava naquele hospital, afastava-se dele momentaneamente, voltando logo em seguida.

– Pelo que eu e meus companheiros pudemos observar, trata-se de uma inimiga de Lopes e da jovem que está no quarto ao lado. Ela não se conforma por seu plano ter falhado. Está por demais desorientada e tentaremos conversar com ela assim que for possível, para sabermos o que quer e a que veio.

Dona Margarida e seu Felipe trabalhavam há muitos anos assistindo e ajudando a todos que os procuravam, fosse este encarnado ou desencarnado.

Tinham uma grandeza espiritual aliada a uma sábia humildade, que os conduzia no caminho do bem, e mesmo agora, diante de tamanha brutalidade que a vida lhes estava impondo, não perdiam aquela serenidade, tendo verdadeira e inabalável fé, entregando nas mãos de Deus o que assim Ele julgasse fosse o melhor para todos.

***

Em casa de dona Amélia, a cada hora chegavam novas pessoas, umas trazidas pela curiosidade apenas, mas na grande maioria, eram pessoas que viram Augusto crescer.

Não tardou e Neusa também chegou com Mathias.

Foi muito comovente o encontro de Neusa com os pais; depois, abraçada à mãe, encaminhou-se com passos lentos até onde estava o irmão.

Dava pena olhar para Neusa que, amparando-se na mãe, aproximou-se de Augusto.

Dona Amélia já não tinha mais lágrimas para chorar, ficou ali em silêncio ao lado da filha, enquanto que Neusa, colocando uma das mãos sobre as mãos de Augusto, falou:

– Meu irmão querido, o que foi que você fez? Por que nos deixou assim, tão impiedosamente? O que vai ser de nós sem você ao nosso lado, a nos guiar todas as vezes que perdermos o rumo, a iluminar nosso caminho, sempre nos mostrando o lado bom das coisas?

"Sei o que deve ter sofrido, mas gritasse por socorro, extravasasse sua ira de outra forma, meu irmão, mas não tirasse sua preciosa vida desta maneira. A sua dor seria a nossa também, estaríamos do seu lado incondicionalmente e juntos haveríamos, com a ajuda de Deus, de recuperar o equilíbrio, a harmonia e superarmos tudo isto. Por que não nos deu esta chance, meu querido? Nós o amamos tanto, tudo faríamos para vê-lo sorrir novamente.

"Você foi o meu esteio no momento mais difícil de minha vida, quem me deu a certeza de que eu não deveria vacilar nos meus momentos de dúvida, e mostrou-me que havia a esperança a me sustentar nos meus dias sem fé. Foi quem me segurou e amparou para que eu não cometesse o mesmo ato que cometeu. Ajudou-me a ver o quanto a vida era boa e merecia ser vivida e que não era fugindo dos meus problemas que eu iria resolvê-los.

"Tudo isso me fez compreender e eu me agarrei a você como a minha única salvação, deu-me forças para continuar lutando e acima de tudo não perder a minha fé que andava muito abalada. E agora eu nada pude fazer para ajudar-lhe, estou me sentindo tão impotente diante de tudo, de repente ficou tudo tão sem propósito, tão contraditório para mim.

"O que será de nós sem ter a alegria do seu sorriso a nos iluminar e da sua clareza em ver sempre o lado bom da vida?

Augusto chorava sentidamente ouvindo o que Neusa lhe dizia com pureza d'alma, sem nada falar.

Mathias, ouvindo as palavras de Neuza, emocionou-se até às lágrimas e, aproximando-se dela devagar, abraçou-a com ternura, dizendo:

– Meu amor, sei o quanto está sendo duro para você, mas acredite em Deus que tudo sabe e tudo vê. Como você mesma disse há pouco, ele a fez ver a vida com clareza; não permita que sua fé seja abalada, novamente. Apóie-se em mim e confie que Deus sabe o porquê de tudo, e nós não sabemos muitas vezes nem o que dizemos, pois faltam-nos conhecimento e sabedoria.

Dona Amélia intercedeu neste momento.

– Vamos pedir a Jesus que ajude Augusto a reencontrar-se e que seu arrependimento possa vir rapidamente para que ele não sofra tanto.

E nesse momento, dona Amélia pediu a todos que ali se encontravam, para que, juntos, fizessem orações pela alma de Augusto, para que ele pudesse encontrar a paz necessária.

Augusto, que se encontrava junto ao corpo, muito comoveu-se com as palavras de sua irmã, depois com as de Mathias e da mãe; apesar de estar ainda muito abalado, agora tinha consciência do seu ato.

Estava profundamente arrependido de tudo, sofrendo pelo remorso de ter feito o que fez a Lopes e a Vera.

Apesar da mágoa que trazia no coração, entendeu que não podia ter feito justiça com as próprias mãos, e que fora uma grande tolice ter atentado contra a própria vida.

Dona Zilá e seus companheiros continuaram ali a sustentar com vibrações o ambiente, unidos às preces que ali estavam sendo feitas e que, por sinal, estavam tendo um efeito benéfico sobre Augusto, que sentia grande alívio ao recebê-las.

O gesto de carinho daquelas pessoas faziam-no sentir-se mais calmo; dona Zilá aproximou-se do neto e agora ele pôde vê-la.

Sim, pois ela já estivera com ele na hora de seu suicídio, mas Augusto estava em outra sintonia, extremamente conturbado, o que não o permitiu vê-la.

Agora, mais calmo, emocionou-se ao ver a avó ali do seu lado; dona Zilá, amorosamente o abraçou, dizendo:

– Meu filho, sabe agora o mal que fez a si mesmo? Você interrompeu sua missão e a sua expiação na Terra, Augusto, e esse direito somente a Deus pertence: chamar Seu filho quando Ele julga que chegou a sua hora.

Augusto abraçou-a, chorando copiosamente.

– Sim, vovó, e estou muito triste por ter cometido tais coisas, sei que fui um fraco e covarde, não sei como poderei reparar o mal que fiz a todos e a mim mesmo. A senhora pode me ajudar, vovó? Eu estou sinceramente muito arrependido, se eu pudesse voltar o tempo, vovó, jamais faria o que fiz. Estou sentindo o peso de minha ação.

"Estou muito envergonhado, ajude-me, por favor, se é que isso é possível, não quero viver da maneira que estou vivendo, não tenho um minuto de paz. É como se o que fiz fosse um pesadelo que não termina nunca, fico revivendo a todo instante tudo que passei nestas últimas horas.

– Sei o que sente, filho, mas vamos rogar a Nosso Senhor Jesus Cristo que lhe abençoe e fortaleça. Sei que seu arrependimento é sincero e que você sempre foi um rapaz de boa índole e bom coração. Sempre soube que seu caráter foi firme e que você, durante sua curta vida na Terra, procurou ajudar àqueles que estiveram ao seu lado. Esperemos confiantes que Deus possa levar em conta os seus bons procedimentos e atitudes e nos conceda a graça de poder levá-lo conosco para que possa se recuperar.

– Mas vovó, ir com a senhora significa que não poderei mais ver minha família? Eu não quero me separar deles!

– Isso eu não posso afirmar, Augusto, pois você cometeu uma falta muito grave, tirou sua vida antes do momento em que Deus o chamasse, e feriu gravemente outras duas pessoas. Não sei como tal procedimento será julgado.

Neste instante, Augusto, que até então preocupara-se consigo apenas, acabrunhado de tanta vergonha, perguntou:

– Vovó, a senhora tem notícias deles?

– Tenho, filho, eles já estão fora de perigo, porém Lopes ficará inválido para o resto de sua vida.

Augusto, com as duas mãos a cobrir-lhe o rosto, chorou sentidamente pelo que fez; como lhe doía tudo aquilo.

– Acalme-se, Augusto, o mais importante é que você compreendeu e arrependeu-se sinceramente do que fez. Também é importante o fato que você pôs fim à vida física num momento de irreflexão e desespero, sem premeditação.

– É verdade, vovó, eu agi movido pelo ódio e um desejo enorme de vingança que se apoderaram de mim, não deixando que enxergasse mais nada além da vontade de liquidá-los. Nem por um minuto me passou pela cabeça o ato de me suicidar.

"Mas no instante em que vi Vera atingida e depois Lopes que, num gesto que eu jamais pude esperar, para salvá-la atirou-se sobre ela, eu, impiedosamente, cego pela minha revolta, o atingi cruelmente. Depois de vê-los ali, caídos, ensangüentados, desesperei-me ainda mais e acabei fraquejando mais uma vez, atirando contra mim mesmo.

"Sei que mereço sofrer todas as punições pelo que fiz e as sofrerei resignado e sem reclamar. Pois minha atitude foi a de um covarde que não soube lidar com as vicissitudes da vida e julgou poder pôr fim a tudo com as próprias mãos, como se isso fosse resolver o problema.

"Hoje, tristemente vejo que só fiz piorar ainda mais as coisas. Como pude ser tão presunçoso e prepotente, vovó? Quanto tempo ainda levarei mortificando-me pelo que fiz?

– Vamos nos unir às orações que todos estão fazendo por você, filho, e aguardemos pacientemente. Deus não irá nos desamparar.

E assim, Augusto procurou serenar seu coração e sua dor, rogando a Deus que lhe desse uma nova chance para que pudesse mostrar seu arrependimento e, se possível, até ajudar àqueles a quem tinha atingido de forma tão dura.

A noite transcorreu sem mais nenhuma alteração; ficaram todos em vigília até que chegou a hora do enterro.

Nesta hora todos ficam mais emocionados com a última despedida.

É um momento bastante triste e difícil, mas que ninguém pode escapar dele mais dia menos dia; faz parte do ciclo da vida enterrar seus entes queridos.

O que acontece é que as pessoas têm uma dificuldade muito grande em desprender-se daquele que lhe é tão querido.

Se estas pessoas pudessem conhecer um pouco mais sobre a vida espiritual, certamente teriam uma compreensão maior, uma visão mais clara sobre como vivem os Espíritos após a morte corpórea, e por certo não sofreriam tanto nesta hora de separação, pois não veriam esta separação como uma coisa definitiva. A despedida não teria a conotação de um "adeus" e sim de um "até breve".

Mas infelizmente muitos ainda não acreditam que haja vida após a morte, e assim pensando, o seu sofrimento é dobrado por acreditarem que nunca mais verão aquele que partiu.

Augusto, junto de dona Zilá e seus companheiros, acompanharam todo o cortejo; quando tudo terminou cada qual foi para sua casa.

Neusa e o marido, juntamente com dona Amélia e seu Felício, voltaram para a fazenda, cada qual com os seus pensamentos.

Augusto sabia que não podia acompanhá-los de volta para casa, ficando ali, ao lado do seu túmulo, triste e desconsolado, mas quieto, sem molestar ninguém.

Dona Zilá apiedou-se dele, mas sabia que não tinha permissão para levá-lo.

Neste instante, uma luz muito intensa veio aproximando-se deles.

Dona Zilá, antevendo o que viria, emocionou-se e, com lágrimas nos olhos, fitou os outros que, também comovidos, continuavam vibrando por Augusto; somente Augusto, cabisbaixo, ainda não tinha percebido nada.

Era Francisco, um velho conhecido de dona Zilá, com mais dois assistentes.

Dona Zilá agradeceu a Deus toda a sua misericórdia, dizendo:

– Francisco, você não sabe como fico feliz e agradecida em vê-lo aqui.

E Francisco, num gesto de humildade, inclinou-se para dona Zilá.

– Sou um servo de Deus, Zilá, e como sabe, este é o meu trabalho, conduzir e ajudar aqueles que têm merecimento.

– Pois ficou-lhe eternamente agradecida por isso, como sabe, ele é meu neto e desejo que fique bem.

Augusto, até então, não havia percebido a presença de Francisco e seus assistentes, e tampouco ouviu o que eles conversaram; continuava ali, sentado, como que a esperar algo que nem ele mesmo sabia o que era.

Francisco era o mentor espiritual que trabalhava na orientação de todo o trabalho realizado no Centro Espírita de dona Margarida e seu Felipe.

Era um Espírito muito elevado, com uma luz muito intensa a envolvê-lo; tinha grande sabedoria e conhecimento.

Ele era sempre designado para casos assim, como o de Augusto, em que, apesar da falta grave cometida, Deus, que sendo muito justo com todos os seus filhos, e que a ninguém desampara, havia concedido a este Espírito uma forma para que ele pudesse resgatar seus débitos de outra maneira, que não a de sofrer ali, preso ao corpo, vendo-se apodrecer e ser comido pelos vermes, ou viver errante, vagando sem rumo pelo umbral.

E neste momento, Francisco aproximou-se dele, levando Augusto um sobressalto.

– Não precisa assustar-se – disse Francisco com doçura –, estou aqui para ajudá-lo, meu rapaz.

Augusto olhou para a avó, que se aproximou também, dizendo:

– Este é Francisco, um grande e bom amigo de muitos anos, Augusto; nossas preces foram ouvidas, filho. Deus, com sua sabedoria e bondade infinitas, está lhe dando a oportunidade de reparar seus erros e resgatar seus débitos, sem que para isso você precise ficar aqui preso ao seu corpo terreno.

Augusto levantou-se e Francisco tomou a palavra:

– Estou a par de tudo o que houve, Augusto, fui enviado até aqui para conversar com você e, se possível, levá-lo comigo.

Augusto perguntou respeitoso:

– O senhor vai levar-me para onde?

– Para um lugar onde possa recuperar-se totalmente e, uma vez restabelecido, poderá iniciar uma série de atividades que busquem o seu crescimento e evolução espiritual.

"Como já sabe, você interrompeu sua jornada aqui na Terra; se não tivesse sido um homem bom e generoso, capaz de gestos altruístas em favor dos outros, enfim, se não tivesse tido merecimento, você poderia permanecer preso ao seu corpo carnal e vivenciar, com muito sofrimento, todo o processo de decomposição da organização física, e tudo mais o que sofre aquele que põe fim a vida, a fim de resgatar o mal que fez a você mesmo e também a outros direta e indiretamente.

"Você terá tempo suficiente para refletir bem em tudo o que fez, ponderar com sensatez sua atitude e dar o melhor de si em busca de seu aprimoramento e crescimento espiritual. Haverá muito trabalho a fazer, aprenderá muitas coisas e espero saiba fazer um bom uso delas, primeiramente ajudando-se e depois, numa outra etapa, ajudando a outros que muito necessitam.

Augusto, tocado pela emoção e alegria de poder fazer algo de bom, em saber que poderia ser útil, ajoelhou-se e, pegando a mão de Francisco, beijou-a, dizendo:

– Obrigado pelo apoio que hoje está me dando; ser-lhe-ei eternamente grato e lhe dou a minha palavra que não irá arrepender-se por me ajudar. Tudo farei para corresponder à confiança em mim depositada, não desapontarei, eu prometo!

Francisco o fez levantar-se e foi aos poucos desligando Augusto dos seus despojos; ele sentia aquecer aos poucos todo o seu ser, através da luz que emanava de Francisco.

Dona Zilá assistia a tudo comovida, eram bem poucos os que podiam e tinham permissão, assim como Francisco, de cortar o fio prateado.

Ela o admirava por ser tão experiente e sábio e, ao mesmo tempo, tão humilde e generoso.

Despediu-se de dona Zilá e de seus amigos e deixou que Augusto despedisse de sua avó.

– Vovó, obrigado por tudo o que fez por mim, agradeço-lhe do fundo do coração, espero poder encontrá-la mais vezes.

– Haveremos, filho, sempre que puder irei lhe fazer uma visita, está bem? Que Deus lhe abençoe, Augusto, e procure tornar sua jornada daqui para frente a melhor possível, numa busca incessante de novos valores e bons caminhos.

– Pode deixar, vovó, não me esquecerei de suas palavras – abraçando-a com muito amor e carinho.

Em seguida, acompanhou Francisco e seus companheiros.

Antes de voltar para a colônia, dona Zilá ainda passou na casa da filha; precisava, de alguma forma, dizer a ela que Augusto estaria bem.

Ao chegar à casa, dona Amélia estava repousando, afinal, tinham todos passado a noite em claro e precisavam do descanso.

Aproximou-se da filha que dormia um tanto agitada, e foi lhe contando o que tinha acontecido a Augusto.

Procurou narrar os fatos com bastante clareza, a fim de que a filha guardasse bem suas palavras, esperando que ela, ao acordar, pudesse trazer consigo a lembrança de suas palavras e se tranqüilizasse.

De fato, quando dona Amélia despertou, foi como se tivesse sonhado com sua mãe a dizer-lhe palavras de conforto e esperança sobre o filho, e isso lhe deu, realmente, uma enorme confiança de que Deus tinha ouvido suas preces.

Assim que levantou-se, desceu para a cozinha e contou a dona Ana o que tinha sonhado, e a dedicada empregada, mulher muito religiosa, comentou:

– Se a senhora que é a mãe teve esse sonho, pode ter certeza de que foi um aviso mesmo, patroa, eu acredito muito nestas coisas.

– Eu também, dona Ana, vou contar aos outros, sei que, como eu, irão ficar mais tranqüilos.

E assim o fez: quando o marido, a filha e o genro estavam todos reunidos, contou-lhes o que havia sonhado.

Neusa ficou com os olhos marejados pelas lágrimas e, abraçando a mãe, disse:

– Mamãe, eu também sonhei com ele, nem ia falar nada, mas

diante do que a senhora está nos contando, sei que também devo contar. Ao deitar-me, pedi que, se possível fosse, de alguma maneira, eu pudesse ajudar meu irmão e logo após adormeci. Aí me vi diante do seu túmulo, onde havia algumas pessoas que eu não conheço, e ao lado do Augusto estavam um senhor e a vovó Zilá. Não sei o que falavam nem o que faziam, só sei que conversavam com Augusto, que parecia bastante interessado no assunto; logo depois o sonho se desfez, acordei em seguida com a mesma sensação que a senhora, de que ele havia recebido a ajuda necessária.

– Daqui por diante, falou o coronel Felício, todas as noites nos reuniremos para estudar *O Evangelho Segundo o Espiritismo*. Sei que muito temos a aprender ainda, para melhor podermos aceitar a maneira trágica que Augusto partiu, e assim fazermos tudo o que estiver ao nosso alcance, para poder dar a ele a paz e luz que ele precisa ter. Se todos estiverem de acordo, começaremos hoje mesmo.

– Claro que sim, papai, – respondeu Neusa – há muito que tenho vontade de nos reunirmos, pena que tenha sido através da dor que estamos indo buscar consolo e conforto para nossos corações.

– O mais importante – falou Mathias – é que, de uma forma ou de outra estamos nos conscientizando da necessidade de fazermos algo neste sentido; creio que sempre é tempo para o despertar.

E assim ficou combinado que todas as noites, dali por diante, reunir-se-iam em busca de novos conhecimentos e aprendizados.

Capítulo XXVIII

Enquanto isso, no hospital, os pais de Lopes conversavam com os pais de Vera, procurando saber um pouco mais sobre o que havia acontecido.

A princípio, quando os pais de Vera chegaram no hospital, logo imaginaram que aqueles deveriam ser os pais de Lopes.

Ao chegarem no balcão de atendimento, perceberam seus olhares sobre eles.

Pediram notícias de Vera e perguntaram se ela poderia receber visitas, ao que foi informado que assim que o médico chegasse examinaria a paciente e, estando tudo em ordem, eles poderiam entrar para vê-la.

Foram para a ante-sala onde estavam os pais de Lopes; foi dona Margarida quem rompeu o silêncio, perguntando:

– Desculpem-me, mas vocês devem ser os pais da moça que deu entrada ontem neste hospital junto com nosso filho Lopes?

– Somos sim – respondeu dona Laurinda, tentando ser gentil, mas não conseguindo esconder o grande constrangimento.

Dona Margarida, percebendo e entendendo o embaraço do casal, procurou ser o mais natural e sincera possível.

– Sei como devem estar se sentindo, nós também ficamos muito chocados, a princípio, com tudo isso, mas acreditamos, eu e meu marido, não ser este o momento para acusações e nem mesmo recriminações. Certamente eles tiveram os seus motivos e suas razões para terem agido desta forma; esperemos confiantes de que eles mesmos possam nos contar sua história.

Seu Prudêncio olhou para aquele casal e sentiu por eles uma grande simpatia.

Eles, de alguma forma, transmitiam uma segurança em suas palavras, sua postura era firme, porém mansa e generosa.

Ele não sabia como explicar, mas nos poucos instantes em que estavam juntos, passaram-lhe uma tranqüilidade e uma serenidade que há muito não sentia.

Desde que tudo aconteceu, seu Prudêncio só se martirizava e se angustiava por tudo, e agora, conversando com os pais de Lopes, via que apesar da gravidade do estado de seu filho, eles não demonstravam aflição nem desespero, ao contrário, o que se via neles era a fé inabalável depositada em Deus, associada a uma postura calma como a de quem tem total confiança nos desígnios do Pai.

Foi dona Laurinda quem indagou:

– Os senhores já tiveram alguma notícia deles hoje?

– Ainda não, também estamos esperando que o médico chegue, mas temos a certeza de que irão se recuperar – falou mansamente dona Margarida, olhando para dona Laurinda com meiguice. – Sabemos que o assunto é embaraçoso, mas gostaríamos muito de saber o que realmente aconteceu. Nosso filho Lopes nos escreveu há alguns dias, dizendo que estava muito feliz, pois tinha encontrado o grande amor de sua vida, só que não mencionou o nome da jovem, mas não é difícil de imaginar que essa jovem seja a filha de vocês.

Dona Laurinda abaixou a cabeça envergonhada com aquela situação, e seu Prudêncio viu-se no dever de contar-lhes toda a verdade, e assim o fez sem esconder nenhum detalhe, dizendo inclusive da decisão que havia tomado de que assim que Vera tivesse condições para viajar, eles iriam embora dali para nunca mais voltar.

Desta vez foi seu Felipe quem respondeu:

– Eu compreendo a posição de vocês, creio que num local pequeno como o que residem, realmente seria muito difícil continuar morando depois de tudo o que aconteceu.

"Infelizmente as pessoas fazem seus próprios julgamentos, sem nem mesmo se preocupar em conhecer a verdade dos fatos. O que é um grande erro, pois como há pouco disse minha esposa, cada um tem os seus próprios motivos para agir desta ou daquela maneira, não estando ninguém autorizado a julgar a conduta ou o procedimento do outro.

"Mas o ser humano muitas vezes se esquece da sua real condição de aprendiz aqui na Terra, e do quanto ele é devedor e do quanto também erra e ainda se sente no direito de analisar, julgar e criticar os erros do outro.

"Só que ele se esquece de que, com a mesma dureza com que julga o seu semelhante, um dia ele também será julgado, pois também é passível de cometer enganos, quem sabe até maiores do que aquele que está julgando naquele momento.

Os pais de Vera estavam encantados com a sabedoria e humildade daquele casal ali na sua frente, e foi dona Laurinda quem comentou:

– Quando conhecemos seu filho tivemos muito pouco tempo para conversarmos, mas mesmo assim, conhecendo vocês agora, dá para entender porque ele transmite às pessoas, quando fala, confiança e verdade em suas palavras e também começo a compreender por que nossa filha apaixonou-se por ele.

– Sempre ensinamos Lopes a trilhar pelo caminho do bem. Desde muito pequeno ele sempre conviveu no meio de pessoas que vinham para nossa casa, uns para ajudar os mais necessitados, outros para serem ajudados.

"Toda a nossa vida tem sido dedicada àqueles que, de alguma forma, buscam ajuda. Aprendemos a confiar nossa vida inteiramente a Deus, sabendo que ele nos ama e quer somente o nosso bem-estar e nosso crescimento espiritual. E que qualquer coisa que nos aconteça, por pior que seja, será para nós mais uma lição de amor vinda dele, que querendo nos experimentar em nossa fé, nos dá a oportunidade de evoluirmos através da dor e do sofrimento.

"Eu só sinto ter tudo acabado de forma tão trágica; nós conhecíamos bem Augusto, gostávamos muito dele, era como se fosse um irmão para Lopes. Deve ter sido muito doloroso para os dois, terem que viver uma história marcada com tanto sangue e sofrimento.

"Mas Deus sabe o que faz e nós não sabemos o que dizemos, nenhuma fruta cai do pé sem que esteja madura, assim como nada nesta vida acontece por acaso; nem as pessoas se encontram por acaso, tudo tem a sua razão de ser.

"Não devemos nunca nos revoltar quando algo sai errado em nossa vida, ou que assim julgamos, e sim, aceitarmos com compreensão e humildade, sem nos lastimar por aquilo que está preparado para nós passarmos.

"Deus nunca dá a um filho um fardo maior do que aquele que ele possa carregar e se Ele confia que você pode, é porque de fato você pode e deve realizar com amor e dedicação sua tarefa.

– É verdade, – falou dona Laurinda – eu nunca tinha parado para pensar nisso, mas acho que vocês estão certos em pensar e agir assim. Espero, daqui para frente, poder aplicar em minha vida estes ensinamentos, que à primeira vista nos parecem tão simples de serem assimilados, e no entanto nunca paramos para refletir sobre estes assuntos.

O médico veio até eles para dar notícias dos pacientes.

– Seu Prudêncio, bom dia!

– Bom dia, doutor, esta é minha esposa Laurinda.

– Como tem passado?

– Bem, na medida do possível, doutor. Como está minha filha? Podemos vê-la?

– Sim, poderão, ela está acordada, mas ainda está um tanto sonolenta pelos medicamentos, mas ficará boa em pouco tempo.

Dona Laurinda, com lágrimas nos olhos, exclamou:

– Graças a Deus! Obrigado, Senhor, mais uma vez, por ter ouvido minhas preces.

– Só peço a vocês que não a deixem ficar falando, ela ainda precisa de pelo menos mais vinte e quatro horas de total repouso, não deve se cansar em absoluto.

– Pode deixar, doutor – falou seu Prudêncio, feliz com a notícia.

O médico despediu-se do casal e dirigiu-se aos pais de Lopes que estavam ao lado:

– Sei que os senhores também devem estar ansiosos por ver seu filho, não?

– Certamente – respondeu seu Felipe. Como ele está hoje, doutor? Teve algum sinal de melhora?

– Seu filho é um rapaz muito forte e está lutando bastante para continuar vivo, sinto isso quando o examino; apesar de seu estado ser bastante delicado, penso que também irá se recuperar. A cirurgia foi um sucesso, não há sinais de hemorragia, nem de infecções, somente teremos que nos manter bastante atentos para que não haja nenhuma outra complicação.

– Não haverá – disse dona Margarida confiante. – Nós estivemos pensando, doutor, se haveria possibilidade de transferi-lo para um hospital maior, com maiores recursos. O senhor nos desculpe, sei que tudo tem feito para tratá-lo da melhor maneira possível, se não fosse o socorro e assistência dos senhores, nosso filho poderia estar morto a uma hora desta.

O médico, entendendo o que queriam dizer, respondeu:

– Vocês não têm do que se desculpar, entendo perfeitamente o que querem dizer, e penso que seria ótimo para ele, ser tratado num hospital com maiores recursos que o nosso. Mas acredito que isso agora não seja possível, ele ainda está muito fraco e não agüentaria a viagem, mas se tudo correr como estamos esperando, dentro de mais alguns dias, talvez, os senhores possam fazer esta remoção, tomando todas as precauções e devidos cuidados.

"Ele irá precisar de cuidados médicos especializados devido à sua imobilidade, sem contar que não sabemos ainda qual será a sua reação emocional ao saber que ficará paralítico, mas penso que só o fato dele se salvar, isso já fará um bem enorme a ele. Existem pessoas que se sentem tão agradecidas a Deus por ainda estarem vivas, que superam o resto com certa facilidade. Esperemos que este seja o caso de seu filho.

– Nós poderemos vê-lo hoje, doutor?

– Ele ainda se encontra em tratamento intensivo, mas daremos a vocês aventais apropriados que permitam sua entrada lá. Ele ainda não está totalmente consciente, mas penso que a presença de vocês, ao seu lado, o fará reagir satisfatoriamente.

Essa dura e triste realidade machucava seu Felipe e dona Margarida, mesmo tendo eles a visão e o preparo que tinham da vida.

Mas o que importava agora era não perder a esperança e, se preciso fosse, começariam tudo novamente ao lado do filho querido.

Quando Dona Laurinda e seu Prudêncio entraram no quarto de Vera, não sabiam qual seria a sua reação ao vê-los.

Mas sabiam, de antemão, conhecendo a filha que tinham, que ela deveria estar bastante abalada.

Foi dona Laurinda a primeira a quebrar o gelo, dizendo ao aproximar-se de Vera:

– Como está se sentindo, filha? Que susto você nos pregou, pensei que iria enlouquecer quando chegou a notícia que estava ferida, filha.

Vera, sem dizer nada, mas com os olhos cheios de lágrimas, olhou para a mãe e depois para o pai em cena comovente, como que a pedir-lhes perdão pelo que tinha feito.

Depois virou o rosto para o lado, dando a impressão de esconder a vergonha que estava sentindo. Tinha dificuldade em falar, pois ainda trazia sondas ligadas à boca e ao nariz.

– Não precisa dizer nada, filha – falou a mãe, o médico recomendou que não faça nenhum esforço.

Ela voltou a olhar para a mãe, só que agora seu olhar parecia querer pedir algo.

Dona Laurinda, com sua intuição de mãe, percebendo o olhar da filha, perguntou:

– Você quer algo, Vera?

– Ela fez com a cabeça que sim.

Dona Laurinda aproximou-se bem e ela, com a voz ainda muito fraca, perguntou:

– Como está Lopes?

Dona Laurinda olhou para o marido, como que a perguntar-lhe o que deveria dizer, e ele, com um gesto de cabeça, deu a entender que deveria dizer a verdade.

– Filha, Lopes está internado aqui também, o médico que o operou disse que ele tem chance de sobreviver, mas que infelizmente ficará paralítico.

Os olhos de Vera estavam marejados de lágrimas, a dor que sentia naquele momento era incalculável diante da dor física que estava sentindo, e nada poderia ser pior do que aquela informação.

Quase sem coragem, com voz sumida, perguntou então por Augusto.

Dona Laurinda titubeou um pouco, mas viu que não adiantava esconder dela; de qualquer modo ela teria que saber a verdade.

– Filha, Augusto não teve a mesma sorte que você e Lopes tiveram.

– Como assim?

Dona Laurinda, já não se contendo, deixou que as lágrimas caíssem livremente.

– Augusto suicidou-se, filha.

Vera, olhando para a mãe, desorientada, começou a debater-se convulsivamente no leito; dona Laurinda e seu Prudêncio tentaram em vão acalmá-la, sem êxito, chamaram a enfermeira, que veio imediatamente, aplicando-lhe um forte sedativo, que a fez dormir novamente.

O médico foi chamado e, ao entrar no quarto, foi colocado a par do que tinha acontecido.

– Tudo bem, ela teria que saber a verdade cedo ou tarde, melhor que seja aqui enquanto temos condições de tratá-la convenientemente. Aos poucos irá assimilar melhor o que houve e saberá encontrar um modo de superar todo este triste episódio.

***

Dona Margarida e seu Felipe, devidamente vestidos, foram para o quarto onde se encontrava o filho.

Foi com grande emoção que se aproximaram de Lopes, todo ligado a tubos e drenos.

O quarto tinha um forte cheiro de éter, que se misturava ao cheiro de remédios; logo que dona Margarida entrou, viu Francisco em sua cabeceira, junto de mais dois companheiros que, com as mãos impostas sobre sua cabeça, enviavam-lhe vibrações de saúde e energia.

Dona Margarida agradeceu mentalmente a presença de todos e tão importante ajuda, ao que Francisco, com um sorriso, transmitiu-lhes através do pensamento, que tudo ficaria bem, que todos ali unissem suas forças em preces positivas, para que Lopes pudesse sair do estágio de torpor em que se encontrava e reagisse.

Seu Felipe e dona Margarida, compreendendo a mensagem, estenderam suas mãos sobre o filho querido, tendo na cabeceira Francisco e um assistente de cada lado da cama, todos em profunda oração enviaram pedidos de melhora e pronto restabelecimento de Lopes.

Das mãos de Francisco saíam feixes de luz colorida que, aos poucos, foram se espalhando pelo corpo de Lopes, irradiando energia e vitalidade, fazendo-o sentir-se vivo novamente e, pela primeira vez desde que tinha sido baleado, foi recobrando os sentidos aos poucos.

Passados os primeiros instantes, Lopes, que não sabia onde estava e nem o que tinha acontecido, viu seus pais ali do seu lado.

– Filho querido, que bom vê-lo acordar novamente, estamos aqui do seu lado, meu amor, – dizia dona Margarida com todo o seu carinho – você vai ficar bom, filho, tenha fé.

Lopes, sem entender direito o que estava acontecendo, ouvia a mãe conversar com ele, mas sua voz parecia estar tão longe, que tinha a impressão de que estava na ponta de um túnel e ela na outra.

Seu Felipe abaixou-se e Lopes pode vê-lo melhor; sua visão estava turva, sua cabeça girava, sentia-se zonzo.

Neste momento o médico entrou no quarto e, ao ver Lopes desperto, ficou feliz e disse:

– Que bom ver que despertou, meu rapaz, estava ansioso por este momento, sei que deve estar sentindo mal-estar, tontura, torpor, mas quero tranqüilizá-lo, pois isto é normal diante do que passou.

A posição em que Lopes se encontrava era muito incômoda, ele estava de bruços no leito, pois a cirurgia atingiu grande parte de suas costas; mas dos males, este era o menor e para o médico, ver aquele rapaz vivo, era quase um milagre.

Por muito menos já tinha perdido pacientes em melhores condições que as dele; o médico, a cada dia, mais se convencia de que, realmente, ninguém vai antes da hora de ser chamado.

Lopes fez menção de virar-se, ao que o médico explicou-lhe que teria que ficar naquela posição por mais alguns dias.

– Sei que é uma posição muito desconfortável, mas não tem outro jeito, terá que ter um pouco de paciência.

O médico fez um sinal para que os pais de Lopes chegassem até ele, dizendo:

– Por enquanto acho melhor não falarmos nada a ele, e peço também que não fiquem por muito tempo aqui dentro, ele precisa do máximo de repouso possível agora.

– Está bem, doutor, já sairemos – disse seu Felipe, que em seguida voltou ao lado do filho, dizendo:

– Estaremos do lado de fora, filho, rezando e vibrando até que se restabeleça; assim que o médico nos autorizar, voltaremos para ficar junto de você; nós o amamos muito.

Lopes, olhando emocionado para o pai, agradeceu-lhe com o olhar; estava confuso, sem saber ao certo o que havia acontecido, até que, devagar, foi se recordando de tudo. Queria perguntar onde estava Vera e também saber sobre Augusto, mas estava entubado, sem a mínima condição para falar; teria que ter paciência e esperar.

Saíram do quarto, agradecidos a Deus por terem a chance de tê-lo ao seu lado, deixando o médico examinando-o.

Minutos depois o médico saiu e foi ter com eles.

– E, então, doutor? – perguntou, apreensivo, o pai.

– Creio que o pior já passou, ele está respondendo bem aos medicamentos e, pelos exames feitos, está tudo correndo dentro do normal; agora é aguardar o desenrolar do seu quadro.

– Mas ele ainda corre risco de vida, doutor?

– Eu ainda não posso descartar esta possibilidade, a cirurgia está muito recente e eu não vou esconder que o risco de complicações existe e é grande, mas confiemos, estamos tomando todas as precauções para que não haja nenhum outro comprometimento.

– Está certo, doutor, confiemos – falou dona Margarida.

***

Quando os pais de Vera saíram do quarto da filha, não fizeram nenhum comentário com os pais de Lopes sobre a crise que ela tinha tido.

Dona Laurinda quis saber do estado de Lopes, assim como eles manifestaram solidariedade pelo estado de Vera também.

No fundo, eles gostariam de visitar Vera no quarto ao lado, mas acharam que ainda não era o momento oportuno.

Despediram-se bem à tarde e foi seu Prudêncio quem achou que seria de boa educação chamá-los para ficar hospedados em sua casa, já que não podiam permanecer a noite toda ali no hospital.

Agradeceram o convite, mas preferiram alojar-se ali por perto mesmo, pois seria mais fácil para eles.

Capítulo XXIX

Enquanto isso, na casa do coronel Felício, tudo transcorria bem; já não se via nas pessoas a mesma alegria de outrora, mas com o passar dos dias a rotina foi novamente tomando conta dos afazeres de cada um.

Todas as noites eles reuniam-se para a leitura do *Evangelho*, rogando sempre a Deus que olhasse por Augusto, e aos poucos foram encontrando uma nova centelha de luz e paz naqueles momentos, saindo renovados destes encontros.

Até então, ninguém na casa do coronel tinha feito qualquer comentário sobre o acontecido, assim como também ninguém fez menção de saber qualquer notícia quer de Lopes ou mesmo de Vera.

Ainda estavam muito ressentidos com o episódio, magoados com os dois que, afinal, tinham agido de tal forma para que Augusto fizesse o que fez.

Aos poucos, durante as sessões em que se reuniam, dona Zilá, juntamente com Helena e seu Abreu, vinham até eles trazendo-lhes boas vibrações, energizando a todos que ali estavam, influenciando através de seus pensamentos, que eles não deveriam guardar mágoas nem ressentimentos.

Mas é sempre muito difícil se ter essa grandeza de espírito quando se trata de perdoar a quem se julga ter feito um grande mal a um ente querido; mesmo assim, dona Zilá continuava zelando por todos daquela casa e insistindo no perdão; ela sabia que, somente assim, todos poderiam voltar a ter paz e alegria.

***

Nos dias que se seguiram, tudo começou a voltar ao seu curso normal.

Vera já estava praticamente recuperada dos ferimentos da bala, somente o remorso a maltratava, consumindo o seu ser.

Havia conhecido os pais de Lopes, que procuraram ser gentis e amáveis para com ela.

Em nenhum momento ela percebeu qualquer olhar de censura nos olhos deles, muito ao contrário, trataram-na com carinho e afeição, mas mesmo assim não conseguia sentir-se melhor.

Ela mesma não conseguia perdoar-se, sentindo-se culpada por toda aquela desgraça.

– Como poderei encarar Lopes, novamente, depois de tudo? – pensava. – Por certo ele nunca mais irá querer me ver; por minha causa, o seu melhor amigo está morto, e ele ficará entrevado numa cama e, com muita sorte, arrastar-se-á numa cadeira de rodas pelo resto de seus dias.

Mesmo assim, pediu para ir até o quarto onde ele se encontrava, para vê-lo, o que o próprio médico desaconselhou, pedindo que aguardasse mais um pouco.

Seu abatimento era de dar pena, caiu em profunda depressão, tendo ainda Inês, que vez por outra conseguia penetrar em seu pensamento, trazendo-lhe mais culpa e desespero.

Se não fosse por sua debilidade emocional, já poderia ter tido alta do hospital, desde que tomados os devidos cuidados, mas o médico achou prudente deixá-la mais uns dias.

Mesmo assim, Vera chamou a mãe de Lopes em seu quarto, certa tarde, e com voz embargada, falou:

– Dona Margarida, sei que não mereço estar pedindo nada à senhora, mas quero que saiba que amo seu filho mais do que qualquer coisa nesta vida.

“Deus sabe o quanto está sendo duro para mim saber que vou perdê-lo, mas conhecendo-o como conheço, sei que não irá aceitar e tampouco quererá me ver mais depois que souber de toda a verdade.

“A vida fez com que nos encontrássemos e nos amássemos mais

que a qualquer coisa nesta vida. O nosso amor é profundo e sincero, jamais tivemos a intenção de magoar a quem quer que fosse, e agora é a própria vida que nos separa novamente.

"Sei que não tenho o direito de pedir-lhe isso, mas sei que posso confiar na senhora, como mãe dele que é, e sei o quanto o ama também. Aconteça o que acontecer, quero que a senhora transmita a ele o quanto eu o amo e que jamais deixarei de amá-lo. Para mim nenhuma importância terá o fato dele estar preso a uma cadeira de rodas; se ele me quiser ficarei ao seu lado até o fim dos meus dias, mas sei que ele, em sua revolta, não pensará assim.

"Meus pais me disseram que nos mudaremos para Lisboa tão logo eu possa viajar, não quero perder o contato, dona Margarida, por favor, eu lhe peço.

"Quero acompanhar, mesmo de longe, a vida dele; se é assim que tem que ser, estou disposta a aceitar. Não me sinto em condições no momento para lutar, seja com meus pais que querem ir embora daqui ou mesmo com a revolta natural que sei ele terá. Acredito que somente o tempo fará essa ferida fechar dentro dos nossos corações.

"Assim eu lhe rogo, não permita que ele pense que eu o esquecerei, isto jamais acontecerá, onde eu estiver ficarei esperando por ele, tenho muita fé que ainda seremos felizes um dia.

Dona Margarida, emocionada com as palavras sinceras de Vera, abençoou-a, dizendo:

– Filha, sei que está sendo sincera e o quanto ama meu filho, e devo reconhecer que você deva estar certa ao pensar assim; eu também tenho dado enormes voltas e até agora consegui esconder a verdade dele.

"Dei graças a Deus, que por todos estes dias ele permaneceu a maior parte do tempo sedado, mas hoje o médico já diminuiu sensivelmente a dose dos medicamentos.

"Conheço bem meu filho, assim que ele estiver em condições irá querer saber de tudo, e aí então teremos que enfrentar nossa realidade.

"Mas fique tranqüila, Vera, que tudo farei para que vocês possam ser felizes, eu prometo-lhe. Não sei quanto tempo isso levará, mas não desistirei.

E assim aconteceu; tão logo sentiu-se em melhores condições, Lopes quis saber notícias de Vera e Augusto.

Sua mãe, sábia conselheira, procurou contar tudo ao filho com franqueza; sabia que Lopes confiava muito nela e sendo assim tudo fez para deixar o filho a par de tudo, sem omitir inclusive o auxílio que Francisco estava dando a Augusto.

Restava agora dizer a ele a dura verdade sobre seu verdadeiro estado. Mas este era um assunto do qual eles também não podiam mais fugir, teriam que enfrentar e foi assim que dona Margarida, aos poucos, foi dizendo tudo a Lopes.

Ele, a princípio, ouviu tudo calado, tentando assimilar toda a história; era muita coisa ruim ao mesmo tempo, pensou até que fosse melhor não ter acordado ou então que tivesse sido melhor ter morrido.

Vera tinha razão, conhecia-o bem, apesar do pouco tempo de convivência nesta reencarnação; o que ela não sabia era que já tinham tido fortes laços no passado.

A revolta apoderou-se dele que, indignado, pensava que este tinha sido o seu maior castigo, por ter sido tão desleal e traiçoeiro; culpava-se pela morte do amigo que sempre lhe fora tão querido.

– Como pude ser tão vil e baixo a este ponto, meu Deus? Eu não tinha o direito de fazer o que fiz a Augusto. Como vou viver daqui para frente, com o peso do remorso a me perseguir? – pensava Lopes.

A cena na fazenda onde eles se encontraram pela última vez, voltou à mente de Lopes.

Ele reviveu passo a passo todo o desenrolar do que ali se passara, estivera consciente até a hora que levou o terceiro tiro, depois desmaiou, não ouvindo mais nada.

Mas jamais podia supor que Augusto tivesse coragem de pôr fim à própria vida, como o fez.

Por aí ele avaliava a dor e o desespero que levou aquele homem tão ponderado e sensato a cometer tal desvario; e ele era o único culpado por tudo isso e merecia ser punido como estava sendo.

Agora não mais teria Vera, porque em sua mente ele só via o rosto contorcido de Augusto a recriminá-lo, como fez quando entrou no quarto e os pegou juntos, além do que era um homem acabado, preso a uma cadeira de rodas para o resto da vida, um inválido.

– Nada mais terei para oferecer a ninguém, muito menos a Vera.

“Meu Deus, nós transgredimos, eu e Vera, todos os limites do bom senso, deixamo-nos levar somente pela chama ardente do amor e veja só no que deu, uma tempestade desabou sobre nós, fazendo desmoronar todos os nossos sonhos e ilusões.

“Sinto-me um trapo humano, talvez tivesse sido melhor eu ter morrido, talvez fosse mais digno. Afinal, se eu não tivesse insistido com Vera, ela estaria ao lado de Augusto hoje, e teríamos evitado toda esta tragédia.

Lopes não queria falar com ninguém, ficava remoendo em seu íntimo todas estas coisas que o estavam machucando muito por dentro.

Apesar dos apelos de Vera em querer vê-lo, falar com ele, nada o fez mudar de idéia, queria ir embora dali o quanto antes, era como se a fuga fosse ajudá-lo de alguma forma.

Vera, como uma última tentativa, foi até o seu quarto, mesmo sem o seu consentimento, para tentar conversar com ele; ela também sentia-se mal com tudo aquilo.

Mas o amor que tinha por ele continuava, tão forte quanto antes, ele precisava saber disso, que nada havia mudado entre eles, que estava disposta a enfrentar qualquer coisa para estar ao seu lado.

– Lopes, por favor, ouça-me, meu amor, sei que nós dois erramos, também sinto-me culpada por tudo o que aconteceu, eu não podia supor que Augusto pudesse fazer o que fez, mas creia, eu o amo mais do que tudo na vida e sei que você também me ama, não podemos deixar que esse amor se dissolva por termos cometido erros.

“Sei que pode me achar insensível e até egoísta, mas não quero perdê-lo, meu amor, a minha vida não terá sentido se você não estiver ao meu lado, restará apenas um enorme vazio dentro do meu coração.

“Reconheço que fui leviana com Augusto, deveria ter sido sincera com ele desde o começo, mas tive pena dele, sei que agi erradamente, mas não queria magoá-lo. As minhas atitudes, nas últimas semanas, denotavam que eu tinha me distanciado dele, ele sabia que não havia mais amor entre nós, mas parecia não querer enxergar isso.

"O nosso amor, Lopes, foi mais forte do que tudo, eu não tive forças para o afastar de mim; que culpa temos por termos nos apaixonado um pelo outro? Eu não quero deixá-lo, Lopes, você é tudo para mim, vamos nos dar uma chance para recomeçarmos tudo, reconheço a sua aflição, a sua angústia e revolta são minhas também, mas não precisamos nos punir mais do que já fomos punidos.

Vera, aproximando-se mais dele, que continuava não olhando para ela, ponderou:

– Sei tudo o que está sentindo e passando, e creia que estou passando tudo isso junto com você.

"Meus pais resolveram ir embora daqui, mudar-nos-emos na semana que vem para Lisboa, não quero partir assim, Lopes, por favor, eu lhe peço, reconsidere!

Lopes, com o rosto virado para o outro lado, não deixou que Vera visse que estava chorando.

Para ele estava tudo acabado, não se sentia em condições de oferecer mais nada a ela, apesar de amá-la mais do que tudo na vida.

Sabia que não haveria outra mulher que o fizesse sentir o que ele sentia por ela, mas não podia simplesmente passar por cima de tudo e fazer de conta que nada acontecera.

Além do que, ela era jovem, bonita, tinha uma vida inteira pela frente e não era justo prendê-la junto dele, entrevado numa cadeira.

Não, ele não permitiria isso!

Sem olhar para ela, com a voz embargada, ele falou:

– Siga o seu caminho, Vera, eu nada tenho mais a lhe oferecer.

Vera ia dizer algo, mas ele a interrompeu:

– Vá embora, por favor! Não torne as coisas mais difíceis do que já estão.

Vera saiu, arrasada pela perda que mais uma vez estava sofrendo.

A ela também nada mais restara, somente a desilusão, a tristeza e a dor de perder o grande amor de sua vida de forma tão estúpida, mas que fugira ao controle dos dois, separando-os irremediavelmente.

***

Inês, que acompanhava tudo de perto, exultava de felicidade; seu plano, afinal, não fracassara, finalmente conseguira atingir o seu objetivo; Lopes e Vera, que na verdade eram Antônio e Suzana, dos quais agora ela sentia-se vingada, finalmente, estavam separados para sempre, pensou triunfante.

Francisco e dona Zilá observavam Inês a uma certa distância.

Aproximaram-se dela e só aí é que ela os viu, assustando-se.

– Ora! – esbravejou. Por que vocês gostam sempre de me assustar?

– Não pretendíamos assustá-la – falou mansamente Francisco, é que você está sempre em uma sintonia que não é a nossa e por isso tem dificuldades para nos ver.

– O que querem de mim agora?

– Gostaríamos de conversar um pouco.

– Sobre o que querem falar? – perguntou intrigada.

Aquela senhora ela já conhecia, mas não sabia quem era o homem.

– Hoje eu estou muito feliz e se vocês vieram para me aborrecer, vão embora, pois quero desfrutar completamente do sabor que tem a vitória. Esperei por isso muito tempo, mas vejo que valeu a pena!

Francisco ouvia calado o que Inês dizia, ela estava mesmo realizada, seu semblante transmitia satisfação e alegria.

– Inês, – falou Francisco – é justamente sobre esta sua alegria que gostaria de conversar com você.

"Será que já parou para avaliar o mal que está fazendo a tantas pessoas ao mesmo tempo? Que todo este sofrimento reverterá em débitos a você, pelas suas ações, e que, certamente, tudo isso lhe será cobrado em tempo certo?

"Por que tanto ódio neste coração, filha? Não seria tão mais fácil perdoar e viver em paz?

"Por que não canalizar tanta energia para o bem, ao invés de sair por aí massacrando as pessoas que julga ter-lhe feito algum mal? Que paz ou felicidade pode ter diante de tanta desgraça que ajudou a concretizar, usando de maneira errada e inadvertida sua condição de desencarnada?

"Será que não percebe que tudo isso só contribuiu para que um moço desencarnasse antes da hora, trazendo problemas imensos a ele, pois agiu sob sua influência? Que pessoas que poderiam ter resolvido seus problemas de modo civilizado, acabaram separadas de forma dolorosa sem haver necessidade?

"O que você pensa ter ganho com isso, Inês?

"Sem contar que a pobre menina Cínthia encontra-se obsediada por você e passa por sérios problemas mentais. Tem consciência do mal que está fazendo a ela, que um dia já foi sua mãe?

– Ela sempre foi uma fraca, – respondeu com ironia Inês – quanto a Augusto, também não me arrependo de tê-lo visto estourar os miolos como o fez agora; mais uma vez pude ver o quanto ele é covarde e fraco.

"Se assim não fosse, teria enfrentado a tudo e a todos, e teria se casado comigo como me prometera tantas vezes, e eu, apaixonada, muito ingênua e tola, acreditei. Entreguei-me a ele de corpo e alma, achando que jamais me deixaria, no entanto, no primeiro obstáculo acovardou-se e me deixou.

– Então, pelo que estou entendendo, sua vingança não só atinge seus pais, como a amante de seu pai, e a seu noivo, José Luiz, também.

– Foi isso mesmo, fiz tudo com perfeição, você não acha? Todos os que me fizeram sofrer pagaram por isso, e agora vamos deixar de sermões que eu quero ir embora.

– Meu Deus, quanta soberba tem esta pobre menina, – pensou dona Zilá apiedando-se dela – que Deus possa mostrar-lhe o caminho da verdade e da luz.

– Para onde você vai? – perguntou Francisco, já sabendo qual era a intenção de Inês.

– Voltar para perto de Cínthia – a quem de alguma forma ela sentia-se atraída, e pelos laços de consangüinidade que as unia simpatizavam-se uma com a outra. – Deixem-me em paz! E parem de me seguir, eu não gosto de vocês e nada vão conseguir de mim, deixem-me viver como quero.

Dona Zilá ia dizer algo, mas Francisco olhou-a, mentalizando:

– Deixe-a ir por enquanto, vamos acompanhar o que fará daqui para frente. De nada adiantaria levá-la à força conosco, seria pior, pois isso só aumentaria sua ira, sem trazer nenhum benefício; faremos com que entenda que age errado de outra maneira. Haveremos de tocar seu coração de alguma forma, confiemos em Deus. Ele nos mostrará o caminho certo a seguir.

***

Durante o período que os pais de Vera e os de Lopes passaram dentro do hospital junto dos filhos, acabaram conhecendo-se melhor e grande laço de amizade surgiu entre eles, apesar do constrangimento em que seus filhos se encontravam.

Dona Laurinda abriu-se com dona Margarida, pedindo-lhe conselhos no caso de Cínthia, que não estava nada bem. Dona Margarida, depois de ouvir com muita atenção todos os fatos, fez algumas indagações e depois pediu que lhe desse todos os dados da menina, que assim que retornassem para casa, ela levaria o caso para os guias espirituais que trabalham em sua casa, pedindo auxílio para ela.

Pela vasta experiência de dona Margarida, pensava ela tratar-se de uma obsessão muito forte, mas não quis adiantar nada sem ter certeza.

De nada adiantaria alarmar mais dona Laurinda, que a seu ver já tinha problemas demais no momento.

– Haveremos de ajudá-la, a senhora pode ficar tranqüila – disse, tranqüilizando a amiga.

Despediram-se ali, no hospital, de Vera e de seus pais.

Lopes não quis despedir-se de ninguém, e todos compreenderam sua atitude.

Vera aproximou-se de dona Margarida e disse:

– Assim que estivermos instalados em Lisboa, mando-lhe nosso endereço; espero poder contar com a ajuda da senhora em demover da cabeça de Lopes que o melhor para nós seja a separação. Estou sofrendo muito, mas esperarei por ele o tempo que for necessário.

Dona Margarida abraçou-a com ternura e beijou-lhe a testa, dizendo:

– Vá em paz, filha, que eu cuidarei dele e tudo farei para ajudá-los, confiemos na Providência Divina que nunca falha.

– Por favor, mande-me notícias dele.

– Mandarei, prometo! Gostaria que você me desse o endereço do coronel Felício e dona Amélia, eu e Felipe resolvemos fazer-lhes uma visita, acreditamos ser o momento oportuno. Não queremos ir embora deixando para trás tanta mágoa e dor, sem ao menos tentar dar a eles uma palavra de alento e consolo.

Vera abaixou os olhos, sentindo-se envergonhada pelas palavras de dona Margarida, que de modo algum teve intenção de feri-la.

Mas ela, no fundo, sabia que também devia uma visita e uma satisfação a eles; havia pensado nisto desde que melhorara, só não sabia como chegar até lá e pedir perdão àquela família que sempre a acolheu com tanto carinho.

– Talvez eles não queriam me receber – pensou ela – e estarão cobertos de razão. Como encará-los depois de tudo?

Dona Margarida, como que a ler os pensamentos de Vera, falou:

– Deixe que seu coração fale mais alto, siga-o, mesmo que eles não a recebam, você lhes deve isso, crie coragem e vá até lá, não parta carregando este peso com você, filha!

Vera, com lágrimas nos olhos, abraçou dona Margarida, dizendo:

– A senhora é um anjo, obrigada pelo conselho, farei o que diz.

***

Cínthia aguardava apreensiva e ansiosa a volta da irmã, que tivera alta e chegaria logo mais; ela nunca mais foi a mesma desde a tragédia.

Vivia pelos cantos da casa, nunca mais sentou-se ao piano como fazia, quase não falava com as pessoas e isso estava preocupando por demais seus pais, que tornaram a conversar com o médico que havia-lhe examinado.

Este, sabendo que estavam de partida para Lisboa, indicou um colega seu, especialista em doenças psíquicas e mentais.

Quando Vera chegou em casa, encontrou Cínthia na sala, esperando por eles; ao ver a irmã, Cínthia correu para ela chorando e pedindo-lhe que a perdoasse por tudo.

Vera, sem entender o porquê daquela atitude, tentou acalmá-la.

Seus pais, no caminho de casa, contaram a Vera que desde o acidente ela ficara abalada dos nervos.

Pelo estado em que se encontrava, ninguém fez menção de perguntar-lhe o que fazia na fazenda abandonada na hora em que tudo aconteceu.

– Está tudo bem, Cínthia, veja, eu já estou boa, agora está tudo bem.

Mas Cínthia parecia não ouvi-la, tamanho seu estado de exaltação.

Vera olhou para os pais sem saber o que fazer e dona Laurinda, que já estava mais acostumada, aos poucos foi acalmando Cínthia, até que esta novamente desligou-se do mundo ao seu redor.

Vera ficou consternada ao ver o estado da irmã, achando que ali também ela tinha sua dose de culpa.

Com o passar dos dias Cínthia tinha períodos em que estava aparentemente bem, voltando em seguida a ter crises nervosas, chegando, às vezes, à histeria.

Vera não teve coragem suficiente para ir até a casa de Augusto, no entanto, escreveu duas cartas, uma para Neusa e outra para os pais de Augusto.

Nela ela abria seu coração a eles, pedindo-lhes perdão por todo mal que fez, manifestando todo seu sofrimento com tudo aquilo, e ainda o quanto estava-lhe sendo difícil dar continuidade à vida depois de toda aquela tragédia.

***

Ao lerem sua carta, tanto Neusa quanto os pais de Augusto entenderam toda a angústia por que Vera estava passando.

Desde a morte de Augusto, aquela família tinha mudado totalmente sua maneira de pensar e ver a vida.

A dor os levou a buscar novos caminhos que lhes devolvessem a paz e a fé, e foi no Espiritismo, e mais precisamente, através do estudo de *O Evangelho Segundo o Espiritismo* e de outros livros espíritas, que encontraram forças para diminuir sua dor e continuar vivendo, encontrando respostas às suas perguntas.

Dona Margarida e seu Felipe enviaram um mensageiro à casa de dona Amélia, pedindo permissão para visitá-los, ao que foi respondido prontamente que sua casa tinha as portas abertas para eles.

Mesmo diante de todo o acontecido, eles não podiam culpar os pais de Lopes, que afinal, também estavam pagando um grande tributo ao ver o filho naquele estado de prostração, e não podiam ser considerados culpados de nada.

Afinal, eles mesmos acreditavam, agora, passada a revolta dos primeiros dias, que de nada adiantaria buscar culpados, ou mesmo julgar quem quer que fosse.

O fato da família buscar entender melhor o que tinha acontecido através do Espiritismo, com tanta fé no coração e com a certeza de que só assim, sem ódio ou revolta conseguiriam ajudar Augusto em sua evolução, fez com que o Plano Espiritual que sustentava aquela família conseguisse, em bem pouco tempo, levar até eles amparo e sustentação, fazendo-os agir de forma serena e amorosa; com isso, muito eles estavam ajudando Augusto, que sabendo estar a família mais tranqüila e confiante, passou a ter um maior equilíbrio também, despertando cada dia mais para as bênçãos que lhe estavam sendo concedidas e que ele procurava, cada vez mais, se esforçar no sentido de se melhorar.

Dona Margarida e seu Felipe foram recebidos por Dona Amélia e seu Felício no dia seguinte.

Lopes, sabendo da visita que os pais iriam fazer, escreveu uma carta aos pais de Augusto, a qual eles a entregaram assim que chegaram. Tal missiva foi redigida nestes termos:

"Seu Felício e dona Amélia:

Sei o quanto devem estar me odiando por tudo o que fiz, reconheço meu erro e peço-lhes que me perdoem.

Eu jamais podia imaginar que Augusto fosse fazer o que fez, não quero com isso me eximir da culpa, sou culpado e já estou pagando pelos meus erros, hoje sou um homem mutilado no corpo e na alma, o que é pior.

Sei que terei que conviver com esta culpa pelo resto dos meus dias, só espero que um dia vocês possam me perdoar. Adeus, Lopes."

Seu Felício, após ler, entregou à mulher, que também leu e, dobrando a carta, emocionada, pediu aos pais de Lopes que se sentassem, sem tecer comentários sobre a mesma.

– Sei que para vocês – disse dona Margarida – deve estar sendo muito difícil nos receber, creiam que para nós também não é fácil, mas não queríamos e nem podíamos partir sem antes visitá-los.

Neusa e Mathias, que também estavam na sala, procuraram ser amáveis com eles, pois entendiam ser o momento bastante constrangedor a todos.

Foi Neusa quem disse:

– Apesar das circunstâncias, sabemos o que estão passando também e sentimos muito por seu filho.

– Obrigada, Neusa, sei que está sendo sincera, viemos até aqui para trazermos o nosso pesar pelo acontecido. Augusto esteve muitas vezes em nossa casa e nós o queríamos muito bem, os dois sempre foram como irmãos, é difícil para nós acreditarmos que tudo acabasse assim.

"Como sabem, Lopes deve ter comentado com vocês, somos espíritas e temos certeza de que Deus faz sempre o melhor para todos e, assim sendo, não devemos revoltar-nos e, sim, aceitarmos os seus desígnios.

"Viemos também para trazer-lhes notícias de que Deus não desamparou Augusto; Francisco, que é o Mentor Espiritual do Centro em que trabalhamos, está junto de Augusto, ajudando-o neste momento turbulento de sua vida.

"Tenho esperança e fé de que, se nos unirmos e fizermos uma

grande corrente de orações, Augusto logo estará em condições para comunicar-se conosco; assim que tivermos notícias mandaremos a vocês.

Dona Amélia, emocionada, foi quem falou:

– Então o que tive não foi um sonho? No dia em que enterramos Augusto, fui descansar e, em sonho, vi um homem junto com minha mãe, ao lado de Augusto, e Neusa também sonhou.

– Tenha certeza, dona Amélia, que não foi sonho; a senhora recebeu em forma de sonho a mensagem de que seu filho estava sob o amparo espiritual. Graças a Deus, que sendo nosso Pai, não quer que soframos inutilmente, e sim que saibamos tirar de cada sofrimento uma nova lição para nossa vida.

Dona Amélia, vendo aquela mãe e aquele pai ali diante deles, procurando trazer-lhes conforto e consolação, num momento em que eles próprios enfrentavam um grande drama, concluiu que este exemplo mostrava-lhe o quanto ainda tinha a aprender na vida; sentiu-se pequena diante da grandeza de Espírito daquelas duas pessoas que ali estavam.

Levantaram-se para ir embora, porém dona Amélia fez questão que ficassem para um lanche; Mathias procurou abordar assuntos mais amenos, o que fez com que o clima se tornasse mais agradável.

Despediram-se mais tarde, prometendo que assim que tivessem qualquer notícias mandariam dizer.

Depois que saíram, sentiram-se aliviados por terem estado ali; era algo que tinha que ser feito, mesmo sendo uma situação constrangedora e embaraçosa.

***

Vera, durante a semana que se seguiu, não saiu de casa para nada, não queria ver ou ouvir qualquer tipo de recriminação ou acusação por parte das pessoas e, conhecendo bem o lugar onde morava, sabia que isto aconteceria.

Partiram na semana seguinte sem despedidas.

Seus pais acharam por bem não tecer qualquer comentário que fosse sobre o ocorrido, e assim decidiram pôr uma pedra em cima do assunto.

Tentariam recomeçar uma nova vida longe dali; Lisboa era uma cidade grande, com mais recursos e eles haveriam de superar tudo aquilo.

Vera nunca mais foi a mesma, sua alegria desapareceu, dando vez a um semblante triste e sombrio; conversava o necessário, não se importando nem mais com a aparência.

Ela, que sempre fora tão vaidosa, agora limitava-se a manter-se limpa, nem mesmo um batom punha nos lábios.

Tornara-se uma pessoa melancólica e profundamente triste, sua dor não tinha sons, jamais reclamava ou se lastimava, mas quem convivia com ela sentia o quanto tinha mudado.

Um ano se passou desde que tudo acontecera.

Vera teve notícias de Lopes por duas vezes, através de dona Margarida, que mandou outra carta a dona Laurinda, falando a respeito de Cínthia.

Na primeira, ela dizia que ele estava bem, apesar de tudo, mas que qualquer coisa que ela ou mesmo o pai falasse sobre o passado, ele transformava-se na hora, desviando o assunto.

Dizia também que seu tratamento, apesar da lentidão com que se conseguia resultados, era bastante satisfatório.

Ele já locomovia-se sozinho na cadeira de rodas e, à medida que o tempo ia passando, demonstrava que queria voltar a viver.

Na carta enviada a dona Laurinda, dona Margarida dizia que Cínthia estava sendo obsediada e que deveria receber um tratamento num Centro Espírita para que fosse devidamente ajudada.

Dona Laurinda mostrou a carta a seu Prudêncio que, pensativo, falou à sua mulher:

– Acho que dona Margarida pode ter razão no que diz, desta vez não vou fazer o que fiz outras vezes; vamos buscar a ajuda que ela nos indica.

Na segunda carta, dona Margarida também dizia que Lopes pensava em retornar ao trabalho, fizera contato com a Faculdade em Coimbra, e estes enviaram-lhe carta dizendo que estavam à sua espera para uma entrevista.

Isto lhe deu um novo ânimo, fazendo-o voltar para os livros com afinco.

Vera, ao ler as cartas, emocionou-se às lágrimas, afinal ele estava voltando à vida e, quem sabe, um dia para ela.

Depois disso as notícias pararam, dona Margarida não mais escreveu, e mesmo Vera escrevendo-lhe semanalmente, não obteve mais respostas, o que a deixou mais abatida ainda.

Certamente ele proibira a mãe de mandar-lhe notícias dele, dizia a si mesma pesarosa.

– Ele não me ama mais, hoje em seu coração só restou amargura e rancor. Não devo mais ter esperança, mas como viver assim, meu Deus? – pensava Vera.

Cínthia, por sua vez, estava fazendo tratamento psiquiátrico, pois sua saúde andava bastante precária, emagrecera bastante.

Inês não lhe dava paz e, somente agora, depois de tudo o que esta família já tinha passado, davam-se conta de que muitas vezes temos inimigos espirituais que não nos dão trégua, desencadeando doenças no corpo carnal, que nem sempre a medicina encontra cura.

E era isso que estava acontecendo com Cínthia, que a cada dia que passava mais remédios tomava, deixando-a entorpecida e fraca, facilitando ainda mais a ação de Espíritos como o de Inês.

Dona Zilá, vendo o estado de Cínthia, tentou intuir dona Laurinda para que a levasse a um Centro Espírita, a fim de que a menina fosse socorrida, pois por mais que tentasse trazer Inês à razão, ela dizia não estar fazendo nenhum mal, querendo apenas estar ao seu lado.

Era necessário um trabalho de doutrinação daquela criatura, para que ela entendesse que sugava as energias de Cínthia, deixando-a enfraquecida, e que isso só prejudicava a menina que, sozinha, não tinha a menor condição de ajudar-se.

Dona Laurinda, vendo que a filha em nada melhorava, acabou por se convencer de que dona Margarida tinha razão; Cínthia precisava de ajuda espiritual e ela iria em busca desta ajuda onde ela estivesse.

Procurou informar-se e logo descobriu que, bem perto de onde moravam, havia uma casa onde todas as segundas-feiras um grupo espírita reunia-se para realizar um trabalho no sentido de ajudar aqueles que necessitassem.

Ela e o marido resolveram ir até lá, para ver como funcionava.

Assistiram por duas horas todo o trabalho feito ali, onde primeiramente era lido um trecho do *Evangelho* para a abertura do trabalho, em seguida diversos membros sentados em torno de uma grande mesa incorporavam Espíritos, dando seqüência ao trabalho.

Muitos desencarnados eram recebidos ali, onde cada médium, a seu tempo, realizava sua tarefa, sempre amparado e auxiliado pelo orientador da casa.

Todo este auxílio vinha do Plano Espiritual que, imbuído de muito amor e caridade, dava condições a que Espíritos sofredores pudessem vir até ali para serem ajudados, onde se procurava conscientizá-los de sua verdadeira condição e missão.

Uma vez conseguido que enxergassem o mal que vinham fazendo a eles mesmos, e muitas vezes a outros, se arrependessem sinceramente e quisessem espontaneamente se melhorar e progredir, eram então conduzidos a Postos de Socorro, para que fossem devidamente tratados e recebessem o equilíbrio que haviam perdido.

No final do trabalho todos recebiam do Plano Espiritual, vibrações para fortalecer e reequilibrar suas energias.

Então eram feitos os agradecimentos a todos que ali compareceram em busca de consolo para suas aflições, e aos que se dispuseram a doar amorosamente um pouco de si próprios em benefício de outros.

Ao final dos trabalhos, seu Prudêncio e dona Laurinda estavam convencidos de que seria bom para Cínthia freqüentá-los.

Talvez ela estivesse mesmo com algum Espírito a seu lado precisando de ajuda; decidiram que na semana seguinte a levariam até lá.

– E quem sabe, – falou dona Laurinda ao marido – não conseguimos trazer Vera aqui também, eu não suporto mais ver tanta tristeza naquela menina, olho para ela e não vejo mais vida em seu olhar. É como se ela estivesse se deixando arrastar pela vida, sem nenhuma perspectiva; ela é tão jovem ainda, como eu queria vê-la feliz novamente!

– É verdade, Laurinda, nunca mais, desde que esta tragédia se abateu sobre nós, soubemos o que é ter um momento de alegria ou de felicidade nesta casa. Eu também estou cansado de ver nossas filhas definharem a cada dia que passa.

"Acho que já perdemos muito tempo em nossa vida em não acreditar que o mal existe, e está aí para nos afrontar, e que se não chegamos até Deus pelo amor, chegaremos até ele como nós, agora, pela dor. Que ele nos permita ainda fazer alguma coisa de bom por nossas filhas e até por nós mesmos.

"Hoje vejo o quanto fui ignorante e intransigente durante minha vida toda. Quem sabe, se tivéssemos tido uma outra visão da vida, não teríamos evitado tantos dissabores para nós mesmos.

"Quantas vezes, Laurinda, não fomos alertados para que déssemos mais atenção ao que Cínthia dizia ou fazia, no entanto, sempre julguei ser tudo obra do acaso ou coincidência.

"Nunca quis aceitar que existissem à nossa volta Espíritos bons e maus, hoje vejo o quanto estava errado.

– Sempre é tempo, meu velho, de corrigirmos nossas faltas – disse dona Laurinda, abraçando o marido com carinho.

Chegaram em casa e contaram às filhas onde tinham ido e comunicaram a elas que, na próxima semana, iriam todos até ao Centro Espírita.

Vera nada disse em contrário, porém Cínthia, ao ouvir tais palavras, transformou-se na hora. Tornou-se agressiva com os pais, gritando que não iria a parte alguma, correndo trancar-se no seu quarto.

– Você está vendo, Prudêncio, esta menina tem alguma coisa com ela, não é possível que uma pessoa, em seu estado normal, tenha as reações que ela tem.

– É, Laurinda, acho que você tem razão, temos vivido todos estes anos sem nos atermos ao comportamento estranho de Cínthia, mas depois do que vi hoje naquele Centro, acredito que cometemos um grande erro, em não dar ouvido ao que dona Mariazinha tantas vezes quis nos falar e até mesmo nos ajudar, pois me lembro de que algumas vezes ela manifestou o desejo de levar Cínthia onde freqüentava.

Dona Laurinda, pensativa, balançava a cabeça em sentido de afirmação e algumas recordações vieram-lhe à mente, como quando Vera desceu correndo do quarto de Cínthia, dizendo que ela estava fora do berço, conversando com alguém e ela ainda ficara brava com Vera, pois ao subirem, Cínthia estava dormindo dentro do berço.

Lembrou-se também, de quando Cínthia anteviu o acidente com a carruagem naquele passeio, e tantas outras vezes que ela tinha dado sinal de que algo estava por acontecer.

Mas por pura ignorância e descrença, tanto ela quanto o marido fecharam os olhos para fatos importantes.

Agora, porém, eles iriam até o fim, queriam ver a filha curada e feliz, e para isso não mediriam esforços.

Vera, que vivia voltada para o seu mundo interior, ouvia o que os pais conversavam e em sua mente também voltaram recordações.

Fatos ou conversas que às vezes ela tinha tido com a irmã, e isso a deixou arrepiada; ela sempre tivera um certo receio da irmã que, às vezes, lhe parecia maquiavélica, até antes de ter acontecido toda aquela tragédia.

Depois ela transformou-se numa pessoa mais estranha ainda do que já era, só que agora tinha crises nervosas e depressivas que a deixavam às vezes até acamada.

Ela até pensou em ajudar a irmã através dos ensinamentos que estava aprendendo nos livros que Neusa lhe havia emprestado, mas depois de tudo o que aconteceu, não teve mais coragem para nada.

Dona Laurinda, vendo a tristeza e a apatia no rosto de Vera, aproximou-se amorosamente dela, pegou-lhe nas mãos, dizendo:

– Filha, já faz um ano que tudo aconteceu, está na hora de voltar a viver, não tem sentido passar o resto dos seus dias a atormentar-se dessa forma. Isso não é vida, Vera!

Desde que tudo acontecera, esta era a primeira vez que dona Laurinda tocava no assunto com Vera.

Tanto ela quanto seu Prudêncio acharam melhor pôr uma pedra em cima de tudo, tendo em vista o que a filha já tinha passado.

– Vê-la desse jeito nos deixa muito infeliz, filha, você sempre foi uma moça cheia de vida, alegre, sempre gostou de cuidar-se, e veja agora, parece ter envelhecido dez anos, Vera.

"Nada do que faça no sentido de punir-se vai trazer de volta as coisas boas que você gostaria de ter novamente.

"Você precisa reagir, enfrentar tudo isso com fé e coragem, buscar encontrar forças dentro de si mesma e em Deus, filha, pare de se culpar pelo que aconteceu.

"Se ficar desse jeito fosse mudar algo... mas sabemos que não, você não trará nenhum deles de volta com a sua atitude.

Vera começou a chorar; há muito sua mãe não a via chorar daquele jeito; abraçou-a com carinho tentando confortá-la; tinha que tirar Vera da prisão em que se encontrava.

– Oh! mamãe, como eu queria esquecer tudo isso!

"Como desejaria que tudo não passasse de um horrível pesadelo e que eu acordasse e visse que nada disso aconteceu de fato.

"Mas as lembranças me perseguem, muitas noites acordo sobressaltada, revivendo aquela tarde horrível.

"Vejo Augusto me acusando, seu rosto contorcido pela dor de ter sido enganado, esta cena não consigo apagar de minha mente, por mais que eu tente.

"Rezo todas as noites e rogo a Jesus que me ajude a esquecer, mas aí é como se eu escutasse uma voz dentro de mim dizer: – Você não pode esquecer, deve punir-se e pagar por todo mal que fez.

– Não, filha, você tem que mudar de atitude consigo mesma. Nós vamos começar a freqüentar este Centro Espírita que conhecemos; vimos lá muitas pessoas e também muitos Espíritos serem socorridos; tenho certeza de que você encontrará lá a paz que precisa.

– Mamãe isto era tudo o que eu queria ter – paz de espírito, já que sei que serenar meu coração será muito difícil.

– Dona Margarida nunca mais escreveu?

– Não, mamãe, mandei-lhe inúmeras cartas, mas não obtive resposta, certamente ele a proibiu de me mandar notícias, ele me odeia, mamãe, e isso me faz sofrer ainda mais, pois sei que ele, no fundo, também me culpa.

– Ora, filha, não pense assim, talvez ele não se sinta em condições para lhe oferecer o que ele acha que você merece, não o julgue dessa forma.

– Mas mamãe, se ele me amasse, teria me procurado, ou mesmo permitiria que eu o visitasse, mas você sabe que ele nunca permitiu.

Dona Laurinda era obrigada a concordar, pois ele, desde a tragédia, nunca mais fez qualquer menção em manter qualquer contato.

– Pois então, filha, sendo assim, mais um motivo para tentar virar esta página amarga de sua vida e começar tudo de novo.

– Não tenho vontade de nada, mamãe, acho que a única coisa que me daria alento e vontade de viver, seria ver Lopes entrando por esta porta, dizendo que me ama e que me quer de volta, e isso eu sei não vai acontecer nunca!

– Não diga esta palavra “nunca”, ela é muito forte e definitiva, e nada nesta vida é definitivo, filha, o mundo continua a girar, as pessoas se modificam, não perca suas esperanças dessa maneira, tenha pensamentos positivos de que tudo irá melhorar.

“Envie a ele o seu amor puro e sincero, deseje ardentemente que ele supere tudo isso. Peça a Deus que demova dele qualquer sentimento de revolta ou mesmo de culpa, peça com bastante fé, filha, que eu tenho certeza, de que se realmente vocês tiverem que se encontrar novamente, a sabedoria divina dará um jeito para que haja esse reencontro.

Vera, ouvindo as palavras da mãe, sentiu-se mais confortada, pela primeira vez em tanto tempo.

Sentiu uma ponta de esperança dentro do coração; é que dona Zilá ali estava, intuindo dona Laurinda através do seu pensamento para dizer tais palavras.

– Vou tentar, mamãe, acho que tem razão, está na hora de fazer alguma coisa mesmo.

Dona Zilá, impondo as mãos sobre a cabeça de Vera, emitia-lhe fluidos energéticos, e procurou intuí-la de que voltasse a ler sobre a Doutrina Espírita, onde ela poderia encontrar o consolo e os ensinamentos que tanto necessitava.

Quando mudou-se para Lisboa, Vera mandou devolver os livros que Neusa havia lhe emprestado, mas esta mandou-os de volta com um bilhete dizendo: "Fique com eles, desejo do fundo do coração que estes livros possam ajudá-la em sua busca interior.

Não tenho mágoa ou ressentimento de você, acredito que Deus fez o que foi melhor.

Procure sua felicidade.

Um abraço, Neusa.

P. S. – Se um dia precisar de algo, conte comigo!"

Vera, de repente, lembrou-se dos livros e foi até seu quarto, encontrando dentro de um deles o bilhete de Neusa, e, ao relê-lo, emocionou-se.

Naquele mesmo instante retomou a leitura, o que a fez sentir-se muito melhor.

Capítulo XXX

Neusa e Mathias estavam muito felizes com a chegada de Marina, que era uma criança bastante saudável e muito risonha, o que encantava a todos, principalmente o avô, que desmanchava-se todo quando ela sorria para ele.

Aquela criança veio trazer alegria à vida de todos ali; ela já começava a fazer gracinhas, com seus oito meses de vida, e seu Felício e dona Amélia mimavam-na o tempo todo.

Mathias e Neusa, mais apaixonados do que nunca, agradeciam a Deus por toda aquela felicidade; abraçados, vendo Marina brincar com os avós, que também pareciam crianças ao lado dela, tinham a sensação de que a vida voltava a sorrir para eles.

A única coisa que faltava para que a felicidade fosse completa, seria se Augusto ainda estivesse ali, mas isso eles sabiam que não era mais possível.

Dona Amélia mantinha correspondência assídua com dona Margarida; sendo mães, cada qual sabia o quanto a outra sofria e ajudavam-se mutuamente, incentivando-se, dizendo palavras de coragem e fé, buscando sempre aprender um pouco mais uma com a outra.

Dona Margarida, sempre que tinha alguma informação a respeito de Augusto, escrevia-lhe, o que dava à dona Amélia e toda a família, a certeza de que o filho, devagar, ia se fortalecendo e equilibrando-se.

***

Em casa de dona Margarida tudo voltara ao normal; Glorinha tudo fazia para que o irmão recuperasse o bom ânimo, incentivava-o o tempo todo a buscar novamente a alegria de viver, até que Lopes decidira retornar ao trabalho, depois de uma entrevista feita na Faculdade, o que os deixou muito felizes, afinal já não era sem tempo.

Mudou-se para Coimbra, levando com ele a governanta que praticamente o criara, e mais dois empregados que o ajudariam em sua movimentação habitual dentro do lar, bem como em sua locomoção para o trabalho que realizaria junto a um grupo dos mais renomados advogados criminalistas da cidade.

A princípio ele faria um estágio, mas com sua desenvoltura e talento, em pouquíssimo tempo estaria exercendo a sua função de advogado, pois isso ele trazia latente consigo.

Dona Margarida e seu Felipe davam continuidade ao seu trabalho espiritual, tendo a cada dia, mais pessoas que chegavam atraídas pelos comentários que ouviam, a respeito do belo trabalho que aquela casa fazia e a tantos que abrigava, tanto no plano espiritual quanto no plano material.

Lopes em muito fora ajudado e continuava sendo assistido pelo Plano Espiritual, que procurava incentivá-lo e aumentar seu ânimo quando, por vezes, sentia-se desanimar.

Seu amor por Vera continuava forte dentro do peito, e muitas vezes sonhava em tê-la nos braços como antes.

Inúmeras foram as vezes em que sonhara com ela; ele acreditava que, ao se desligar do corpo material durante o sono, seu Espírito e o de Vera davam vazão aos seus sentimentos e, livres, passeavam e conversavam, felizes como outrora.

E assim, Lopes ia levando sua vida, vivendo das lembranças guardadas. Passassem vinte, trinta, cinqüenta anos, jamais esqueceria seu grande amor.

O duro golpe do destino ainda o machucava muito, fazendo-o sofrer a grande desilusão de ter perdido a mulher de sua vida de maneira tão trágica.

Mas ao mesmo tempo conformava-se, dizendo a si mesmo que tinha sido melhor assim, afinal, ele não conseguiria construir sua felicidade com Vera depois do que aconteceu a Augusto.

Inúmeras vezes teve que conter o impulso de procurá-la e entregar-se de vez a esse amor, que ele sabia, ela também não havia esquecido.

Vera tinha razão em pensar que fora ele quem proibira a mãe de escrever-lhe; de fato, certo dia, vendo que a mãe respondia a uma carta de Vera, falou:

– Para que isso, mamãe? Não perca seu tempo em alimentar uma ilusão e talvez uma esperança no coração de Vera, pois para nós não existe mais a possibilidade de sermos felizes juntos.

"Sabe, mamãe, quando meus olhos viram pela primeira vez os olhos de Vera, eu soube, naquele exato momento, que ela era a minha outra metade. Aquela que iria completar meu espaço vazio, minha alma gêmea, mesmo diante de todos os obstáculos que existiam entre nós, eu me aventurei e não medi esforços para tê-la ao meu lado. Mesmo sabendo que com isso eu estaria agindo muito mal com Augusto.

"Mas na ordem de grandeza das coisas, o nosso amor falou mais alto, passei por cima dos meus valores e de tudo que sempre mais prezei na vida, que é a lealdade e a verdade. Só que eu não podia esperar, jamais, que a reação de Augusto fosse ser tão violenta como foi.

"Hoje, com os ânimos serenados, vejo que muito errei, não tinha o direito de pensar somente em mim, em meus sentimentos. Eu tinha que ter respeitado meu amigo acima de qualquer coisa, e isso é o que mais me atormenta, mamãe, sinto-me responsável pela sua morte.

"Sei que ele está sendo ajudado no Plano Espiritual por Francisco e seus companheiros, mas dentro de mim me pergunto se eu tinha o direito de ter feito o que fiz. E vejo que não, que o certo seria ter me refreado, contido meus impulsos, pelo menos hoje, certamente, Augusto estaria vivo e eu não me encontraria nesta cadeira de rodas.

Dona Margarida, ouvindo as palavras do filho, pôde avaliar o que lhe ia na alma e, inspirada por Francisco, falou:

– Sabe, filho, reconheço que foi um golpe muito cruel o que todos nós sofremos, mas quem somos nós para dizer o que é certo ou errado?

"Se Deus permitiu que toda esta fatalidade acontecesse, é porque ele viu nisso a evolução e o enriquecimento espiritual de cada um de nós.

"Ninguém pode julgar e acho que nem mesmo você, pode avaliar as devidas proporções dos atos cometidos por Augusto. Assim como também não deve querer assumir total responsabilidade por tudo, cada qual tem a sua parcela de responsabilidade e responde por seus atos.

"Augusto fez o que fez levado por um momento de desespero, mas não agiu sozinho. Existiam forças ocultas que o manipularam, porque ele assim o permitiu; deixando-se levar pelo ódio e pelo sentimento de vingança, acabou abrindo caminho para que Espíritos levianos atuassem sobre ele, dando-lhe condições propícias para que agissem livremente, junto dele e através dele.

"Se ele, ao invés de revoltar-se e querer vingança tivesse se apegado a Deus e se fortalecido através da oração, se tivesse pedido que a Força Divina viesse em seu auxílio, quem sabe esta história tivesse um outro desfecho.

"Portanto, quero dizer com isso, que você não deve querer trazer para si todo o peso dos enganos que foram cometidos.

Lopes sentiu-se bem melhor depois daquela conversa, que sabia chegara até ele através da mãe, mas era Francisco quem estava lhe falando.

Agradeceu de coração por aquelas palavras de conforto e, depois disso, começou a encarar as coisas sob uma nova óptica.

As palavras de Francisco faziam sentido e depois de uma análise mais detida, Lopes viu que ele tinha razão.

Lembrou-se, então, que no passeio a pé que ele e Augusto fizeram juntos, na antevéspera dos graves acontecimentos, o amigo confessou que ultimamente pensamentos confusos invadiam sua mente, acarretando-lhe forte mal-estar. Foi quando, ele, Lopes, em diálogo franco, interpretou que o amigo estava obsediado.

A partir dali, decidiu que voltaria a viver sua vida da melhor maneira que pudesse, não se entregaria mais ao desânimo e lutaria para conquistar seu lugar ao sol novamente.

Somente com relação a Vera, é que nem mesmo as palavras de Francisco o fizeram mudar sua posição: manter-se-ia afastado dela.

E assim a vida seguiu seu curso.

Capítulo XXXI

Dona Laurinda e seu Prudêncio passaram a freqüentar o Centro Espírita com as filhas; logo no início foi uma luta para levar Cínthia, que não queria ir de jeito nenhum.

Mas seu Prudêncio, agindo com severidade e energia, conseguiu que ela o obedecesse.

Logo nos primeiros passes que tomou, sentiram que ela deu sinal de melhora, passando então a serem freqüentadores assíduos.

Os Assistentes Espirituais daquela casa logo perceberam a presença de Inês ao lado de Cínthia, que de certo modo vampirizava a menina o tempo todo, retirando dela parte de sua energia.

Aos poucos foram chegando até ela, tomando-lhe a confiança, até que conseguiram que falasse com eles.

No início estava temerosa, desconfiada, pois muitas vezes já havia sido interpelada por outros Espíritos, mas sempre se esquivara de todos.

Agora, no entanto, naquela casa, vinha sentindo-se bem em acompanhar Cínthia, estava gostando do que ouvia ali, as palavras lhe tocavam fundo, emocionando-a muitas vezes, fazendo-a pensar que estava se tornando uma pessoa muito sensível, mas não tinha vontade de afastar-se dali.

Ao ver dois Espíritos da casa aproximarem-se dela, nada fez para afastar-se, gostaria mesmo de conversar um pouco.

– Boa noite! – disse Inácio, o Mentor Espiritual da casa – Temos visto você por diversas vezes nesta casa, queremos dizer-lhe que é bem-vinda! Gostaríamos de conversar um pouco, se não se importa.

Inês, ainda meio na defensiva, respondeu:

– Não estou fazendo mal a ninguém, se é isso que querem saber.

– Muitas vezes não pretendemos fazer mal a ninguém, mas acabamos fazendo, mesmo sem ser esta nossa intenção. Será que me entende?

Inês abaixou os olhos envergonhada; sabia perfeitamente do que ele estava falando, tinha consciência de todo mal que já havia praticado.

E de repente começou a chorar copiosamente, um choro contido por muitos e muitos anos. Pela primeira vez dava vazão a um sentimento que nem ela imaginava pudesse sentir. O remorso e o arrependimento estavam lhe incomodando.

Vendo tantos outros iguais a ela, chegarem ali cheios de ódio e rancor, serem ajudados a enxergar o mal que haviam praticado e depois, sinceramente arrependidos, serem amparados por outros Espíritos mais evoluídos que, conversando com eles, lhes mostravam o quanto podiam ser felizes na prática do bem, do amor verdadeiro e da caridade. E assim os via partirem felizes, para o início de uma nova etapa.

Isso lhe dera uma leve esperança de também poder encontrar a felicidade e a paz.

Inês já estava cansada de viver nas sombras, não tinha paz nem alegria; o que ela achava que fosse ser o seu paraíso, quando conseguiu atingir seu objetivo, acabou por trazer-lhe, com o tempo, um enorme vazio sem razão de ser; mesmo estar ao lado de Cínthia de quem tanto gostava, já não lhe dava mais prazer.

Muitas vezes era perseguida por Espíritos maus, que a prendiam, surravam-na, e nem mesmo sabia por que apanhava.

Vagava sem rumo por regiões úmidas e frias, lugares sombrios e escuros, que faziam-na sentir-se muito mal.

Por mais que procurasse, não conseguia encontrar um lugar bonito e florido, cheio de pássaros e lindas paisagens, onde as pessoas eram felizes, como algumas vezes já tinha ouvido falar.

Captando seus pensamentos, Inácio abraçou-a amorosamente, dizendo:

– Pois então, Inês, se você está realmente querendo mudar e agir dentro das leis de Deus, terá nosso total apoio, tudo faremos para ajudá-la a encontrar a paz tão sonhada.

– Será que eu consigo? – falou soluçando.

– Certamente que sim, Deus é nosso Pai misericordioso, nunca nos abandona e está sempre disposto a nos estender a mão, quando nos arrependemos sinceramente e nos dispomos a reparar nossas faltas.

– Cometi muitos erros, fiz sofrer muita gente com a minha maldade. Não medi as conseqüências dos meus atos.

“Para mim, a única coisa que importava era a minha vingança, não via outra coisa em minha frente e fiquei durante muitos anos esperando por este ajuste de contas.

“Vivi todo este tempo obstinada pelo ódio; na verdade, muitos quiseram me ajudar, tentando demover de mim esta torpe idéia.

“Mas eu não quis ouvir ninguém, xingava-os quando se aproximavam de mim, não aceitava seus conselhos, e assim eles partiam tristes por não conseguir me ajudar, e me sentia livre para dar continuidade ao meu plano. Como pude ser tão vil e má?

“Hoje vejo, com pesar e tristeza, toda a maldade que cometi. Nada ganhei de bom com o que fiz.

“No início, até me senti vitoriosa e orgulhosa, pois meu plano tinha dado certo, mas com o passar do tempo fui percebendo que tinha um vazio enorme dentro de mim.

“Comecei a lembrar-me de como usei as pessoas em meus sórdidos interesses, e então, a dor do remorso passou a me consumir e a me perseguir.

“Vaguei por aí, sem rumo, tendo sempre à minha frente, a me atormentar, a cena que ajudei a concretizar para separar Antônio de Suzana.

“Foi quando vim parar aqui, pois desde a morte de José Luiz, não saí mais do lado de Cínthia, que foi trazida aqui pois está doente, e pelo que pude entender, eu também sou responsável pelo desequilíbrio dela.

“Por favor, ajudem-me a reparar o mal que fiz, estou muito

arrependida, quero ser uma pessoa boa, capaz de amar meu próximo, me ajudem – dizia Inês chorando sentidamente.

"Quero poder pedir perdão aos que magoei e fiz sofrer, sem isso não terei sossego.

– No tempo certo você irá fazer isso, não se preocupe, o mais importante, agora, é tratar-se primeiro.

Inácio, colocando as mãos sobre a cabeça de Inês, dava-lhe passes para acalmá-la; de suas mãos saíram feixes de luz muito intensa, fazendo-a acalmar-se aos poucos.

– Você irá com meus amigos para um lugar onde terá toda assistência necessária e receberá tratamento para reequilibrar-se. Nada tema, pois daqui para frente não irá mais sofrer, muito terá para aprender, mas com sua força de vontade em querer se melhorar, conseguirá superar os seus próprios obstáculos e acabará por encontrar a paz e a felicidade.

Inês, agradecida, fez menção de beijar-lhe as mãos, o que ele não permitiu, dizendo não haver necessidade para tal gesto; abraçou-a e, assim, ela partiu conduzida por dois assistentes da casa para ser ajudada.

Francisco e dona Zilá, depois que Inês partiu, aproximaram-se de Inácio que, vendo-os, não conteve sua alegria, abraçando-os muito feliz.

– Que bom vê-los aqui, meus amigos! A que devo a honra de tão inesperada visita? Vocês nem imaginam como fico feliz em revê-los!

– Sabemos disso, Inácio, viemos, pois estamos acompanhando o caso de Inês, e pelo que pudemos ver, finalmente ela conseguiu entender o mal que estava fazendo a si própria e pôde ser socorrida.

– Sim, com a graça de nosso Senhor Jesus Cristo, ela mesma percebeu que não tinha mais sentido continuar como estava.

– Queremos agradecer-lhe pelo que fez por ela.

– Ora, imagine, nada fiz! Sou um simples servo a serviço de Deus, agradeçamos a Ele, que apiedou-se dela, dando-lhe uma nova chance.

Despediram-se, prometendo voltar tão logo pudessem.

***

Com o decorrer do tempo, Cínthia foi se modificando, cada dia que passava, sentia-se melhor.

Voltou a tocar seu piano, acalmou-se e agora já não passava mais horas trancadas em seu quarto. Os pais e mesmo Vera nem acreditavam em toda aquela mudança.

Agora Cínthia ficava horas conversando com a mãe, e mesmo com Vera, com quem sempre fora tão arredia; sua postura modificou-se por completo.

Tornaram-se grandes amigas, e Cínthia tentava, de todas as maneiras, fazer com que Vera tomasse gosto pela vida novamente.

Tenha muita fé, minha irmã, e entregue na mão de Deus, que é sempre justo e bom, o destino de sua vida – dizia Cínthia. – Pois se estiver traçado em seu destino que você deverá ficar com Lopes, passe o tempo que passar, vocês acabarão juntos.

E pegando carinhosamente nas mãos de Vera, Cínthia, enlevada por um Espírito Superior, disse:

– Acredito que estão por terminar seus momentos de tristeza e amargura, confie em Deus.

Seu Prudêncio e dona Laurinda nem sabiam como agradecer tamanha dádiva, sabiam que tudo isso deviam àqueles que naquela casa espírita trabalhavam.

Eles passaram também a ajudar da forma que podiam, levando donativos para serem distribuídos, promovendo chás beneficentes para angariar fundos com a finalidade de comprar enxovais para crianças carentes que ali vinham, enfim engajaram-se com amor e dedicação àquela causa.

Com o decorrer do tempo, Cínthia foi colocada para sentar-se junto à mesa, ao lado de outros médiuns, pois que com sua mediunidade bastante desenvolvida muito poderia contribuir.

E assim, ela passou a receber Espíritos que precisavam comunicar-se, mostrando-se uma excelente médium, capaz de dar passagem, sem grande esforço, ora a irmãos necessitados, ora a Espíritos já bastante evoluídos, que também vinham para dar a sua contribuição, no sentido de esclarecer melhor àqueles que ali estavam.

Interessou-se pelos estudos mediúnicos e obras espíritas, passando a dedicar grande parte de seu tempo neste aprendizado. Isto muito contribuiu para ampliar sua visão e conhecimento espiritual, ao mesmo tempo em que foi modificando totalmente seu modo de ser, e de encarar a vida e o mundo, iniciando assim sua verdadeira missão, a que tinha sido designada desde que reencarnara.

Aos poucos tornou-se amiga fraterna e grande conselheira, não só da família, como também no Centro em que trabalhava, visto que Espíritos Superiores passaram a comunicar-se, formando assim uma abençoada ponte através dela, entre o mundo dos encarnados e o mundo dos desencarnados.

A própria Vera entusiasmou-se vendo o trabalho da irmã, e passou a estudar com afinco a Doutrina, o que lhe fez um bem enorme, pois passou a encarar a vida sob um novo prisma.

Depois do que Cínthia havia dito então, que ela sabia tinha sido uma mensagem vinda do Plano Espiritual, sua esperança renasceu dentro do coração.

De certa forma compreendeu que nada acontecia por acaso, e que deveria buscar forças dentro de si, para não só continuar vivendo, mas também para melhorar sua qualidade de vida.

***

Cinco anos já haviam se passado desde que tudo acontecera.

Vera foi abrir a porta e o carteiro entregou-lhe uma carta destinada a ela.

Mal pôde acreditar ao ver que a remetente era dona Margarida. Seu coração quase parou de bater.

– O que teria acontecido? – pensou ela, correndo para o seu quarto.

Suas mãos tremiam ao abrir a carta, tamanha era a sua ansiedade.

A carta dizia o seguinte:

"Querida Vera, sei que estou em falta com você, pois não pude mais lhe escrever.

Espero que um dia possa entender minhas razões.

Não quis forçar uma situação, já que não está em minhas mãos o seu destino e de meu filho.

O que posso lhe assegurar é que ele ainda a ama mais do que tudo na vida; eu, como mãe que sou, conhecendo-o como conheço, vejo claramente que em seu coração só existe lugar para uma mulher, que é você.

Estou lhe escrevendo, pois recebemos uma mensagem do Plano Espiritual pedindo a você e à sua irmã que venham até aqui.

A data seria para daqui a duas semanas, tempo suficiente para que eu possa receber sua confirmação.

Espero poder contar com a presença de vocês, que será de imensa valia para todos. Caso seus pais queiram vir, serão muito bem-vindos.

Lopes não sabe que você estará aqui, já que assim foi pedido pelo Plano Espiritual.

Não posso revelar a que se deve esta visita, mas asseguro-lhe que será a melhor coisa que possa lhe acontecer.

Aguardo em grande vibração sua confirmação.

Um grande abraço,

Margarida."

Vera estava tão emocionada, que não continha as lágrimas que lhe desciam no rosto.

Procurando enxugá-las e querendo entender o teor da carta, Vera a leu diversas vezes.

Desceu para mostrar a carta aos pais, que estavam na cozinha.

Após lerem, perguntaram:

– Você irá?

– Certamente que sim, e como viram, pedem a presença de Cínthia também e até a de vocês se quiserem ir.

– Vá falar com ela. Se ela concordar em ir, nós mesmos as levaremos até lá.

Vera saiu apressada em busca da irmã que tocava na sala, aproximou-se dela e pediu que lesse a carta.

Em outros tempos seria muito difícil Cínthia dar crédito a Vera, mas agora pegou a carta, lendo-a com toda atenção.

Seus olhos marejaram de lágrimas pela emoção, pois que sua intuição lhe dizia que havia chegado finalmente a hora do reencontro definitivo entre Vera e Lopes.

Mas algo, no íntimo, dizia-lhe que não falasse nada à irmã, por enquanto, pois não era chegado o momento dela saber.

E olhando bem nos olhos de Vera, falou:

– Claro que irei. Pode contar comigo.

Vera abraçou a irmã com carinho, beijando-lhe o rosto, agradecendo.

Subiu para mandar a resposta confirmando sua presença e a de Cínthia.

Mal podia esperar por aquele dia; sabia que as semanas custariam a passar devido à sua ansiedade.

Ao mesmo tempo, mil coisas se passavam em sua cabeça. O que iria acontecer? Como Lopes reagiria ao vê-la depois de tanto tempo?

Seu coração disparava só de pensar no reencontro deles. Mas mesmo com medo de não ser bem recebida por ele, estava disposta a correr o risco. Só de estar perto, poder olhar para ele mais uma vez, já valeria a pena!

Uma carta também pedindo a presença de Dona Amélia e seu Felício foi endereçada por dona Margarida, que logo recebeu confirmação de que também estariam presentes.

Dona Margarida e seu Felipe exultaram de alegria, pois já sabiam vagamente do que se tratava e estavam seguindo rigorosamente o que tinha sido pedido pelo Plano Espiritual, e graças a Deus, ninguém se recusou a ir.

Conversou com Lopes, pedindo-lhe que, naquela mesma data, estivesse lá, ao que ele indagou do que se tratar, mas dona Margarida, muito perspicaz, alegou que ele só saberia na hora certa, que deveria conter sua curiosidade.

Como ele sabia com que seriedade era feito o trabalho dirigido pelos pais, não questionou, garantindo sua presença.

* * *

No dia e hora marcados todos dirigiram-se para a casa de dona Margarida.

Os primeiros a chegarem foram os pais de Augusto, que foram recebidos por dona Margarida e seu Felipe, que os encaminharam para o salão, onde alguns médiuns já estavam sentados em volta da mesa em profunda concentração.

Não tardou para que Vera com sua família chegassem, também sendo levados para o salão.

Ao entrarem, depararam-se com os pais de Augusto, o que fez Vera titubear; não esperava encontrá-los ali, foi um choque para ela.

Dona Margarida, que já previa isso, amparou Vera, dizendo:

– Coragem, Vera, tudo acabará bem. Sente-se e procure estar em constante oração, sem deixar-se perturbar pelo ambiente externo, isso é muito importante.

– Está bem – disse Vera.

Cumprimentaram-se e se acomodaram.

Para Dona Amélia e o coronel Felício, também foi uma surpresa encontrar Vera ali, mas nada comentaram entre si.

Eles sabiam que, se dona Margarida estava promovendo este encontro depois de tanto tempo, alguma razão especial ela teria.

A preocupação maior de dona Margarida era com relação ao filho, pois não sabia qual seria sua reação.

Mesmo assim, pediram a ajuda da Assistência Espiritual da casa e foram chamá-lo.

Quando Lopes entrou na sala, parou perplexo, não acreditando no que seus olhos estavam vendo. Ele jamais poderia supor que voltaria a encontrar aquelas pessoas.

Sua surpresa foi tão grande, que na hora ele ficou sem reação, e seu Felipe, aproveitando-se disso, agiu com rapidez:

– Vamos, filho, temos uma grande tarefa a realizar hoje.

– Mas papai... – balbuciou Lopes.

– Confie em Deus, filho, confie em Deus!

Reuniram-se todos ao redor da mesa, e pela primeira vez em cinco anos, os olhos de Vera cruzaram-se novamente com os de Lopes.

Aquele mesmo lampejo que os fizera paralisar, da primeira vez em que se viram, acontecia novamente, fazendo-os ver que mesmo longe durante tantos anos, o amor permanecia intacto.

Naquele instante os Benfeitores Espirituais já estavam presentes, aguardando apenas o início do trabalho.

Seu Felipe abriu o *Evangelho segundo o Espiritismo*, lendo um trecho sobre o tema "Mundos de Expiações e de Provas", do Capítulo III, e em seguida fez sentida prece:

– Senhor, meu bom Deus! Aqui estamos nós, reunidos mais uma vez, para rogar a Ti que derrame sobre nós Tua bênção e Tua misericórdia.

"Faça de nós o instrumento de Tua paz e de Tua bondade infinita para que possamos, imbuídos do amor fraterno, ajudar aos irmãos que aqui estão, pedindo ao Plano Superior que nos sustente e nos conduza da melhor maneira possível. Que assim seja!

Com esta prece foi dado início aos trabalhos.

O Mentor da casa pedira que somente estivessem presentes as pessoas que trabalhariam na mesa, bem como as pessoas que tinham sido convidadas, não havendo, assim, pessoas estranhas ao que iria ser tratado ali, naquela noite.

Um dos médiuns, em profunda concentração, deu passagem primeiramente a Francisco que, saudando a todos, falou:

– Boa noite!

"Quero saudar a todos os presentes e manifestar minha alegria em estar aqui nesta noite, e poder receber nesta casa amigos muito queridos que solicitaram tal encontro, e obtiveram permissão superior para tal, devido ao merecimento de todos.

"Gostaria de pedir à senhorita Cínthia que fizesse o favor de vir sentar-se junto dos médiuns, para colaborar com o nosso trabalho de hoje.

Cínthia, um tanto surpresa, levantou-se e foi juntar-se ao grupo de médiuns, onde Francisco, impondo-lhe as mãos sobre sua cabeça, limpou sua aura completamente, restabelecendo assim seu total equilíbrio, estando ela pronta para trabalhar, e já também concentrada.

Neste instante, os médiuns clarividentes que podiam ver o trabalho no Plano Espiritual, ficaram maravilhados, tamanho era o cortejo de Espíritos iluminados que adentraram na sala, trazendo consigo Augusto e Inês, que também traziam no semblante a felicidade de poderem estar ali naquele momento tão importante para eles e pelo qual há muito tempo aguardavam ansiosos.

Tanto Vera quanto os pais de Augusto, assim como os demais, aguardavam também ansiosos ao que aconteceria.

Foi Inês quem primeiro manifestou-se através de Cínthia:

– Há muito espero por este momento de poder reencontrar todos vocês assim reunidos.

"Muito tenho a agradecer a Deus e também a estes irmãos espirituais, por estarem me dando tamanha alegria e felicidade em poder vir até aqui e dizer o que vai dentro de meu coração.

"Até algum tempo atrás odiei, persegui e fiz sofrer direta e indiretamente a todos que aqui hoje foram chamados.

"Fui inimiga declarada sua, Vera, e sua também, Lopes; tudo o que pude fazer para vê-los separados e infelizes, eu fiz.

"Usei Cínthia para dar vazão à minha ira, à minha revolta e à sede de vingar-me de vocês.

"Para que me entendam melhor, vou contar parte da história da qual vocês não têm conhecimento.

"Meu nome é Inês; fui sua filha, Lopes, em outra vida; Cínthia foi minha mãe, e você, Vera, era a amante de meu pai.

"Eu estava noiva de um rapaz chamado José Luiz, que hoje seria Augusto; nós nos amávamos e estávamos de casamento marcado.

"Foi quando meu pai começou a beber desregradamente, arruinando assim seus negócios e deixando-nos na mais completa miséria.

"Não bastasse tudo isso, vendo que minha mãe o estava pressionando para saber o porquê de tanto desgosto, ele acabou contando que há muito amava outra mulher e que muito se arrependia de não ter abandonado tudo, para ir ser feliz com ela; que a causa do seu infortúnio era que ela tinha morrido, deixando-o para sempre com sua tristeza e solidão.

"Ele ainda disse à mamãe que sempre a respeitara e que tinha carinho por ela e amor pelos filhos e por esta razão não foi embora de casa. Ao saber de tudo, mamãe enfureceu-se com ele, contando a nós o que estava acontecendo.

"A família do meu noivo, que era extremamente conservadora e moralista, ao saber de tudo, interferiu em nosso noivado, fazendo com que José Luiz rompesse comigo, e a partir deste momento passei a odiar meu pai e sua amante.

"No meu entender, eles tinham feito a minha desgraça, pois além de perder o noivo, me fizeram levar uma vida pobre e miserável com a qual eu não estava acostumada.

"Hoje, olhando por um outro prisma, vejo que se o amor que me unia a José Luiz fosse realmente verdadeiro e forte, nada no mundo haveria de nos separar, mas na minha cegueira preferi colocar toda a culpa do meu fracasso e da covardia de José Luiz em enfrentar seus pais, em Antônio, meu pai, e Suzana, sua amante, dizendo jamais perdoá-los e fazendo com que Adélia, minha mãe, hoje Cínthia, os odiasse e se unisse a mim para nos vingarmos.

"E assim, tão logo tive condições, parti para minha vingança. Como fui cega e má!

"Por isso estou aqui hoje, para poder pedir-lhes perdão por todo mal que lhes fiz.

"Hoje vejo que não tinha o direito de interferir na vida de vocês, que se não fui feliz com José Luiz foi por responsabilidade nossa mesmo, que não soubemos cultivar o verdadeiro amor.

"Muito sofri por todos estes anos, tentando me libertar do remorso pelo mal que pratiquei. Agi o tempo todo obcecada pelo ódio e pela vingança, não me importando com as conseqüências dos meus atos.

"Eu só tinha um objetivo, que era o de ver sofrer e separar definitivamente Vera e Lopes. Eu não podia vê-los bem e felizes já que pensava serem eles os causadores da minha infelicidade, afinal eu os culpava até de não ter conseguido me casar novamente, tendo me tornado uma solteirona ranzinza.

"Usando Cínthia, dei vazão a meu sórdido plano.

"Influenciei e insuflei Cínthia a escrever uma carta anônima, que levou Augusto conhecer, com detalhes, onde vocês se encontravam.

"Instiguei, insultei e induzi Augusto para que ele tomasse uma atitude, claro, tendo sempre em mente a destruição de vocês.

"Não foi difícil fazer com que, tanto Cínthia quanto Augusto, fizessem o que eu lhes sugeria, pela fraqueza espiritual em que os dois se encontravam.

"Cínthia, por ter um canal mediúnico aberto mal canalizado, pela ignorância e, até por que não dizer, pela total descrença de seus pais e até dela mesma, de que nós, Espíritos, existíamos e que muito mal poderíamos fazer, conseqüentemente, eu tinha liberdade para agir.

"Augusto, por não ter sido vigilante, não ter confiado e nem tampouco aceitado, num momento crucial de sua vida, de que Deus só faz o que julga certo para nós, fazendo assim minar dentro de seu coração a desconfiança e o ciúme.

"Assim sendo tive total domínio de toda a situação, da qual hoje muito me envergonho.

"O resto vocês já conhecem. Sei que só terei paz e alegria, se puder pelo menos reparar parte do mal que pratiquei.

"Rogo a você, Vera, a você, Lopes, a Augusto e à própria Cínthia, que me perdoem por toda a maldade que lhes fiz.

"Foi numa casa como esta aqui que compreendi o quanto estava errada, que de nada valia carregar o ódio e a vingança no coração, e diante do meu sincero arrependimento e grande vontade em melhorar-me passei a ser ajudada por estes que se tornaram, ao longo do tempo, meus grandes amigos, e, assim, com muito trabalho, estudo e dedicação venho buscando minha evolução e meu progresso.

"Sei que estou somente iniciando, mas tenho muita fé que conseguirei, pois hoje não trago mais em meu coração nenhum desejo que não seja o do amor sincero e da confiança em Deus e, principalmente, de reconciliar-me com todos vocês.

"Desejo que o amor que vocês têm um pelo outro possa ser libertado e que finalmente possam ser felizes juntos. Este será o meu maior prêmio, se assim posso dizer, podem ter certeza disso.

Vera, que ouvia tudo de cabeça baixa, muito emocionada, não continha as lágrimas, o mesmo acontecendo com Lopes, que de repente teve a lembrança de como se sentira desde a primeira vez que vira o seu grande amor.

Então era verdade, eles já tinham vivido uma profunda afeição no passado; devagar tudo se aclarava, como se toda aquela história fosse um intrincado quebra-cabeça, que agora começava a encaixar-se.

Cínthia silenciou e, agora, um outro médium, que estava na ponta da mesa, transmitiu a seguinte mensagem:

– Boa noite a todos.

"Quero agradecer primeiramente a Deus e a todos estes queridos amigos do Plano Espiritual que aqui estão dando-nos condições para esta comunicação.

"Desejo externar a meus queridos pais o quanto me sinto feliz em poder estar, pela primeira vez, comunicando-me com vocês.

Neste instante, todos se entreolharam muito emocionados, sem conseguir conter as lágrimas, ao perceberem que era Augusto quem havia chegado ali para falar com eles.

Cada qual, à sua maneira procurava conter a emoção para acompanhar o que ele iria falar.

Era realmente muita emoção para um dia só, mas o Plano Espiritual estava satisfeito com o desenrolar da sessão, que permanecia com vibrações bastante elevadas, facilitando assim o trabalho deles.

Augusto continuou:

– Como todos sabem, nada acontece por acaso; assim como tudo tem a sua hora certa de chegar, para que possamos reparar nossos erros.

"Sei que também cometi muitas faltas, deixando-me levar por más influências, mas disso também sou responsável, visto que não tive maturidade e serenidade suficiente, e principalmente fé para encarar os fatos que a mim estavam sendo apresentados, de forma que acabei tomando o pior caminho que existia, enfurecendo-me e revoltando-me contra tudo e todos, até mesmo contra Deus.

"Se ao invés disso eu tivesse me recolhido para dentro de mim mesmo, e buscado em Deus forças para superar o que estava me ferindo, não me deixando dominar pelo desespero e por influências negativas, dando assim campo para que forças do mal agissem sobre mim, se eu tivesse me erguido com coragem e confiança, para esclarecer as coisas de maneira civilizada, sem querer fazer justiça com minhas próprias mãos, já que a ninguém é dado este direito, somente a Deus pertence o poder de tirar a vida de um filho seu, quando ele julgar que chegou a hora, a história teria tomado um outro caminho.

"Hoje vejo que tudo o que fiz foi levado por sentimentos pequenos e mesquinhos, que só serviram para aumentar ainda mais a minha dor.

"Por isso estou aqui; em meu coração, hoje, existe o amor fraterno por todos os meus irmãos e a imensa e sincera vontade de vê-los bem e felizes.

"Quero dizer-lhe, meu bom amigo Lopes, que compreendo tudo o que você passou. Não lhe guardo nenhuma mágoa ou rancor, ao contrário, peço-lhe humildemente que me perdoe por ter sido tão cruel com você.

"Muito me dói vê-lo preso a esta cadeira, mas creia que, apesar de eu não poder nada fazer para minimizar isso, muito tenho orado no sentido de lhe trazer força e coragem para dar continuidade à sua missão; apesar de tudo o que passamos, amo-o como a um irmão querido.

"A você, Vera, também quero dizer que todos nós agimos com imprudência.

"Se quando você começou a me dar sinais de que já não havia mais amor de sua parte por mim, eu tivesse aceitado a verdade, não forçando uma situação em que sentia que a estava perdendo, o nosso drama teria tido outro desfecho.

"Perguntava-me: por que estávamos tendo que passar por tudo aquilo? Só hoje compreendo que a vida tem caminhos pelos quais precisamos primeiro percorrer, para depois sabermos se agimos certo ou errado e tirarmos nossas conclusões e finalmente nossas lições.

"Sei do quanto vocês se amam, e o quanto sofreram por estarem separados todos estes anos. Não vejo motivo para que suas vidas continuem separadas, depois de tudo o que ouviram aqui.

"Desejo sinceramente, de coração, que se reencontrem, e deixem que o coração fale mais alto a linguagem do amor. Peço, não deixem mais que problemas externos ditem o rumo de suas vidas.

"Perdoem-me por tudo!

"Quero que saibam que estou muito bem e feliz onde me encontro, muito já aprendi e muito ainda tenho a aprender, mas vocês não podem imaginar o quanto é maravilhoso poder enxergar a vida com os olhos da alma. O quanto se tem a fazer aqui, para estarmos cada vez mais próximos da plena felicidade.

"Aos meus queridos pais, gostaria também de dizer, que nunca mais se entristeçam por achar que não estou junto a vocês, pois isso não corresponde à verdade.

"Somente o meu corpo físico não está presente, porém sempre que me é possível e permitido eu os visito e, muitas vezes, participo dos ensinamentos de *O Evangelho Segundo o Espiritismo*, que agora se tornou um hábito muito saudável entre vocês.

"Dêem a Neusa e a Mathias o meu forte abraço e saibam que Marina veio para alegrar e iluminar ainda mais a vida de todos.

"Eu amo muito a todos vocês! Que Deus nos proteja e abençoe a todos nós.

Lopes, com a voz embargada de tanta emoção, tomou a palavra:

– Augusto, você não pode imaginar o bem que me fez hoje.

"Nem que eu viva cem anos, jamais me esquecerei da alegria e do conforto que está me fazendo experimentar com suas palavras.

As lágrimas corriam pela face de Lopes, que não fazia nenhuma questão de segurá-las.

– Você hoje retirou de cima dos meus ombros o maior peso que um homem pode carregar, que é a angústia e o remorso de não poder corrigir um grande erro que se cometeu.

"Tenha a certeza de que, durante estes cinco anos, este foi o meu maior castigo.

"Há muito já lhe pedi perdão e todos os dias de minha vida rezei por você, pedindo a Deus que o iluminasse. Vejo com alegria que minhas preces não foram em vão.

"Quero agora, diante de você, dizer o quanto o estimo e o respeito; pode parecer contraditório dizer isso, mas é a pura verdade.

"Apesar de não ter tido forças para afastar-me de Vera, sempre o admirei e hoje, vendo a luz de seu Espírito, o seu desprendimento e a força de seu caráter, mais ainda o respeito e admiro.

"Obrigado por tudo, meu grande amigo!

Augusto chegou até Lopes e o abraçou comovido; Lopes, ao sentir a presença de Augusto perto dele, ergueu os braços, pois sentia estar sendo abraçado pelo amigo.

A emoção tomou conta de todos que ali estavam, e até mesmo os Espíritos presentes à reunião, não contiveram as lágrimas por tão sincero e bonito reencontro.

Vera queria dizer algo, mas sua emoção era tão grande, que as palavras não saíam.

Mentalmente agradeceu-lhe por tudo, e também pediu a Augusto que a perdoasse, pois que ela fazia das palavras de Lopes as suas também.

Ao que Augusto, captando seu pensamento, compreendeu e entendeu sua emoção.

E assim, seu Felipe encerrou a reunião, agradecendo a Jesus por tamanha graça que ali todos tinham recebido.

Pediu ainda que a grande luz que ali ele via naquele instante, iluminasse e aquecesse o coração de todos os presentes, dando força e proteção a cada um, para dar continuidade em seu caminho e à sua missão.

Encerrado o trabalho, os pais de Augusto aproximaram-se de Vera, que ainda não se refizera de tanta emoção junta, vivida ali e, sem dizer nenhuma palavra, abraçaram-na comovidos.

Para eles também fora uma grande lição que tinham tirado das comunicações mediúnicas.

Vera, abraçando-os chorando, falou:

– Eu nem sei o que dizer.

– Não diga nada – falou dona Amélia –, não é preciso. Queremos dizer apenas que estaremos desejando que você e Lopes sejam felizes.

As lágrimas teimavam em continuar caindo pelo rosto de Vera.

– Obrigada – disse Vera –, também espero que, depois de tudo o que ouvimos aqui, hoje, nós possamos nos entender novamente.

Foram até Lopes, que estava ao lado dos pais, conversando, com olhos vermelhos de tanto chorar, e também desejaram, de coração, que ele procurasse a sua felicidade, que era esse o desejo de Augusto e o deles também.

Lopes, ainda muito emocionado, abraçou aos dois, dizendo:

– Sei que para vocês deve ter sido muito difícil e doloroso tudo o que aconteceu, mas creiam, eu não imaginava que as coisas tomassem o rumo que tomaram.

Foi seu Felício quem falou:

– Vamos pôr um pedra em cima de tudo. Hoje tivemos a prova de que Augusto está bem, feliz, e deseja que nós também estejamos felizes. O importante foi que todos nós, cada um a seu modo, tirou uma grande lição de vida.

– É fato – falou Lopes –, já sofremos bastante. Também acredito que depois de tudo o que vimos e ouvimos aqui hoje, não tem mais sentido continuarmos nos punindo.

As pessoas que trabalhavam na casa foram se despedindo e saindo; dona Margarida convidou os pais de Vera e Cínthia, juntamente com os pais de Augusto para irem tomar um chá que ela já havia deixado preparado.

Todos, percebendo qual era a real intenção de dona Margarida, aceitaram de pronto e saíram; Glorinha, ficando mais atrás, piscou o olho para o irmão, fazendo-lhe um sinal de que esperava o melhor para eles.

No salão, onde somente algumas luzes estavam acesas, deixando o ambiente numa penumbra suave e agradável, ficaram apenas Lopes e Vera.

Os dois permaneceram assim, frente a frente, sem nada dizer um ao outro por alguns instantes; em seus olhos o brilho das lágrimas misturava-se à alegria daquele reencontro.

Vera, colocando as mãos na boca, nem acreditava que aquilo fosse real; sonhara tantas vezes com aquele encontro entre eles, tantas vezes ela chegou a sentir o toque dos lábios de Lopes nos seus, só que quando voltava a si, via que tudo não passara de um sonho.

Agora ela sabia que era real, que o homem a quem amava estava ali na sua frente, e não mais permitiria que ele se afastasse.

Foi Lopes quem, soltando o freio da cadeira, dirigiu-se a ela, que, não mais contendo a vontade de abraçá-lo, correu para ele.

Era tanto amor que havia ficado represado por tanto tempo, e finalmente eles estavam ali, juntos, misturando beijos, sorrisos, abraços e muitas lágrimas; só que estas eram agora de alegria e felicidade, aquela represa que havia ficado fechada por tanto tempo agora abria suas comportas, deixando que a força daquelas águas descessem para o rio, não apressando o seu curso, já que o rio corre sozinho; juraram que nunca mais se separariam e que iriam recuperar o tempo perdido.

Dali para frente não haveria mais tristeza, nem dor, nem lágrimas amargas.

– Vera, você sabe que eu não poderei lhe oferecer...

Vera, tapando com a mão seus lábios, falou:

– Você tem a me oferecer o que mais preciso no mundo, que é o seu amor, o seu carinho, a sua essência, a sua presença ao meu lado. O que mais posso querer da vida?

Vera, sentando-se no seu colo, enlaçou-o e beijou-o apaixonadamente.

Enquanto os dois estavam ali, abraçados, entregues àquele amor tão bonito que os unia, foi se formando em torno deles uma linda corrente de luzes multicoloridas, em forma de um círculo que foi se fechando até que eles estivessem completamente dentro deste círculo.

Era o Plano Espiritual conspirando e enaltecendo o amor daquelas duas criaturas.

E assim, terminada mais uma tarefa, Francisco, dona Zilá, seu Abreu, Helena e Inácio, juntamente com seus auxiliares, partiram felizes e gratificados por terem conseguido mais uma vez fazer com que encarnados e desencarnados tivessem se entendido e se perdoado.

E que acima de tudo, o amor verdadeiro se espalhasse sobre todos, gerando uma nova centelha de luz a guiar cada um, mostrando assim A FORÇA DO DESTINO.